Das Buch

Höpcke war zeitlebens ein politischer Journalist. Auch als Vizekulturminister, später als Abgeordneter, griff er des öfteren zur Feder. Erst recht danach und bar eines Amtes. Wobei: Ohne eine gesellschaftliche Verpflichtung war er nie. Höpcke mischte sich immer ein. Hatte er eine Meinung, machte er sie auch öffentlich – nicht nur, sofern er darum gebeten wurde. Der vorliegende Sammelband bringt Texte aus den letzten anderthalb Jahrzehnten, die aus verschiedenen Anlässen entstanden. Sie weisen den Autor als originären Denker und originellen Formulierer aus, als spitzzüngigen Polemiker und nachsichtigen Literaturkritiker. Aber stets nimmt Höpcke darin Partei – was ihn angreifbar macht. Dieses Risiko ging er immer ein. Von seinen Kritikern – deren Zahl vermutlich die Zahl seiner Freunde erreicht, wenn nicht gar überschreitet – haben einige ihn als »obersten Zensor« geschmäht. Doch selbst diese räumen ein: Höpcke habe auch das Erscheinen »unangepaßter Schriften« ermöglicht, weshalb er selbst zuweilen gemaßregelt wurde.

Der Autor

Klaus Höpcke, Jahrgang 1933, geboren in Cuxhaven, aufgewachsen in Berlin und – nach Ausbombung und Evakuierung – in Burg Stargard/Meckl. und Neubrandenburg. Danach Journalistikstudium an der Leipziger Karl-Marx-Universität und Praktikum bei der Hallenser Freiheit *(heute* Mitteldeutsche Zeitung*). Assistent an der KMU, später 1. FDJ-Bezirkssekretär in Leipzig. Von 1964 bis 1973 arbeitete er beim* Neuen Deutschland, *danach bis Ende 1989 Stellvertretender Kulturminister und für Literatur zuständig (»Bücherminister«). Am 8. November 1989 wurde Höpcke Leiter der Kulturkommission beim Politbüro des ZK der SED und am 9. Dezember Mitglied des Präsidiums des Parteivorstandes der SED-PDS und Leiter der Kommission Kultur-, Wissenschafts- und Bildungspolitik. Von März bis Oktober 1990 gehörte Klaus Höpcke der Volkskammer an, ab Mai leitete er die Grundsatzkommission beim Parteivorstand der PDS. Von 1990 bis 1999 war er Landtagsabgeordneter in Thüringen.*

Klaus Höpcke

Über linke Heimatliebe

Texte um die Jahrtausendwende

edition ost

Inhalt

I. Streit-Texte für die neue Partei *Die Linke*

Ohne Gleichheit – Freiheit?!

Alle Inhumanität wurzelt in der Leugnung sozialer Gleichheit.
Hermann Duncker

Es ist ein Grundsatz linker Politik, daß es Freiheit nur dort geben kann, wo keine soziale Not herrscht.
Oskar Lafontaine

Am 20. Dezember 1989 tagte in Berlin ein Programmparteitag der SPD. Er beschloß das »Grundsatzprogramm der Sozialdemokratischen Partei Deutschlands«. Dessen zweiter Abschnitt »Die Grundlagen unserer Politik« beginnt mit folgender Darstellung von »Grunderfahrungen und Grundwerten«: »Die bürgerlichen Revolutionen der Neuzeit haben Freiheit, Gleichheit und Brüderlichkeit mehr beschworen als verwirklicht. Deshalb hat die Arbeiterbewegung die Ideale dieser Revolutionen eingeklagt: Eine solidarische Gesellschaft mit gleicher Freiheit für alle Menschen. Es ist ihre historische Grunderfahrung, daß Reparaturen am Kapitalismus nicht genügen. Eine neue Ordnung von Wirtschaft und Gesellschaft ist nötig.«

Die Entwicklungen der letzten anderthalb Jahrzehnte haben die im Berliner Programm der SPD von 1989 ausgesprochene historische Grunderfahrung, daß Reparaturen am Kapitalismus nicht genügen, bestätigt. Wer diese Überzeugung deswegen nicht über Bord zu werfen bereit ist, sondern gegen marktradikalen Neoliberalismus und internationales Finanzkapital ankämpft, den aber bezeichnet der seit Herbst 2005 im Amt befindliche SPD-Generalsekretär Hubertus Heil – nachzulesen im *Neuen Deutschland* vom 24. März 2006, Seite 14 – als »Vertreter linkskonservativer Parteien«. Ihre Analysen und Konzepte hält er für »fixe Ideen und neurotische Verschwörungstheorien«. Er sagt der Linkspartei.PDS »beharrliche Realitätsverweigerung«

nach und wirft ihr vor, sich an »untaugliche Instrumente aus dem vorigen Jahrhundert« zu klammern.

Damit knüpfte er an das an, was vor sechs Jahren Wolfgang Clement, damals stellvertretender SPD-Vorsitzender, sagte, der eines der Losungsworte der Französischen Revolution nicht einklagte, sondern anklagte. Und zwar mit der Argumentation: Um die Prinzipien und die Praxis einer gerechten, offenen Gesellschaft »wetterfest« und »kentersicher« zu machen, müsse man von »Formeln von gestern« Abschied nehmen. Vor allem wandte er sich gegen die »plakative Gleichsetzung von Gerechtigkeit und Gleichheit«. Hubertus Heil behalf sich im ND vom 24.3.2006 so: Gleichheit tilgte er per Ersetzung durch Gerechtigkeit, die sich aber in Wahrheit erst aus dem Dreiklang von Freiheit, Gleichheit und Solidarität ergibt. Als »archimedischen Punkt in der sozialdemokratischen Programmdebatte in Europa« formulierte Clement am 26. April 2000 folgende zwei Sätze: »Verordnete Gleichheit – das lehrt die Geschichte – ist der Tod von Gerechtigkeit und Freiheit. Moderne soziale Marktwirtschaften hingegen können die Chancen auf Gleichheit erhöhen, ohne jedoch Gleichheit im Ergebnis zu sichern oder zu versprechen.«

Nach dem diskreditierenden Gerede von bloß »verordnetem« Antifaschismus, den es in der DDR gegeben habe, mußte das Wort »verordnete Gleichheit« als semantisches Signal verstanden werden, als Zeichen des Kampfes gegen tatsächliche Gleichheit. Wir hielten dagegen, auch in der *jungen Welt* (vgl. Ausgabe vom 23. Juni 2000). Übers politsemantische Zeichen hinaus widersprachen wir vor allem in der Sache. Wir betonten, daß im Unterschied zu sozialdemokratisch sein sollender Politik Clementscher Richtung demokratische Sozialistinnen und Sozialisten sowohl Chancengleichheit als auch soziale Annäherung statt Vertiefung der Klüfte als anzustrebendes Ergebnis vertreten. Allen, die das meinen, werde man vorwerfen, sie wollten Gleichmacherei betreiben. In Wahrheit widersetzten sie sich bloß systematisch betriebener Ungleichmacherei! Worauf es ankomme, das sei die Einheit gleicher sozialer und politischer Rechte, Freiheiten, Entwicklungsmöglichkeiten.

Und wir fügten eine Prise Spott hinzu: Erinnere man sich der Vorkämpfer der Gleichheit in den Zeiten der Französischen

Revolution von 1789, könne man sagen: Clement spricht, als sollten Marat, Babeuf und Roux nochmals umgebracht werden. Und die Frage stelle sich ein: Wolfgang Clement – eine maskuline rheinische Charlotte Corday unserer Tage, mit Wortwaffe unterwegs von »verordneter« zu erdolchter Gleichheit?

Im Jahre 2005 ist im Suhrkamp-Verlag Frankfurt am Main ein neues Buch von Erhard Eppler erschienen. Die Friedrich-Ebert-Stiftung verlieh am 9. Mai 2006 dem Autor dafür den Preis »Das politische Buch«. Titel des preisgekrönten Werks: »Auslaufmodell Staat?« Eppler plädiert gegen den Verzicht auf den Staat. Er sieht den »handlungsfähigen Staat« vielmehr in Verantwortung und Verpflichtung für soziale Sicherheit, die die Menschen vor Armut und großen Risiken schützt und auf die der größte Teil der Bevölkerung nicht verzichten kann.

Es entbehrte nicht einer gewissen Pikanterie, daß ausgerechnet Hubertus Heil, einer derjenigen, die – in Clements Denkrichtung verharrend – das Gleichheitsideal aus dem politischen Wortschatz zu tilgen trachten, in der Preisverleihungsveranstaltung zu Beginn zu reden hatte, während am Ende Erhard Eppler engagiert aussprach: einen »Rechtsstaat pur« ohne Sozialstaat gebe es eigentlich nicht. Diese Erkenntnis ist den Ergebnissen ähnlich, zu denen die Teilnehmer der Jahrestagung 2004 der *International Conference of Labour and Social History* (ITH) in Linz gelangten, als sie die Frage »Soziale Absicherung? Gnade oder Recht?« erörterten. Sie bestanden darauf, daß rechtlicher Anspruch der Menschen auf soziale Absicherung verwirklicht werden müsse. Wie zu lesen war, hat sich der am 14. Mai 2006 gewählte neue Vorsitzende der SPD, Kurt Beck, gegen eine Geringschätzung von sozialer Gerechtigkeit im Vergleich zur Freiheit sowie von Verteilungsgerechtigkeit im Vergleich zur Chancengleichheit ausgesprochen. Das sei in Abgrenzung zu CDU und CSU gesagt worden, hieß es in Kommentaren. Sind das aber nicht auch Töne, die sich von denen des Herrn Clement unterscheiden? Zum völligen Bruch mit dem Vokabular-Tabu in Sachen Gleichheit hat Beck sich zwar nicht aufgerafft. Die Akzente jedoch scheint er etwas anders setzen zu wollen. Mal sehen, was folgt.

Innerhalb der *Linkspartei.PDS* haben wir es im Problemfeld Freiheit-Gleichheit-Brüderlichkeit/Solidarität ebenfalls seit einigen Jahren mit Meinungsverschiedenheiten zu tun, die mehr sind als bloß Nuancen. In den Programmdebatten vor dem Chemnitzer Parteitag 2003 war über die Wechselbeziehungen zwischen Freiheit und Gleichheit gestritten worden. Es wurde erreicht, daß im beschlossenen Text deutlich mehr als in Vorentwürfen Bezugnahmen auf Gleichheit zu finden sind. Aber der vereinseitigende Satz »Freiheit ist der Bezugspunkt sozialistischer Politik« blieb stehen (*der* Bezugspunkt statt: Freiheit, Gleichheit und Solidarität sind *die* Bezugspunkte). Folgerichtig gibt es in unserem jetzigen Programm zwar den Satz »Gleichheit ohne Freiheit ist Unterdrückung«, der unlängst gegen Kuba gewandt zitiert wurde, nicht aber den Satz, daß Freiheit ohne Gleichheit ebenfalls Unterdrückung ist. Und das in einer Welt, in der die Unfreiheit von Milliarden von der Ungleichheit herrührt, von einer massiven, mit Kapital- und Militärgewalt betriebenen menschenverachtenden Ungleichmacherei.

Was bedeutet Freiheit ohne Gleichheit? – So viel Ideologie muß sein, das auszusprechen, wenn wir, wie Lothar Bisky es auf dem Hallenser Parteitag der *Linkspartei.PDS* gefordert hat, zum »programmatischen Kenntlichmachen« der neuen Linken kommen wollen. Das zu tun, raten uns auch externe Parteienforscher, wenn sie darauf aufmerksam machen, daß es klarer, von anderen deutlich unterscheidbarer Konturen bedarf, wenn die Linke in der Gesellschaft etwas bewirken will. Als Kerngedanke solcher Profilierung könnte ein Satz dienen, den am 2. November 1945 Hermann Duncker in einem Brief aus New York an Hedwig Weiss in Basel schrieb. Das ist ein Satz, in dem er weltgeschichtliche Vergangenheits- und Gegenwartserfahrung mit Zukunftsvoraussicht verschmolzen hat: »Alle Inhumanität wurzelt in der Leugnung sozialer Gleichheit.« Wobei wir die geleugnete Gleichheit im Sozialen mit vielfältigen anderen Gleichheiten ursächlich verbunden wissen, die gegen Leugnung und Leugner verfochten und durchgesetzt werden müssen.

Freiheit ohne Gleichheit bedeutet Unterdrückung der Hälfte der Menschheit, der Milliarden Frauen, die durch ungleiche Ausbildungs- und Berufschancen benachteiligt, in patriarchalischen Familienbanden und Behördenstrukturen der Herrschaft von Männern unterworfen und kaum bestrafter sexueller Gewalt ausgesetzt sind. Zu wirklicher Freiheit gehört Gleichstellung von Frau und Mann. Wo sie schon mal erreicht war und wieder aufgehoben wird, handelt es sich um Gesellschaftsordnungen, Staaten, Regimes der Restauration von Unfreiheit. Der Grundsatz »Gleicher Lohn für gleiche Arbeit« – wo in aller Welt wird er verwirklicht?! Im Deutschland des Jahres 2006 jedenfalls nicht. Im höchsten deutschen Parlament, dem Bundestag, gibt es nur zwei Fraktionen, in denen Frauen schon von ihrer Zahl her das Gewicht haben, das ihnen zukommt. In den Chefsesseln der Konzerne (Aufsichtsrats- und Vorstandsvorsitzende) sitzen Kerle, Kerle, Kerle. So untergräbt Freiheit, die ohne Gleichheit daherkommt, die Geschlechtergerechtigkeit.

Freiheit ohne Gleichheit zerstört auch den Zusammenhalt zwischen den Generationen. Der kann nur durch ausgeglichene Wahrnehmung der Interessen der Alten und der Jungen gewahrt werden. Und die Aufgaben bei der Umgestaltung des Wechselverhältnisses zwischen Ökologie und Ökonomie – wie sollen die gelöst werden ohne ein Bewußtsein von der nicht nur Gleichrangigkeit, sondern Vorrangigkeit zukunftssichernder Projekte gegenüber kurzfristigen/kurzsichtigen »Erfolgen«? Kinder und Jugendliche aus sozial schwachen Familien benachteiligende Bildungsprivilegien, die Heraufsetzung des Lebensjahres, von dem an Altersrente gezahlt wird, wirken verheerend gegen Generationengerechtigkeit – wie im Hinblick auf die Umwelt die fortgesetzte Verletzung internationaler Abkommen zum Beispiel zur Verminderung der CO_2-Belastung der Luft durch die mächtigsten Staaten, besonders rigoros die USA.

Freiheit ohne Gleichheit bedeutet Erniedrigung von Menschen mit nichtweißer Hautfarbe durch Weiße, die aus dem Dogma der Ungleichheit der Menschen ihren Überlegenheitswahn herleiten und eine überhebliche rassistische Unterdrückung wiederum von Milliarden Menschen praktizieren, die auch im 21. Jahrhundert Knechtung und Versklavung, Aushungerung und Ermordung einschließt. Frei können die Menschen nur sein, wenn sie bei verschiedener Hautfarbe, unterschiedlicher ethnischer Herkunft und nationaler Zugehörigkeit als Menschen gleich sind. Der Kampf gegen den Antisemitismus, der den Nazis als niederträchtige Rechtfertigungsideologie für ihre Mordverbrechen an Millionen europäischer Juden diente, darf nie erlahmen, wenn Freiheit, Gleichheit und Solidarität der Menschen überall herbeigeführt werden und für immer gewahrt bleiben sollen.

Freiheit ohne Gleichheit bedeutet – und das gerade auch in industriell hochentwickelten Staaten – Unfreiheit der Mehrheit der am Wirtschafts- und Sozialleben mit ihrer Arbeit beteiligten Bürgerinnen und Bürger auf Grund der krassen Ungleichheit zwischen ihnen und jenen, bei denen sie beschäftigt sind. Diese Ungleichheit sozialer Klassen und Schichten ist es, die der Klassengesellschaft ihren Stempel aufdrückt, in der die Kapitaleigner und Produktionsmittelbesitzer Klassenkampf von oben führen und so ihre Macht ausüben. Sie streben eine von gleichheitsbegünstigenden Ansätzen gereinigte Freiheit an. Die wollen sie in vollen Zügen (einschließlich astronomisch überhöhter Eigentümergewinne und Managergehälter) ausleben. Die »Freiheit, die sie meinen«, ist viererlei: ihre Freiheit zu ungezügelter Ausbeutung, ihre Freiheit von vertraglich geregelten Beschäftigungsbedingungen und Tarifen, ihre Freiheit zur Einschüchterung von Gewerkschaften und zur Unterdrückung von Streiks, ihre Freiheit, so zu wirtschaften, daß Massenarbeitslosigkeit das Leben vieler Millionen Familien verwüstet. Um diese ihre Freiheiten noch mehr auszudehnen, fordern sie zusätzlich zu den Immobilien, die sie den durch Notlagen »willig« gewordenen Kommunen abkauften, also mit Staates Hilfe herbeigeführten Privatisierungen, weitere Privatisierungsschritte im Bereich der öffentlichen Daseinsvorsorge (u. a. Verkehr, Energie, Wasser, Gesundheit, Bildung, Wohnung), fortschreitende Kürzung von Sozialleistungen und Personalabbau im öffentlichen Dienst. Das sind Zumutungen, denen Seite an Seite mit ihren Kolleginnen und Kollegen von der WASG demokratische Sozialistinnen und Sozialisten nur mit Ablehnung und entschiedenem Widerstand begegnen können, sofern sie bei der Wahrung der Interessen derer bleiben wollen, die sie gewählt haben. Nicht zu vernachlässigen ist auch folgende Tatsache: Bei rechtslastigen Kapitalrepräsentanten schließt die »Freiheit«, die sie sich nehmen, die Duldung, ja Förderung von Faschisten und faschistoiden Tendenzen ein. Sie setzen das Erbe derer fort, die an der Spitze von Banken und Konzernen einst Hitler finanzierten und sich, immense Profite einheimsend, an den von ihm befehligten Kriegsverbrechen führend beteiligten.

Freiheit ohne Gleichheit des Anspruchs auf Heilung bei Krankheit ist Grundlage einer Gesundheitspolitik, die viele von ihr Betroffene so erleben, daß sie deren Botschaft aus ihrer Sicht inzwischen in die Worte fassen: »Weil ich arm bin, soll ich eher sterben und bei Lebzeiten schlechtere Zähne als die Reichen haben und weniger sorgfältig als diese medizinisch behandelt und betreut werden.«

Freiheit ohne Gleichheit bedeutet, daß Angehörigen verschiedener gesellschaftlicher Kräfte staatlicherseits politische Rechte willkürlich in ungleichem Maße »gewährt« oder verweigert werden. Diejenigen, die dem widersprechen und zuwiderhandeln, werden in den Medien weggeschwiegen und verleumdet, mit der Ankündigung juristischer Verfolgung bedroht und mit weiteren Mitteln unterdrückt. Wirkliche Freiheit erfordert die vollständige Überwindung des Antikommunismus und des ihm Nahrung gebenden Stalinismus; der Bruch mit letzterem darf nicht quasi widerrufen werden durch Versuche, ihn nachträglich zu rechtfertigen; daß ersterer in immer weiteren Wellen von Hetzkampagnen reaktiviert wird im Kampf gegen kapitalismuskritische demokratische Geister, muß als Gefahr für die grundgesetzlich verbriefte Ordnung erkannt und in den Parlamenten sowie mit außerparlamentarischem Nachdruck zurückgewiesen werden.

Freiheit ohne Gleichheit bedeutet, katholische und evangelische, christliche und islamische Glaubensbekenntnisse, religiöse und nichtreligiöse Weltanschauungen ungleich zu achten und zu behandeln. Wahre Freiheit gedeiht hingegen nur in der wechselseitigen Toleranz gegenüber dem gleichen Recht eines jeden Menschen, über Gott und die Welt eigene Überzeugungen zu gewinnen und zu vertreten. Mit gesteigerter Aufgeschlossenheit für die Traditionen der Aufklärung könnte manche Hemmschwelle vor dem Gewinn neuer Einsichten und Erkenntnisse überwunden werden.

Selbst in dem Bereich der Literatur und der anderen Künste sowie der Kultur im ganzen, deren geistiger Reichtum wesentlich von der Vielfalt der Stoffe, Themen und Gestaltungsweisen bestimmt wird und deren Schöpfer eines weiten Spielraums für Form und Inhalt bedürfen, gedeiht die Freiheit nur bruchstückhaft, wenn sie ohne Gleichheit auskommen muß. Die Gleichheit, die Kunst und Kultur brauchen, um wirklich frei zu sein, ist gleicher Zugang für alle zu kultureller Bildung, sind erschwingliche Preise beim Kauf von Büchern sowie beim Besuch von Theatern, Konzertsälen und anderen Stätten der Kultur, sind gleiche Bedingungen für die (u. a. finanzielle) Förderung künstlerischen Schaffens, für die Präsentation der Werke im öffentlichen Raum der Städte, in Museen und Galerien, durch Buchverlage, in den Medien, überhaupt im öffentlichen Leben.

Freiheit ohne Gleichheit bedeutet, Völker und Staaten völkerrechtswidrig in solche einzuteilen, die andere in Botmäßigkeit und Abhängigkeit zwingen, und eben die anderen, die sich zu fügen haben. Wer sich nicht fügt, ist »Schurkenstaat«. Und wird mit Militärgewalt überfallen, mit Aggression bedroht und weltweit verteufelt. – Völkerfreiheit gedeiht nur bei Anerkennung der Völkergleichheit in der internationalen Arena.

Freiheit ohne Gleichheit bedeutet fortgesetzte Unterdrückung der jetzt als »dritte Welt« bezeichneten Länder, aus deren einstigem kolonialen Joch die imperialistischen Gläubigerstaaten ein Schuldenjoch machten. – Im Hinblick auf die Unterstützung der sogenannten »Entwicklungsländer« ist voller Scham festzustellen: Deutschland unter Merkel bleibt wortbrüchig wie unter Kohl und Schröder: Während der 70er Jahre verpflichtete sich die Bundesregierung, die von unserem Land für die öffentliche Entwicklungszusammenarbeit bereitgehaltenen finanziellen Mittel auf 0,7 Prozent des Bruttonationaleinkommens zu erhöhen. Nichts dergleichen ist geschehen. Und nichts davon haben auch Frau Merkel, Herr Müntefering und ihr Kabinett jetzt vor. 25 Jahre nach dem Versprechen haben sie die Stirn, für 2006 einen Anteil von 0,33 Prozent ins Auge zu fassen, bis 2010 eine Anhebung auf »mindestens 0,51 Prozent« anzukündigen und die Einlösung des 0,7-Prozent-Versprechens weitere neun Jahre hinauszuzögern: bis 2015. Ein abstoßendes Beispiel wirtschaftspolitischer Unvernunft. Der politisch-moralische Schaden, der unserem Land mit solchem Wortbruch international zugefügt wird, geht einher mit verheerenden Folgen für das Leben in den Ländern, denen das Versprochene vorenthalten wird: Hunger und Not nehmen weiter zu. Solche Politik setzt weltwirtschaftliche Ungerechtigkeit fort, vertieft die Ursachen von Instabilität, kriegerischen Konflikten und Terrorismus.

Gleichzeitig investiert die Bundesregierung in Rüstungsproduktion und Bundeswehr.

Zum Schluß: Auch das gehört zum Thema »Freiheit ohne Gleichheit« – gleichwertige Lebensverhältnisse in Ost- und Westdeutschland zu schaffen, kommt als politisches Ziel in der Koalitionsvereinbarung der gegenwärtig regierenden Parteien CDU/CSU und SPD nicht vor. Seit 1989 ist die Bevölkerung der ostdeutschen Länder um zwölf Prozent geringer geworden; Prognosen besagen, sie werde bis 2020 um weitere zwölf Prozent schrumpfen. Die Eigenständigkeit der ostdeutschen Bundesländer und das Leben der dort verbleibenden Menschen ist bedroht von einem wie Helmut Seitz es nennt »Haushaltsnotlagenflächenbrand«.

Freiheit ohne Gleichheit ist für demokratische Sozialistinnen und Sozialisten unannehmbar. Diese Ablehnung gehört als Grundsatz in ihr Programm. Nicht weniger deutlich als die Ablehnung von Gleichheit ohne Freiheit. Wer darauf aus ist, im Rahmen von Debatten über Menschenrechte unsere in schweren Kämpfen errungene Überzeugung von deren Gleichrangigkeit zu unterlaufen, indem er einige dieser Rechte als erstrangige etablieren möchte, womit anderen, auch ohne daß das offen ausgesprochen wird, ein zweitrangiger Platz zugewiesen würde, sollte in unseren Reihen vergeblich um Zustimmung buhlen.

Die vom PDS-Parteivorstand am 27. Februar 2006 beschlossene Erklärung »Solidarität mit Kuba« stellt zur Resolution des EU-Parlaments »Zur Haltung der EU gegenüber der kubanischen Regierung« fest, daß der Zusammenhang und die Widersprüche von globaler Gerechtigkeit und Menschenrechten darin nicht differenziert betrachtet wurden. Folgerichtig heißt es weiter: »Die Zustimmung zur Resolution entspricht nicht der Position der *Linkspartei.PDS*.«

Ein ruhiger, sachlicher Satz. Von Stefan Berg von *Spiegel-Online* darauf mit den Worten angesprochen, er und die zwei anderen Linkspartei.PDS-Abgeordneten, die für die Resolution gestimmt hatten, seien »gemaßregelt« und »verurteilt« worden, wies André Brie solche scharfmacherische Etikettierung nicht etwa zurück, sondern erging sich in »unfaßbar«- und »abenteuerlich«-Ausrufen. Die Bemerkung seines Souffleurs vom *Spiegel*, »der Text hätte auch von der SED stammen können«, griff er gefügig auf: »Das ist rückwärtsgewandte Politik. Wenn diese Linie sich fortsetzt, sind wir auf dem Rückweg zur SED.« Die PDS habe, behauptete Brie weiter, »kein wirkliches Verhältnis zu den Menschenrechten«.

Wichtiger als der Umgang mit Verbalinjurien ist allerdings in ihrer Kritikwürdigkeit eine Überlegung, die Michael Brie am 5. März 2006 in der Rosa-Luxemburg-Stiftung vorgetragen hat.

Hatten wir uns nicht geschworen, politische und soziale sowie kulturelle Rechte unwiderruflich in ihrer Einheit zu sehen, in ihren Wechselbeziehungen, zu denen ihre Gleichwertigkeit und Gleichrangigkeit gehören? Wollten wir nicht für immer davon ablassen, den einen Menschenrechten höhere Bedeutung zuzusprechen und anderen geringeres Gewicht beizumessen? War das nicht Wesensinhalt des Bemühens, in der Vergangenheit begangene Fehler zu überwinden und Menschenrechte nicht zu instrumentalisieren?

Dem gegenüber behauptet Michael Brie, es gebe ein demokratisch und sozialistisch begründetes »Primat der politischen Menschenrechte«. Das heißt, Abkehr von der durch uns einst praktizierten vereinseitigenden Überbetonung der sozialen und kulturellen Menschenrechte ist bei ihm nicht die Betonung der Allseitigkeit der Menschenrechte, sondern die Rückkehr zu der in bürgerlicher Theorie und Praxis gepflegten Menschenrechts-Hierarchie, in der vereinseitigende Überbetonung politischer Rechte herrscht. Brie schiebt einen verharmlosenden Satz nach: »Dieses Primat der politischen Rechte relativiert die sozialen und kulturellen Menschenrechte nicht.« Der Satz überzeugt nicht. Denn zu seiner Begründung führt der Autor an, daß es »die politischen Menschenrechte sind, deren Wahrung den demokratischen Kampf um eine menschenrechtskonforme Eigentumsordnung erst ermöglichen«. Rechtsetzung und politische Realität werden auf diese Weise so in eins gesetzt, wie das im Leben nicht aufgeht, und dem Kampf um soziale und kulturelle Rechte wird nicht nur von der Bedeutung her nachgesagt, daß er sekundär sei gegenüber dem Primat der politischen Rechte, es wird auch für seine Abfolge nahegelegt, daß man sich erst mal um die politischen Menschenrechte kümmert, die »sichern, daß man ohne Angst um Leib und Leben dafür eintreten kann, daß Eigentum wirklich sozial verpflichtet«. Zu solchem geradezu mechanisch anmutendem Nacheinander bieten die ineinander greifenden Interessen und Konflikte der Menschen im realen Leben keinen Stoff.

Was den konkreten Streitanlaß EU-Resolution zu Kuba angeht, so meine ich, daß der Völkerrechtler Gregor Schirmer einleuchtend argumentiert, wenn er sagt: »Linke, die für die Unteilbarkeit der Menschenrechte eintreten, können einem Dokument nicht zustimmen, in dem die Teilung der Menschenrechte dadurch praktiziert wird, daß einseitig bestimmte politische und bürgerliche Menschenrechte in Kuba eingefordert werden, während die Gewährleistung sozialer Menschenrechte völlig außer Betracht bleibt, geschweige denn gewürdigt wird.« Und: »Linke, die für die Universalität der Menschenrechte eintreten, können einem Dokument nicht zustimmen, welches diese Universalität dadurch negiert, daß die Pflicht der USA, das Selbstbestimmungsrecht des kubanischen Volkes zu achten (Art. 1 der Pakte von 1966) überhaupt nicht thematisiert und die von der Aggressivität und Intervention geprägten äußeren Umstände außer Betracht läßt, unter denen die kubanische Revolution um ihr Überleben kämpfen muß.«

Gelegentlich wird erörtert, wie viel Ideologie der politischen Praxis und programmatischen Bestimmung der neuen Linken in Deutschland wohl erträglich, verträglich, zuträglich sein mag. Ein paar Politik- und Politiker-Eigenschaften, die zu kräftigen wir hochinteressiert sein sollten, sind wohl vor allem: munteres, einfallsreiches Agieren inmitten neuer Möglichkeiten. Zugleich Festigkeit, Verläßlichkeit, Stehvermögen inmitten zum Schwanken und zum Kippen eigener Standpunkte einladender Umstände und deren eifriger Einschwätzer. Unsere Glaubwürdigkeit, die wir dabei gewinnen, teils wiedergewinnen, erfreulich oft auch bewähren, erwächst daraus, daß wir selbst und unsere Mitmenschen spüren: sozialistische Werte und Grundsätze sind hier kein lebensfernes äußerliches Bekenntnis, sondern zutiefst verinnerlichte, jegliches Handeln bestimmende Überzeugung.

Rede, gehalten auf dem 10. Parteitag der PDS in Halle/Saale am 29. April 2006, erweiterte Fassung. Teilveröffentlichungen in junge Welt, *24. Mai 2006, und in »Links oder lahm? Die neue Partei zwischen Auftrag und Anpassung«, edition ost, Berlin 2006*

Die Chance Verläßlichkeit

»Verläßlichkeit gegenüber unseren Wählerinnen und Wählern ist uns Verpflichtung.« So steht es in unserem vom Chemnitzer Parteitag 2003 beschlossenen Programm. Die Beziehungen zwischen PDS-Vertretern in Parlamenten und Regierungen und ihren eventuellen Koalitionspartnern sind der Verläßlichkeit gegenüber den Wählerinnen und Wählern der PDS nach- und untergeordnet. Nicht alle hatten das damals so gewollt, wie die Programmdiskussion zeigte. Einige waren darauf aus, PDS-Verläßlichkeit ausschließlich auf das Verhältnis zu ihren Koalitionspartnern bezogen programmatisch festzuschreiben. Und obwohl der Parteitag anders beschloß, rangiert auf Platz 1 von PDS-Regierungshandeln auf Länderebene in manchen Köpfen der Wille des Regierungschefs. Die Verläßlichkeit gegenüber den PDS-Wählerinnen und -Wählern erscheint in solchen Köpfen als wenig verpflichtend; irrtümlich wird angenommen, sie könnte und dürfte vernachlässigt werden.

Ich nenne ein Beispiel, welches zeigt, daß sich dabei keineswegs immer die aus der Haushaltssanierung herrührenden Nöte und der oft beschworene »Sachzwang« auswirken, sondern daß es des öfteren um durchaus übergreifende Politik-Positionen geht. Erinnert euch, bitte, an die von Seiten der Vertreter unserer Partei im Senat von Berlin unternommenen Verrenkungen, um Bürgermeister Wowereit im Bundesrat ein Berliner Ja zum EU-Verfassungsvertrag zu ermöglichen. Das ist der Vertragstext, mit dem europaweit eine Aufrüstungspflicht und ein grundgesetzwidriges Marktradikalismus-Gebot durchgesetzt werden sollen.

Nun gibt es in der Berliner Koalitionsvereinbarung von SPD und PDS, Abschnitt III. Ziffer 6, Satz 4 die Formulierung: »Wird im Senat für die Abstimmung im Bundesrat keine Übereinstimmung erzielt, so enthält sich Berlin der Stimme.« Konnte man sich an diese klare Bestimmung halten, konnte man die für das Verhalten bei Nicht-Übereinstimmung eindeutig beschriebene Regel befolgen? Na klar. Den Wählerinnen und Wählern aber wurde erzählt, die Einhaltung dieser Regel hätte bedeutet, im Senat etwas »zur Koalitionsfrage zu erheben«, also eine Koalitionskrise herbeizuführen.

Wieso denn das – um alles in der Welt?! Das fragten sich kopfschüttelnd viele. Denn das Verhalten unserer Vertreter im Senat war durch nichts logisch zu erklären. Es sei denn, da wurde etwas heimlich verabredet. In Wirklichkeit war doch *dies* ein Bruch der Koalitionsvereinbarung: Senatoren, deren Gewissen ihnen möglicherweise ein Nein aufgibt, durch phantasierendes Gerede jenseits der getroffenen gültigen Regelungen eine Enthaltung statt des Nein im Senat aufzunötigen, damit der Regierende Bürgermeister im Bundesrat die sonst rechtlich gebotene, von ihm aber nicht gewollte Enthaltung vermeiden konnte.

Die Chance, die in Verläßlichkeit gegenüber der Wählerschaft liegt, ist verknüpft mit der Unterstützung für Genossen in Regierungsverantwortung. Wobei Kritik als ein Element dieser Unterstützung manchmal nicht so recht verstanden wird, obwohl sie als aktive, mitdenkende Art des Mitwirkens besonders geschätzt und ermuntert zu werden verdient.

Die Chance wachsenden Einflusses von Regierungsbeteiligung im »strategischen Dreieck« sozialistischer Politik erfüllt sich desto mehr, je stärker sie in Wechselwirkung mit außerparlamentarischem Kampf gestaltet wird. Die dem entgegenstehenden Redensarten, man könne nur eines: Regieren oder protestieren, sind durch und durch falsch. Für sozialistisches Regierungshandeln auf Länderebene im kapitalistischen Staat ist eine systematische Verflechtung des Handelns in den Kabinetten mit Protest und Widerstand in Betrieben, Städten und Gemeinden, auf Straßen und Plätzen, in Petitionen und Einsprüchen an Parlamente, Regierungen und Behörden unverzichtbar.

Deswegen war es ein schlimmer Fehler, der die PDS in Berlin schon damals – 2002 – viele Stimmen gekostet hat, die »Grunewald-Spaziergang« genannte Demonstration gegen Verursacher und Nutznießer des Bankenskandals seitens des Landesvorstands zu meiden und zudem noch als »kontraproduktiv« zu verunglimpfen, eine Fehlhaltung, die vom Vorstand auch später weder in Frage gestellt noch verworfen wurde, was bis heute nachwirkt.

Mit Gregor Gysi *Foto: Peter Vogel*

Und es war ein Beispiel verläßlichen politischen Verhaltens gegenüber den Wählerinnen und Wählern, als die *Linkspartei.PDS* Mecklenburg-Vorpommern gegen das Merkel-Bush-Spektakel protestierte und Wolfgang Methling sein Recht auf politische Meinungsäußerung wahrnahm und auf einer Anti-Kriegs-Kundgebung gegen Bush gesprochen hat*.

Wenn wir über Verläßlichkeit reden, kommt es gelegentlich zu Streitgesprächen über Kompetenz und Akzeptanz. Es gibt Genossen, die Kompetenz für nicht wichtig halten und das Bemühen um Akzeptanz als Streben nach Anpassung ablehnen. Ich meine hingegen und sehe das durch langjährige Erfahrungen bestätigt, daß Sachkenntnis und Sachverstand – selbstbewußt, doch ohne Überheblichkeit vertreten – wesentlich zum Ansehen und zu gesteigertem Einfluß von Sozialistinnen und Sozialisten in der Gesellschaft beitragen. Erweisen sollten sich Sachkenntnis und Sachverstand unserer Genossinnen und Genossen in Vorständen und Fraktionen immer wieder in realistischen Vorschlägen. Genau so gehört dazu, absehbar uneinhaltbare Versprechen von vorn herein zu vermeiden. Und in den Fällen, in denen ursprünglich im Wahlprogramm formulierte Vorhaben sich beim Regierungshandeln als in dem vorgesehenen Zeitraum nicht realisierbar erweisen, muß offen über einen solchen Tatbestand und seine Gründe gesprochen werden – intern und im Gespräch mit den Wählerinnen und Wählern.

In unserer Debatte hat Ulrich Brand aus Kassel an den Politologen Robert Michels erinnert. Der hatte schon 1911 herausgefunden, daß in staatlichen Stellen, aber auch in Parteien Regeln wirken, die er als das »eherne Gesetz der Oligarchie« bezeichnete. Ich habe Ulrich Brand so verstanden, daß ihn interessiert, inwiefern Leitungspersonal einer sozialistischen Partei und insonderheit der sich jetzt in Deutschland herausbildenden neuen Linken diesem »ehernen« Gesetz ausgeliefert bleibt oder imstande werden könnte, es zu brechen. Das sollte uns alle interessieren. In Verläßlichkeit der Gewählten gegenüber denen, die sie gewählt haben, sehe ich eine Chance für solchen demokratiehaltigen, antioligarchischen Bruch.

* Katina Schubert, im Bundesvorstand der *Linkspartei.PDS* damals stellvertretende Vorsitzende, reagierte in der Diskussion auf die den Berliner Landesverband betreffenden Kritiken (zum Beispiel wegen des Umgangs mit dem EU-Verfassungsvertragsentwurf und wegen des Heraushaltens aus der Protestaktion gegen Verursacher und Nutznießer des Bankenskandals im Grunewald) mit Schweigen. Beredsam äußerte sie sich hingegen zu Mecklenburg-Vorpommern. Sie kategorisierte die Protestkundgebung gegen Bush als Ausdruck von Symbolpolitik, deren Nutzen umstritten sei, und sagte weiter, wie im *ND* vom 2. Oktober nachlesbar: Der bisherige Vize-Ministerpräsident von Mecklenburg-Vorpommern, Wolfgang Methling, werde zwar auch weiterhin auf Anti-Bush-Demonstrationen gehen. Die Teilnahme eines Oppositionspolitikers an einer solchen Aktion habe allerdings weitaus weniger Gewicht. Anders als eine »deutliche Niederlage für die Linke« könne man das Ende von Rot-Rot im Nordosten daher auch nicht nennen. Eine den Linkspartei-Stimmenverlusten bei der Abgeordnetenhauswahl in Berlin entsprechende Wertung unterließ sie in diesem Zusammenhang.

Rede auf dem Programm-Konvent »Auf dem Weg zur neuen Linkspartei in Deutschland«, Hannover, 30. September 2006

Der vom Joch freie Hals

Angeregt durch den Beitrag von Thomas Petersen »Der Zauberklang des Sozialismus« (*FAZ* vom 18. Juli 2007), habe auch ich im Deutschen Wörterbuch der Brüder Grimm geblättert. Mich interessierte, ob die darin wiedergegebenen Deutungen des Wortes *Freiheit* bestätigen, was Petersen nahe legt: daß sie auf das Gegenteil dessen hinauslaufen, wofür Oskar Lafontaine sich in seinem Aufsatz »Freiheit durch Sozialismus« (*FAZ* vom 9. Juli) ausspricht.

»Freiheit: der erste und schönste ausdruck für diesen begrif war der sinnliche freihals, collum liberum, ein hals, der kein joch auf sich trägt«, lese ich bei den Grimms. Der anschauliche vom Joch freie Hals – frei vom Knechts- wie vom Kriegsjoch – ging den verallgemeinernden sprachlichen Fügungen »freitthum« und »freiheit« voran, die den Menschen »taugender« schienen als lateinische Abstraktionen, die sie ablösten. Der vom Joch freie Hals ist gedankliche und sprachliche Vorarbeit für Erkenntnisse, wie sie Lafontaine in dem Satz ausdrückt: »Freiheit erleben nur Menschen, die vor dem sozialen Abstieg geschützt werden.« Geistige Verwandtschaft ist da zu spüren statt des von Petersen behaupteten Gegensatzes. Die Worte Freiheit und Gleichheit werden im Deutschen Wörterbuch mehrfach zusammenhängend zitiert. Ein zum gemeinsamen Ideal verschmolzenes Wortpaar begegnet uns da. Das heute aufzugreifen, soll in der politischen Auseinandersetzung einen der »brillantesten Streiche« (nämlich: inhaltliche Verkehrung eines positiv besetzten Begriffs) darstellen?

Am Schluß seines Beitrags gibt Petersen an, bei einer Umfrage, deren Ergebnisse er mitteilt, sei versucht worden, die Befragten »mit einer etwas polemischen Formulierung hervorzulocken«. Die Frage lautete: »Kürzlich sagte jemand: ›Ich frage mich, was das für eine Freiheit sein soll, in der Millionen arbeitslos sind, immer mehr Leute von Sozialhilfe leben müssen und die Großindustrie Rekordgewinne macht. Auf so eine

Freiheit kann ich verzichten.‹ Würden Sie das auch sagen, empfinden Sie das auch so, oder würden Sie das nicht sagen?« – »Das sehe ich auch so«, sagten 62 Prozent der Befragten im Juli 2007. Vor fünf Jahren sagten das 53 Prozent.

Was sind die 62 Prozent in Petersens Augen: Opfer eines brillanten Streichs? Oder kann er sich nicht doch dazu durchringen, in ihnen Frauen und Männer zu sehen, die eigene Eindrücke, Erlebnisse, Erfahrungen zu eigenen Auffassungen, Meinungen, Urteilen verarbeiten?

Beim Blick auf den Wandel der Sprüche, die als freiheitsbewertende Parolen benutzt wurden und werden, haben manche vergessen, daß Westerwelle mit »Freiheit statt Sozialismus« nur wie ein Spätplagiator wiederkäut, was Geißler erfunden

Mit Helmut Kohl *Foto: Jürgens*

hatte; dieser wiederum hat inzwischen etwas ganz anderes gefordert, nämlich »Solidarität statt Kapitalismus«, was deutlicher links gesagt war, als zu dem Zeitpunkt manche Linke es auszusprechen wagten.

Gysis »Freiheit und Sozialismus« und Lafontaines »Freiheit durch Sozialismus« ergeben jetzt zwei nuancierte Versionen eines Losungswortes, das theoretisch gehaltvoll ist – auch dank seiner Nähe zu weltgeschichtlich optimistisch stimmenden Vorgängen in Lateinamerika – und zugleich erfreulich angriffslustig in den aktuellen politischen Tageskampf hierzulande eingreift.

Darin versteht sich *Die Linke*, wie Lafontaine auf deren Gründungsparteitag sagte und danach in seinem *FAZ*-Artikel schrieb, als »demokratische Erneuerungsbewegung«. Hierauf ist Petersen leider nicht eingegangen, obwohl doch viele der von ihm kommentierten neuen Allensbacher Daten offenbaren, wie notwendig die demokratische Erneuerung der Gesellschaft und des Staates ist. Laut Perikles ist das Kennzeichen von Demokratie, daß »die Angelegenheiten nicht im Interesse weniger, sondern der Mehrheit gehandhabt werden«.

Wenn Legislative, Exekutive und Justiz durch Entscheidungen der Mehrheit ihrer Abgeordneten, Minister und Richter überaus häufig den Interessen der Mehrheit der Bevölkerung zuwiderhandeln, wird Demokratie in Eigenschaften, die ihr Wesen ausmachen, zerstört. Angesichts dessen erscheint es gar nicht unvorstellbar, daß dem Bemühen der Linken um demokratische Erneuerung Unterstützung von Menschen zuwächst, denen es einfach darum geht, wieder mehr Demokratie zu wagen.

Brief vom 4. August 2007 an die Herausgeber der Frankfurter Allgemeinen Zeitung *zu den Beiträgen »Freiheit durch Sozialismus« von Oskar Lafontaine (*FAZ, *9. Juli) und »Der Zauberklang des Sozialismus« von Allensbach-Chef Thomas Petersen (*FAZ, *18. Juli 2007)*

Extremistische Apostelgeschichte

Am 19. Februar 2008 mailte Michael Brie – was mag ihn dazu bewogen haben? – »an alle« folgenden Satz: Eine allzu gedankenlose Distanzierung vom Mauerbau könnte in Zukunft das Verständnis dahin dogmatisch versperren, wo eine ökonomisch unterentwickelte Region – um mehr Demokratie, mehr Ökologie, mehr Kulturausgaben, mehr Soziales zu wagen – sich abschottet oder etwa die Abwerbung der vom Monopolkapital bevorzugten Kräftigen, Jungen, teuer Ausgebildeten verhindern wollte. – Der Satz stammte nicht aus seiner Feder, er setzte ihn korrekt in An- und Abführungszeichen und gab Urheber und Quelle an: Diether Dehm, Zeitschrift *UTOPIEkreativ*, Heft 132, Oktober 2001.

Acht Tage später, am 27. Februar 2008, vermeldete die *Frankfurter Allgemeine Zeitung* auf Seite 4: »Dieser Zeitung ist eine Äußerung Dehms zugänglich geworden.« Köstlich: zugänglich geworden! Im Zeitalter von Bibliotheken, Zeitschriftenarchiven und Internet.

Der von Brie an alle gemailte Text hatte bei der *FAZ* in Robert von Lucius einen interessierten Empfänger gefunden. Der allerdings schaute sich die Quelle erst einmal im Original an. Und immerhin bemerkte er, daß Dehm in seinem Aufsatz für eine »glaubwürdige, völlig neuartige Konzeption zum Aufbau einer sozialistischen Gesellschaft« geworben hatte, wofür man die »Angst vor Enteignung kleinen und mittleren Eigentums […] aus der Gesellschaft herausnehmen« müsse. Mit einem Zurückdrängen der Macht der Großbanken und großen Konzerne könnten, so verstand er Dehms Auffassung, »kleinbürgerliche Ängste abgebaut« werden. Korrekt wies er auch darauf hin, daß die Bemerkungen über eventuelles Abschotten und das Verhindern von Abwerbung qualifizierter Kräfte bei Dehm in Gedanken über Entwicklungsländer eingeordnet sind. Unkorrekt löste er diesen Zusammenhang, indem er ein »teils« einschob. So verschaffte er sich Spielraum, die vom Fernsehmagazin *Panorama* fabrizierte Kampagne auch noch mit zu bedienen, die sich gegen den Wahlerfolg der Linken in Niedersachsen und gegen MdB Dehm als Vorsitzenden des niedersächsischen Landesverbands der Partei *Die Linke* richtete.

Am 6. März 2008 gab – von solchem Zwiespalt ungeplagt – Michael Brie im *Rheinischen Merkur* seinen verallgemeinernden Kommentar: »Einige in der Linken können linke Positionen nicht von Positionen trennen, die eigentlich extremistisch sind. Es gibt in der Partei durchaus noch Mitglieder, die bereit wären, die politische Freiheit für die Ziele Gerechtigkeit und Gleichheit einzuschränken.«

Der Berliner Rechtsphilosoph Hermann Klenner, der wohl fundierteste und beste Menschenrechtekenner Deutschlands, reagierte darauf mit dem Satz: »Ich – zum Beispiel – bin dazu bereit.« Er sagte das in einem Podiumsgespräch, das am 7. Mai 2008 im Willi-Münzenberg-Saal des *ND*-Gebäudes stattfand. Klenner sprach dort als Bries erster Diskussionspartner. Wer meine, »liberty« dürfe »only for liberty« eingeschränkt werden, argumentierte er, falle damit doch zurück hinter die Französische Revolution von 1789. In deren Losung standen einander gleichgesetzt in ihrem Wert: Freiheit, Gleichheit, Brüderlichkeit. Die Freiheit wurde nicht der Gleichheit und Brüderlichkeit übergeordnet. Eine derartige Hierarchisierung war den französischen Revolutionären fremd. Sie haben die politischen, ökonomischen, sozialen und kulturellen Rechte der Menschen nicht unterschiedlich gewichtet. Wer nicht bereit sei, so Klenner weiter, die herrschenden Unterschiede zwischen Bankiers wie Ackermann und Arbeitern in den Betrieben zu sehen, der konserviere die Unordnungsverhältnisse, mit denen wir es heute zu tun haben. Wolle man zu denen Ja sagen? Ihnen gegenüber resignieren? Die Verhältnisse so lassen? Oder doch: sie ändern?

Damit kamen die Diskutierenden zu den berühmten Marxschen Worten aus der Schrift »Zur Kritik der Hegelschen Rechtsphilosophie«, die Klenner in ihrem Zusammenhang begriff: »Radikal sein ist die Sache an der Wurzel fassen. Die Wurzel für den Menschen ist aber der Mensch selbst.« Und: »Die Kritik der Religion endet mit der Lehre, daß der Mensch das höchste Wesen für den Menschen sei, also mit dem kategorischen Imperativ, alle Verhältnisse umzuwerfen, in denen der Mensch ein erniedrigtes, ein geknechtetes, ein verlassenes, ein verächtliches Wesen ist.«

Brie hatte hingegen einen »Übergang von radikal zu extrem« in den Wechselbeziehungen zwischen dem Menschen als »höchstem Wesen« (Voraussetzung) und dem kategorischen Handeln für das Umwerfen der Verhältnisse (Folgerung) ausgemacht, wenn über Gewalt so gedacht und gedichtet wird wie in Brechts »Der Kommunismus ist das Mittlere«. Das Gedicht ist 1932 in Polemik gegen Angriffe von rechts entstanden, in denen die Uraufführung von Brechts Stück »Die Mutter« zum Anlaß genommen worden war, den Kommunismus als »die Sache nur einer kleinen extremen Minderheit« hinzustellen. Als künstlerischen Beitrag zum Podiumsgespräch trug die Schauspielerin Renate Richter das Gedicht vor. Es ließ aufhorchen, was Brecht feststellte und meinte:

»Zur Gewalt seine Zuflucht zu nehmen
Scheint böse.
Aber da, wo das, was ständig geübt wird, Gewalt ist
Ist es normal und nichts Besonderes.«

Hierauf bezog Brie sich. Er meldete »konkrete Differenz« an und sagte, er sehe fundamentale Auffassungsunterschiede. Die zitierten Zeilen in Brechts Text folgen allerdings dem Vers:

»Zum Umsturz aller bestehenden Ordnung aufzurufen
Scheint furchtbar.
Aber das Bestehende ist keine Ordnung, sondern
Verordnete Unordnung und planmäßige Willkür.«

Einen so fundamental ursächlichen Zusammenhang sollte nicht ausblenden, sondern mit bedenken, wer Brechts Standpunkt zu Ordnung, Unordnung und Gewalt beurteilen möchte.

Vor der vielen geläufigen Formulierung Marx', auch die Theorie werde zur materiellen Gewalt, sobald sie die Massen ergreift, steht ein zuweilen vernachlässigter Satz, sozusagen ein Vor-Satz. Er lautet: »Die Waffe der Kritik kann allerdings die Kritik der Waffen nicht ersetzen, die materielle Gewalt muß gestürzt werden durch materielle Gewalt.« Frage: In welchem Verhältnis zu dieser Aussage sieht Brie sich? Bejaht er sie? Oder neigt er eher dazu, sie zu verwerfen?

Es gab in der Veranstaltung einen kurzen, nur wenige Minuten dauernden Augenblick, der vielleicht Anhaltspunkte dafür gegeben hat, in welcher Weise die besagte Erkenntnis geistiger Besitz geworden oder der eigenen Geistesverfassung fremd geblieben ist: Als die Debatte für Fragen aus dem Publikum geöffnet worden war, wurde Brie gefragt, wie man Kapitalmacht brechen könne, ohne ihre Freiheit einzuschränken, ohne Gegenmacht auszuüben. Man bat ihn, ein Tatsachen-Beispiel zu nennen (und sei es ein einziges), das überzeugend beweise, wie die ihm vorschwebenden Konzepte verwirklicht werden können. Er begann, von Stalinistischem zu reden, das dem Wirken für sozialistische Ziele abträglich ist, ja zuwiderläuft. Ohne dagegen einen Einwand zu erheben, beharrte der Mann aus dem Publikum aber darauf, sich nach etwas anderem erkundigt zu haben: nach einem positiven Beispiel der Realisierung.

Wie ein hilfsbereiter Souffleur rief ein weiterer Mann aus den Saalreihen: »Allendes Chile!« – Tatsächlich: In vielen Hinsichten ein mustergültiges Beispiel. Aber auch bei ihm mußte erörtert werden: Woran gescheitert? Brie meinte, die Unidad Popular habe die Kontrolle der Streitkräfte vernachlässigt. Die Kontrolle! Daß man zur Sicherung demokratisch errungener Volksmacht überwiegend antidemokratisch eingestellte Spitzen von Militärmacht hätte auswechseln – materielle Gewalt durch materielle Gewalt stürzen – müssen, brachte er nicht zur Sprache.*

Wenn die Verhältnisse so bleiben wie sie gegenwärtig sind, dann fallen wir – so nochmals Hermann Klenner – zurück hinter die von Rousseau erhobene Forderung, keiner dürfe so reich sein, einen anderen kaufen zu *können*, und keiner so arm, sich verkaufen zu *müssen*.

Durch einen Hinweis auf die biblische Apostelgeschichte hat er mich zudem noch veranlaßt, nach der Veranstaltung zu Hause im Neuen Testament nachzulesen: »Alle aber, die gläubig waren geworden, waren beieinander und hielten alle Dinge gemein. Ihre Güter und Habe verkauften sie und teilten sie aus unter alle, nach dem jedermann not war.« (siehe: Die Apostelgeschichte des Lukas. Das 2. Kapitel. Vers 44 und Vers 45). »Wenn wir so etwas für extremistisch halten …« Klenner brauchte den Satz nicht zu vollenden. Er sprach sich für Mut zu einer Diskussion aus, die frei von Denkeinschränkungen sein möge.

Übrigens, über die eingangs skizzierte Munitionierung bürgerlicher Medien haben die 200 interessierten Bürgerinnen und Bürger, die der Einladung von Kommunistischer Plattform und Marxistischem Forum der Partei *Die Linke* gefolgt waren, von Brie nichts erfahren. Und seinen Podiumspartnern war es offenbar peinlich, ihn auf das von ihm in den Mantel des Schweigens gehüllte Medienpolitikum anzusprechen. Ob das die starke Konzentration aller Beteiligten auf Inhaltliches begünstigte? Mag sein. Erfreulicherweise milderte das nicht die Schärfe des Streits in der Sache.

Stefan Liebich, stellvertretender Vorsitzender der Linksfraktion im Berliner Abgeordnetenhaus und Sprecher des Forums Demokratischer Sozialismus, und Ellen Brombacher, Sprecherin der Kommunistischen Plattform, gingen der Frage nach, wie es konkret in der Partei *Die Linke* aussehe: wie stünden deren Mitglieder zur individuellen politischen Freiheit und zur sozialen Gleichheit? Brechts pointierte Kritik an Nichtdenkenden und den nur an sich Denkenden nahm Liebich zum Anlaß festzustellen: Wir haben nicht das Jahr 1932. Er forderte, Sozialismus-Geschichte auch im Westen zu diskutieren einschließlich des Beschlusses zur Überwindung des Stalinismus auf dem Parteitag 1989; er streifte in diesem Kontext auch spätere Debatten wie die zu der, wie er sie nannte, »Kuba-Krise« (in Teilen der PDS) und zum »Stein des Anstoßes« in Friedrichsfelde.

Im Zusammenhang mit »Stalinismus«-Vorwürfen sagte Ellen Brombacher, niemand würde bestreiten, daß es unter Stalin schlimme Verbrechen gab. Es sei des weiteren nicht in Frage zu stellen, daß den gewesenen Sozialismus auch prinzipielle Systemdefizite charakterisierten. Die Hauptauseinandersetzungen fänden nicht darüber, sondern über die daraus zu ziehenden Schlußfolgerungen statt. Die Schlußfolgerung dürfe weder lauten, wegen der Defizite des vergangenen Sozialismus solle erst gar kein neuer Anlauf genommen werden, noch wäre es berechtigt, den gewesenen Sozialismus auf seine defizitären Seiten – genauer: auf seine nichtsozialistischen Züge – zu reduzieren. Das Geleistete dürfe nicht geleugnet werden. Dem verordneten Antikommunismus dürfe man sich nicht beugen.

Als Moderator habe ich mich, wie es sich gehört, mit eigenen Meinungsbekundungen im allgemeinen zurückgehalten. An dieser Stelle hielt ich es aber für richtig, auf neue Nachricht aus dem Allensbacher Meinungsforschungsinstitut zu verweisen. Dessen jetziger Chef Thomas Petersen schrieb in einem Beitrag, den die *FAZ* am 18. Juli 2007 veröffentlichte (siehe auch die Seiten 23 bis 25 in diesem Buch), über Ergebnisse einer Umfrage, die das von ihm geleitete Institut 2002 und 2007 vorgenommen hatte. Dabei sei versucht worden, die Befragten »mit einer etwas polemischen Formulierung hervorzulocken«. Die Frage lautete: »Kürzlich sagte jemand: ›Ich frage mich, was das für eine Freiheit sein soll, in der Millionen arbeitslos sind, immer mehr Leute von Sozialhilfe leben müssen und die Großindustrie Rekordgewinne macht. Auf so eine Freiheit kann ich verzichten.‹ Würden Sie das auch sagen, empfinden Sie das auch so, oder würden Sie das nicht sagen?« – »Das sehe ich auch so«, sagten 62 Prozent der Befragten im Juli 2007. Vor fünf Jahren sagten das 53 Prozent. Was sind die 62 Prozent in Petersens Augen? Bei der Bewertung seiner Befragungsergebnisse, die ihn überraschten, hatte er noch Schwierigkeiten: Wollte er vermuten, da seien so viele Leute – und so viele mehr als fünf Jahre zuvor – Opfer eines »brillanten Streichs« von Oskar Lafontaine und seiner Partei *Die Linke* geworden? Oder könnte er sich doch dazu durchringen, in den 62 Prozent der Beantworter seiner Fragen, die eine andere Freiheit als die gegenwärtig herrschende besser finden würden, Frauen und Männer zu sehen, die eigene Eindrücke, Erlebnisse, Erfahrungen zu eigenen Auffassungen, Meinungen, Urteilen verarbeiten? Linke kommen wohl von vornherein zu Deutungen der letzteren Art.

Freilich nicht alle. Wie im *Neuen Deutschland* vom 6. Juni 2008, Seite 14, nachlesbar, behilft Michael Brie sich auf folgende Weise: Denen, die finden »Auf *so eine* Freiheit kann ich verzichten«, und wohl mehr noch denen, die ihnen beipflichten, unterstellt er, sie hielten es für »richtig, daß Freiheit *nur* auf Kosten der Gleichheit, Gleichheit *nur* auf Kosten der Freiheit zu haben ist«. Er, dem von seinen Diskussionspartnern stundenlang zugeredet wurde, die Menschenrechte nicht zu hierarchisieren, sondern Freiheit, Gleichheit, Brüderlichkeit in der Tradition der Französischen Revolution »einander gleichgesetzt in ihrem Wert« zu betrachten und davon abzulassen, einen dieser Werte den anderen überzuordnen, er hält es für angebracht und sich für berufen, diese Diskussionspartner zu belehren, daß eine »falsche Alternative« formuliert, wer »Freiheit *oder* Gleichheit« sagt, was keiner derjenigen getan hatte, die mit ihm stritten. Ob er intellektuell redlich zu argumentieren unterläßt, weil er auch das für »eigentlich extremistisch« hält?

Wenn Frank Baier aus Halle (Saale) in einem Leserbrief, der am 16. Juni im *ND* veröffentlicht wurde, behauptet, Uwe-Jens Heuer meine, »ein anderer Sozialismus als ein freiheitseinschränkender, also der stalinistische ›Sozialismus‹ sei nicht möglich«, operiert auch er mit der Methode der Unterstellung statt des ordentlich zitierten Quellenbelegs. In Heuers Artikel »Soziale Menschenrechte in den Vordergrund stellen« (*ND* vom 6. Juni) war gesagt worden, jede Opposition gegen den global aktiven Imperialismus, wenn sie ein ganzes Land erfaßt, müsse sich, wenn sie dauerhaft bleiben solle, auf die Staatsmacht stützen. Gerade deshalb sei der Kampf gegen die »Schurkenstaaten« ein zentraler Bestandteil der imperialistischen Strategie. Und nun weiter wörtlich: »Die ungeheure ökonomische und ideologische Dominanz des Imperialismus *kann* tatsächlich bedeuten, daß der ›Schurkenstaat‹ Freiheitsrechte einschränken muß.«

Wogegen Heuer polemisiert, das ist die Auffassung, die Beseitigung vorhandener ökonomischer Ungleichheiten dürfe »nur ohne Eingriff in die politischen Freiheiten der ökonomisch Begünstigten« geschehen. Diese konkret-historische Betrachtung umzuempfinden in ein modellhaftes »freiheitseinschränkendes« Sozialismus-Postulat, dazu bedarf es politischer Verdrehungsenergie, der wir widerstehen sollten.

* Siehe hierzu im *ND* vom 26. Juni 2008 Johnny Norden »Der Doktor der »Roten«. Heute vor 100 Jahren wurde Salvador Allende geboren: »Der Präsident entließ, in der Hoffnung, die Gegner ruhigstellen zu können, die Treuesten der Treuen: den Oberkommandierenden General Prats, den Chef der Offiziersschule General Pickering und den Chef der Garnison Santiago General Sepulveda. Schließlich ernannte er gar General Pinochet zum Oberbefehlshaber der Streikräfte. Damit hatte er sein eigenes Todesurteil unterschrieben.«

Veröffentlicht in: Mitteilungen der Kommunistischen Plattform in der Partei Die Linke, Heft 7/2008, zuvor in Kurzfassung Ossietzky, *Heft 11/2008, 31. Mai 2008*

Linke Heimatliebe

Polemischer Erfahrungsbericht – gegen die Bezichtigung »latent nationalistischer Untertöne«

Andrea Nahles hat der *Linken* vorgeworfen, mit »latent nationalistischen Untertönen« zu arbeiten. Frank-Walter Steinmeier behauptete, die *Linke* betreibe in der Außenpolitik eine »beinahe nationalistische Verengung«. So beziehen die beiden von Kurt Beck als stellvertretende Vorsitzende der Sozialdemokratischen Partei Deutschlands erkorenen Personen in einem wesentlichen Punkt ihre Haltung zur Politik der sozialistischen Partei links von der SPD. Auffällig ist bei Nahles wie Steinmeier ein gewissermaßen zögernd-zaghaftes Tasten in dem, was »Wortfindungsprozeß« genannt wird. Wenigstens im Unterbewußtsein ahnen sie offenbar noch: Sowohl einzelne Menschen als auch eine Gruppe, einen Verein, eine Organisation, eine Partei zu bezichtigen, sie betrieben eine national egoistische, die Interessen und die Würde anderer Nationen mißachtende – kurz: eine nationalistische – Politik, ist gegenüber Demokraten und Sozialisten eine Ungeheuerlichkeit. Daher der abpuffern sollende Wortgebrauch: »latent«, »Untertöne«, »beinahe«, »Verengung«. So verpackt, wird die Beschuldigung aber dennoch ausgestoßen.

Gegen derartigen Unfug setze ich im folgenden einen polemischen Erfahrungsbericht, gespeist aus Erlebnissen aus Kindheit und Jugend bis in die inzwischen »betagteren« Jahre.

Mein Verhältnis zu dem Land, in dem ich lebe, hat einige Brüche und Störungen hinter sich. Unserer Familie nahm das Land die Wohnung: 1943 ausgebombt in Berlin und evakuiert nach Burg Stargard (Mecklenburg). Es nahm meiner Mutter den Mann und uns, ihren vier Kindern, den Vater: gefallen in Stalingrad. Es verlautbarte und plakatierte in jener Zeit Tag für Tag an den Litfaßsäulen Hinrichtungen, meine erste politische Lektüre: verurteilt wegen Hochverrats, stand da, was – wie meine Mutter mir als Zehnjährigem zu sagen wagte – bedeutete: Die Hingerichteten waren gegen den Krieg. Unter den Männern, Frauen und Kindern, denen ich auf den Straßen begegnete, gab es einige, an deren Kleidung plötzlich gelbe Sterne mit der Aufschrift »Jude« aufgenäht waren. Jüdischen Menschen verbot das Land bzw. verboten die, die in ihm das Sagen hatten, auf Parkbänken zu sitzen; so stand es auf allen Bänken zu lesen, die ich in den Anlagen von Alt-Moabit und Tiergarten sah. Was ich auf meinem Schulweg in der Berliner Levetzowstraße eines Tages beobachtete, offenbarte mir noch Schrecklicheres: Dieses Land verfrachtete Junge und Alte, die vor der Synagoge »gesammelt« wurden, auf Lastwagen aus der Stadt; die Transporte endeten, wie ich später erfuhr, in Vernichtungslagern.

Nach unserer bombardementsbedingten Umsiedlung aus der großen Stadt Berlin in das kleine mecklenburgische Burg Stargard – wie ging es da weiter? Weiter ging es mit der Aufforderung, statt »Guten Morgen« »Heil Hitler« zu sagen und dazu den rechten Arm anzuheben, wenn man jemandem aus der Lehrerschaft auf der Straße oder sonst wo begegnete. Wann immer ich es schaffte, lief ich, sobald ich eine solche Begegnung herannahen sah, hinüber auf die andere Straßenseite. Wer in der Schule säumig beim Sammeln von Altstoff war, wurde peinlich gerüffelt. Daß ich nicht sammeln ging, weil ich keinen Stoff für die Kriegswirtschaft liefern wollte, konnte ich nicht sagen. Statt dessen erwiderte ich auf das Gequengel des Klassenlehrers: »Mein Vater hat gesagt, du gehst nicht in fremde Häuser, und damit basta!« Weil ich außerdem den »Dienst« genannten Zusammenkünften des Nazi-»Jungvolks« öfter fernblieb, drangsalierten Vertreter dieser Organisation meine Mutter, sie solle gefälligst für meine Teilnahme sorgen. Im Schulunterricht gab's so hanebüchenen Führer-, Kaiser-, Königs-, Fürstenkult und unerträgliche Selbstüberhebung von »das deutsche Volk« und »die nordische Rasse«, daß mir nur übrig blieb, mit gehörigen Portionen »Dummpulver« in Geschichte regelmäßig die Note Fünf oder »besten«falls Vier abzufassen. Die Freude an Wäldern und Wiesen der Umgebung wurde einem verleidet durch »Geländespiele«, wie martialische Kriegsübungen für Heranwachsende genannt wurden. Und von Monat zu Monat mehr drohte die Einziehung von Greisen wie von Kindern und Jugendlichen in als »Werwolf« bezeichnete quasi militärische Kampfrudel der letzten Stunde. Im Schuppen vor dem Haus, neben dem wir Quartier bekommen hatten, wurden mehrere Kisten hingestapelt, voll von »Panzerfaust« genannten Rückstoßwaffen, die anzulegen und abzufeuern uns zugemutet werden sollte.

Den Bruch, der im Mai (in Mecklenburg schon im April) 1945 folgte, erlebte ich als Umbruch zum Guten hin, vor allem erst einmal als Befreiung vom Krieg und von denen, die ihn angezettelt hatten und als Massenmord an anderen Völkern und am eigenen Volk betrieben.

Das Land, das mir bis dahin nicht mehr hatte sein können als Herkunftsland, bot es nun die Chance, mir Vater-, Mutter- und Heimatland zu werden? So einfach und glatt ging das nicht. Gehören zum Land doch die Leute, die es bevölkern. Und von denen hatte ich allerhand in einer Weise erlebt, daß ich zum Sektierer hätte werden können, der sich angewidert abkapselt. Oder zum Emigranten aus Deutschland noch nach dem Ende institutionsgestützter und – geschützter Nazi-Herrschaft. Denn weiter wirkten deren denkfaule Dünkel – der totalen Niederlage im Krieg zum Trotz – im Gemüt vieler.

Manche vermuten, einer wie ich wäre doch wohl unter den ersten in den antifaschistischen Jugendausschüssen und dann in der FDJ gewesen. Falsch vermutet. Zwar war ich von Anfang an der jüngste Besucher von KPD-Veranstaltungen und SED-Bildungsabenden am Ort; gemeinsam mit meiner Mutter ging ich da hin. Zur FDJ hingegen fand ich erst im September 1947. Der Grund? Mit Gleichaltrigen, die bis in den April 1945 Hitler angehimmelt und mich wegen meiner Abwesenheit vom »Jungvolk« bedrängt hatten, nun in einem fortschrittlichen Verband vereint zu werden, das wollte mir nicht gelingen. Aus dem Blickwinkel eines Jungen, der die Schwelle von den Kinderjahren in das Jugendalter noch nicht überschritten hatte, ein, wie ich auch rückblickend meine, verständliches Gefühl. Ältere Genossen halfen mir, das Begrenzte dieser Sicht zu erkennen. »Haben wir andere Jugendliche als die, die da sind?«, »Glaubst du nicht, daß manche nur irregeführt waren und wir die Kraft haben, sie von der Richtigkeit unseres Weges zu überzeugen?«, »Können wir jemanden überzeugen, wenn wir uns fern von ihm halten?« – dies die Fragen, die mir die Älteren, Erfahreneren, stellten. Die diesen Fragen innewohnende Logik mit den eigenen Emotionen in Einklang zu bringen, das ging nicht ohne – wenn ich so sagen darf

– seelische Zweifel ab. An diese Zweifel vor 60 Jahren erinnere ich mich, wenn ich heute jüngere Leute höre, die mit Nation, Vaterland und Heimat »nichts am Hut haben« wollen, wenn es um ihr Verhältnis zu Deutschland geht. Sie setzen nichts gleich von einst und jetzt, wie ich nichts gleichsetze. Aber weil wir unter in mancher Hinsicht vergleichbaren Bedingungen auf Positionssuche waren bzw. sind, können wir einander vielleicht verstehen.

Dabei haben beide »Seiten« selbstverständlich die unterschiedlichen Wege vor Augen, die sie gegangen sind. Zu den Jüngeren oder etwas Jüngeren mit einer überwiegend in westdeutschen Bundesländern absolvierten Sozialisation gehören sowohl die, die Unbehagen gegenüber dem Heimat-Begriff verspüren, als auch diejenigen, die vehement dafür streiten, den Begriff »Heimat« seitens der Linken zu »besetzen«, zu nutzen, auszufüllen und ihn nicht etwa den ihn mißbrauchenden Neonazis zu überlassen. Das korrespondiert mit der Folgerung, die Leute wie ich aus geschichtliche Studien und DDR-Erfahrungen gezogen haben. Nämlich: Nachdenken über Heimat weder als eine abwegige Marotte anzusehen noch als Zeichen national beschränkter Gemütsverfassung zu deuten, sondern als sozial und kulturell, ökonomisch und politisch wichtigen menschlichen Lebensfaktor zu verstehen.

An die Seite der Genossen, die einst auf mich eingeredet hatten, gesellten sich im Laufe der Jahre miteinander verwobene persönliche Erlebnisse und geschichtliche Vorgänge, die einige der einstigen Zweifel beheben halfen. Gutsherren, wie wir die riesige Ländereien besitzenden Großagrarier nannten, habe ich mit eigenen Augen nie zu sehen bekommen. Aber die Tagelöhner-Katen in den Dörfern der Umgebung sehr wohl. Und damit eine Vorstellung von der Ausbeutung der Landarbeiter und ihrer Familien. Daß sie, die zuvor Landlosen und an ihrer Seite die durch ihre kriegsbedingte Flucht aus Ostpreußen und Pommern landlos Gewordenen durch die demokratische Bodenreform Land bekamen – enteignetes Gutsherrenland –, das harmonisierte mein Verhältnis zu dem Land als Heimatland.

Dasselbe gilt für den revolutionären Schritt der Brechung des Bildungsprivilegs der Besitzenden und Reichen durch die demokratische Schulreform. Es wurde Schluß gemacht mit dem

Unrechtsregime des reaktionären Schul- und Hochschulsystems, in welchem geldlich Bemittelte den geistig Begabten vorgezogen worden waren. Welch ein Akt kultureller Befreiung! Übrigens: Jegliche Rückfälle in vor-demokratische Schul- und Hochschulverhältnisse – wie wir sie jetzt beispielsweise bei der Erhebung von Studiengebühren erleben – verkörpern soziales Unrecht, das »Recht« verordneter Asozialität. Bei den Betroffenen und nicht nur bei ihnen zerstören sie Heimatverbundenheit.

Wie den Großagrariern bin ich, wie sich denken läßt, auch Rüstungsindustriellen leibhaftig nie begegnet. Aber: Ich sah die Trümmer, an denen sie verdient hatten, ich las die Berichte aus Nürnberg über die Kriegsverbrecherprozesse, ich schaute mir im Kino den DEFA-Film »Der Rat der Götter« an und erfuhr voller Genugtuung vom Volksentscheid in Sachsen zur Überführung des Eigentums von Kriegsgewinnlern an Fabriken in das Eigentum des Volkes. Das war eine der demokratischen Bodenreform entsprechende Lösung für die Industriebetriebe.

Erst im Bösen, dann im Guten erlebte ich so, wie eine Landschaft zu geliebter Heimat *werden* kann. In dem Maße, wie in ihr Kriegstreiber entmachtet sind. Im Maße, in welchem Armut statt sich auszubreiten eingedämmt wird. Eine Ordnung, die Bildungsprivilegien bricht und jeglicher Großmannssucht – ob nun persönlich, ethnisch, ökonomisch, politisch, religiös, sozial oder sonst wie »begründet« – den Garaus zu machen trachtet, eine solche Ordnung ist aufgeklärter Heimatliebe würdig. Das Erlebte verdichtete sich zur Erkenntnis: Die Möglichkeit, sich mit nationalen Daseinsbedingungen zu identifizieren, wird für einen Linken davon bestimmt, wie sozialer Fortschritt vorangebracht wird. Der bewahrt Nationalbewußtsein vor dem Umkippen in nationalistische Beschränktheit und Überheblichkeit, öffnet den Weg zu völkerverbindender Gesinnung und Gesittung internationaler Solidarität.

Solches Erleben und Erkennen bekräftigte (und bekräftigt) Lektüre, zum Beispiel der Bücher von: August Bebel, Karl Liebknecht, Kurt Tucholsky.

Bebel gab seinen Herren Abgeordnetenkollegen in einer am 20. Mai 1889 gehaltenen Reichstagsrede folgendermaßen Bescheid: »Meine Herren, Sie verwechseln [...] das Vaterland mit den Institutionen, die in diesem Vaterlande zeitweilig herrschen.

Wir sind Deutsche so gut wie Sie, und wir hängen an diesem Deutschland mit ebensoviel Liebe wie Sie. Aber wir sind der Meinung, daß die Zustände nicht die rechten sind [...] Wir, die wir die deutsche Sprache sprechen, haben uns an der Kulturarbeit des deutschen Volkes ebenso gut beteiligt wie Sie, und vielleicht in viel höherem Maße als die meisten von Ihnen [...] Und wenn wir gehetzt und verfolgt werden und viel Unangenehmes zu erdulden haben, dann zeigen wir viel mehr Patriotismus und Vaterlandsliebe als diejenigen [...], die aus den heutigen Staats- und Gesellschaftszuständen die größten Vorteile für sich und ihre Klassengenossen herauszubringen wissen.«

Im Hinblick auf das Verhältnis verschiedener gesellschaftlicher Schichten und politischer Gruppierungen zur Problematik Vaterland/Vaterlandslosigkeit verdient besonderes Interesse, was Karl Liebknecht als sozialdemokratischer Abgeordneter im Reichstag am 18. April 1913 sagte: »Wir haben niemals daran gezweifelt, daß das Kapital vaterlandslos ist, und zwar um so vaterlandsloser, je patriotischer es sich gebärdet.« Im einzelnen ging Karl Liebknecht sodann auf Waffenexporte deutscher Rüstungsfirmen ein und sagte voraus, daß mit den zum Beispiel an Frankreich gelieferten deutschen Waffen im – damals noch nicht ausgebrochenen, aber anderthalb Jahre später dann entfesselten – Krieg deutsche Soldaten getötet werden.

»Deutschland, Deutschland über alles« titelte Kurt Tucholsky sein 1929 veröffentlichtes Buch, in welchem er schärfste Kritik an den Zuständen im kapitalistischen Deutschland der Weimarer Republik übt. Dieser Kritik fügt er am Schluß sechs Seiten unter der Überschrift »Heimat« hinzu. Darin heißt es: »Nun haben wir auf 225 Seiten Nein gesagt, Nein aus Mitleid und Nein aus Liebe, Nein aus Haß und Nein aus Leidenschaft – und nun wollen wir auch einmal Ja sagen. Ja –: zu der Landschaft und zu dem Land Deutschland. Dem Land, in dem wir geboren sind und dessen Sprache wir sprechen. Der Staat schere sich fort, wenn wir unsere Heimat lieben [...]. Ja, wir lieben dieses Land.«

Das Bekenntnis erläutert er so: »Es ist ja nicht wahr, daß jene, die sich ›national‹ nennen und nichts sind als bürgerlich-militaristisch, dieses Land und seine Sprache für sich gepachtet haben. Weder der Regierungsvertreter im Gehrock noch der Oberstudienrat, noch die Herren und Damen des Stahlhelms allein sind Deutschland. Wir sind auch noch da. Sie reißen den Mund auf und rufen: ›Im Namen Deutschlands ...!‹ Sie rufen: ›Wir lieben dieses Land, nur wir lieben es!‹ Es ist nicht wahr.« Er fügt hinzu, so widerwärtig ihm jene seien, »die – umgekehrte Nationalisten – nun überhaupt nichts mehr Gutes an diesem Lande lassen, kein gutes Haar, keinen Wald, keinen Himmel, keine Welle – so scharf verwahren wir uns dagegen, nun etwa ins Vaterländische umzufallen ... Wir haben das Recht, Deutschland zu hassen – weil wir es lieben. Man hat uns zu berücksichtigen, wenn man von Deutschland spricht, uns: Kommunisten, junge Sozialisten, Pazifisten, Freiheitsliebende aller Grade; man hat uns mitzudenken, wenn ›Deutschland‹ gedacht wird ... Deutschland ist ein gespaltenes Land. Ein Teil von ihm sind wir.«

Linke Heimatliebe heute braucht Tucholskysche Entschiedenheit nicht zu scheuen. Im Gegenteil, denn für solche Entschiedenheit gibt es zusätzliche Gründe. Es geht inzwischen schon um die bloße Erhaltung von Heimat für alle Länder auf dem europäischen Kontinent. Bedroht ist sie von der Terrorpolitik der USA-Administration. Die hat Europa geschwächt, indem sie europäische Länder zur Teilnahme an der NATO-Aggression gegen Jugoslawien aufstachelte. Und sie verwickelt europäische Staaten mehr und mehr in ihre völkerrechtswidrigen Angriffskriege gegen Afghanistan und Irak. Und zwar mit der eigensüchtigen Berechnung, Gegenschläge von dort mögen hier in Deutschland, Frankreich, Italien usw. niedergehen. Europäische, zum Beispiel deutsche Politiker, machen dabei mit –, getrieben durch den Machtwahn von Teilen des hiesigen Monopolkapitals, so – zugleich als Kollaborateur und als Konkurrent der USA – an imperialistischer Weltherrschaft teilnehmen zu wollen. Dieser Wahn macht blind gegenüber den Lebensinteressen der Einwohner der überfallenen Länder, aber auch der Bevölkerung unseres »alten« Kontinents. Am Hindukusch wird keineswegs Deutschland verteidigt, werden nicht deutsche Interessen vertreten. Am Hindukusch werden unser Land und seine Bürgerinnen und Bürger verraten, ihr Leben wird gefährdet und die Existenz eines eigenständig seine Interessen wahrnehmenden deutschen Nationalstaates wird aufs Spiel gesetzt. Solcher Politik Einhalt zu gebieten, darum kämpfen hartnäckig

Mit Hans Mayer *Foto: Marianne Fleitmann*

Oskar Lafontaine und die von ihm und Gregor Gysi geführte Fraktion Die Linke. im Bundestag und die inzwischen in Aktion tretende neue Partei *Die Linke*: ein glaubwürdiges Zeugnis linker Friedens- und Heimatliebe.

Wer darin, wie Steinmeier, eine »beinahe nationalistische Verengung« sieht und, wie Nahles, »latent nationalistische Untertöne« hört, was hat der vor Augen, was hat die im Ohr? Dies: die Postulate der Vormacht in Schrift und Ton, die verlangen, nationale Interessen als Verengung zu verwerfen. Statt ihrer sollen und wollen sie von der USA-Administration vorgegebene Interessen verfechten. Und zwar auch dann, wenn diese über die eigene Bevölkerung und das eigene Land existentielle Gefahren heraufbeschwören. Rücksicht darauf zu nehmen, daß wir nicht ins Verderben gestürzt werden, das erscheint Nahles und Steinmeier »beinahe« und »latent« als Nationalismus – in »Verengung« und »Untertönen«. Neben Bewahrung der Völker, einschließlich des eigenen Volks, vor kriegerischem Morden schließt linke Heimatliebe auch ein: die Wahrung der ökologischen, ökonomischen, sozialen und kulturellen Interessen der in dieser Heimat lebenden Menschen hiesiger und auswärtiger Herkunft. Wer sich dafür einsetzt, verdient Unterstützung, statt daß man ihn angiftet, als sei er ein leichtfertig daherredender »Populist«.

Was Verächter unserer Nation – und anderer Nationen nicht minder – tun, wem nützt das und wem schadet es? Nützen kann es allein dem transnational die Weltwirtschaft dominierenden nordamerikanischen Monopolkapital und der von ihm installierten weltherrschaftserpichten USA-Administration. Insofern darf der Frage, zu wessen Nutzen da agiert wird, die Frage angeschlossen werden, in wessen Diensten das Hochpäppeln von Nationalmasochismus geschieht, zu dem übrigens die grassierende Verschandelung der deutschen Sprache ebenfalls gehört. Eine demokratisch begründete, auf soziale Gerechtigkeit und Frieden zwischen den Völkern zielende europäische Gemeinschaft kann sich nur in Wechselwirkung mit den historisch gewachsenen lokalen, regionalen und nationalen Gemeinschaften entwickeln; nicht aber davon abgehoben oder gar im Gegensatz zu ihnen – im Dienste von Globalisierern, vor deren Geldgier Männer und Frauen sich mit Recht fürchten. Sie bangen um die Häuser und Straßen, in denen sie wohnen, um ihr Stück Acker oder ihre Werkstatt oder ihr Büro. Sie spüren: Ihre Existenzgrundlagen, in angestrengter Arbeit – oft über Jahrzehnte hinweg – geschaffen, sind bedroht.

»Ich habe nichts, wovon ich sagen möchte, es sey mein eigen.« So Hölderlins Hyperion an Bellarmin. Sorgen wir dafür, daß immer mehr Menschen in eine andere Lage kommen, in die Lage, daß sie von vielem sagen möchten und können, es sey ihr eigen – im Sinne von Eigenheit natürlich, genauso selbstverständlich aber auch eigen im Sinne von Eigentum. (Siehe oben: Bodenreform und Kriegsgewinnler-Enteignung. Und siehe: Grundgesetz-Artikel 14 und 15).

Aufgehoben in linker Heimatliebe heute sind auch die Kämpfe vor Jahrzehnten gegen die Bestrebungen des, wie wir ihn empfanden, Separatisten Konrad Adenauer. Der wollte – wie er selber bekundet haben soll – »lieber das halbe Deutschland ganz als das ganze Deutschland halb« haben. Von politischem Fehlverhalten in der deutschen Nachkriegsgeschichte dürfte das Ausschlagen der mit der Note der Regierung der UdSSR vom 10. März 1952 (so genannte Stalin-Note) gebotenen Chance von Friedensvertrag, Einheit, gesamtdeutschen Wahlen und Abzug der Besatzungsstreitkräfte einer der krassesten Fälle sein. Herbeigeführt durch die von Adenauer geführte

Bonner Regierung in Abstimmung mit den westlichen Besatzungsmächten. Ob denen, die daran mitgewirkt haben, und ihren politischen Erben im Blick zurück bewußt ist, welches Unmaß an Schuld da entstand gegenüber Deutschland und den Deutschen? (Siehe hierzu die Seiten 116 bis 127 im vorliegenden Buch, besonders Seite 126.)

Im Gegenzug entwickelten sich Bemühungen um eine dauerhafte staatliche Eigenständigkeit der DDR bis hin zu der durch Verfassungs-Volksentscheid am 6. April 1968 bekräftigten Charakterisierung der DDR als des »sozialistischen Staates deutscher Nation«. Diese Formel trug Walter Ulbrichts Handschrift, sie hatte viel für sich. Was man von dem unter Erich Honecker in Umlauf gebrachten Theorem der zwei deutschen Nationen nicht sagen kann. –

Mir war sympathisch, wie die Redaktion der *Jungen Welt* die Autoren wichtiger Beiträge im Blatt vorstellte: »Staatsbürgerschaft: DDR, Nationalität: deutsch, besondere Kennzeichen: meine«.

*

Heimat-Debatten haben Lebenssinn umso mehr, wenn wir in ihnen auch sehr praktische Aufgaben im Kulturbereich besprechen. Zum Beispiel: Protestaktionen gegen die Verringerung finanzieller Mittel für Theater und Orchester sowie Widerstand gegen die Schließung von Stadtteilbibliotheken. Motto: »Wer Kultur kürzt, fördert Gewalt.« Ferner die Unterstützung von Bildhauerinnen und Bildhauern, Malerinnen und Malern, Grafikerinnen und Grafikern für ihr Wirken im öffentlichen Raum. Und: die in den Aufsichtsgremien der öffentlich-rechtlichen Rundfunk- und Fernsehanstalten zu verstärkende Kontrolle und endlich zu führende entschiedene Kritik der in den elektronischen Medien praktizierten Benachteiligung der Linken. Das Aufscheinen von Zukunft bewirkt, wer an Antonio Gramsci erinnert, den Vordenker der »kulturellen Hegemonie«, verbunden mit der Ermunterung dazu, mehr Intellektuelle »mit ins Boot« zu holen, wenn die sozialistische Linke neue weiter reichende Ziele ansteuert.

Nix mit »Ick bün all hier«

In ihrem Diskussionsbeitrag zu dem Aufsatz »Eine Revolution für das Grundgesetz« von Diether Dehm, Wolfgang Gehrcke und Paul Schäfer warnen Jan Korte, Katja Kipping, Klaus Lederer und Gerd Wiegel die Linke davor, sich auf einen Streit um die Deutung der Begriffe »Nation« und »Heimat« einzulassen. Man müsse das Rennen zwischen Hase und Igel nicht ständig wiederholen, sagen sie. Um sich sodann selbst ein paar Zeilen weiter in pauschale nationsverneinende Deutungssätze einzuigeln.

Was sie sehen, ist: daß die Herausbildung von Nationen mit nationalistischen Ein- und Ausschließungen sowie Rassismus verbunden war und unheilvoll fortwirkte. Inwiefern Nationenentwicklung in vielen Ländern von humanistischen Kräften in ihren Bemühungen um Völkerverständigung genutzt wurde, bleibt unbeachtet. Daß dies in hartem Kampf gegen die von den reaktionären Kräften betriebene nationalistische Politik und Hetze vor sich ging, daran anzuknüpfen, gehört nicht gerade das aber für alle Linken zum verpflichtenden Erbe in Sachen Nation?

Wer Nation und Nationalistisches nicht als Gegensatz begreift, ja im Nationalistischen bloß eine Art Zusatz zum Nationalen sieht, ist gefangen in der Vorstellungswelt der Gegner der Linken. Sozialismushasser, die sich auf Nation, Nationales, Nationalgefühl berufen, sind Täuscher, treiben Mißbrauch. Das zu enthüllen und zu bekämpfen, hat mit dem »Ick bün all hier« des Swinegels in Grimms Märchen und auch mit dem »Nochmal geloopen, wedder üm!« des Hasen nichts zu tun. Weder hocken wir da, wo die Nationalisten Platz genommen haben, noch wetzen wir in einer Furche, die dahin führt.

Wir führen die Auseinandersetzung mit denjenigen, die in der Tradition imperialistischer Kriegspolitik stehen, durch die zwei Weltkriege heraufbeschworen wurden, in denen Menschen vieler Völker millionenfach ermordet wurden und in denen

Im Goethe-Haus zu Weimar *Foto: Dieter Demme*

auch das deutsche Volk in einem seit dem 30jährigen Krieg von 1618 bis 1648 nicht dagewesenen Umfang dezimiert worden ist. Die verbrecherische Schuld daran gegenüber der Welt und der eigenen Nation nicht wahrhaben zu wollen, bedeutet, gleichermaßen menschheitsfeindlich und antinational zu sein. Die Bekämpfung der nationalen Demagogie der in Wahrheit Antinationalen gehört zur Wahrung wirklicher nationaler Interessen wie die Widerlegung und Bekämpfung sozialer Demagogie zum Kampf für die sozialen Interessen der arbeitenden Menschen und Arbeitslosen, der Rentnerinnen und Rentner, der Jugendlichen und Kinder.

Zwischen Nationalem und Internationalem besteht ein Wechselverhältnis. Das haben wir in verschiedenartigen geschichtlichen Situationen erkennen können und auch müssen. Wir haben es mit solidarischem Internationalismus als einem Kern nationalen Verantwortungsbewußtsein der Linken zu tun. Und auf der anderen Seite herrscht bei den Rechtskonservativen und Neoliberalen die Macht der transnational strukturierten Konzerne. Deren Profitinteressen werden alle »übrigen« Gesellschaftserscheinungen unterworfen. Ich sehe keinen Grund, für künftige Zeiten solche Einsichten als erledigt und überholt aufzufassen.

Die Aussage, auf längere Sicht würden die Einzelstaaten die Hauptarena der sozialen und politischen Kämpfe bleiben, soll ein »Rekurs auf die nationalstaatliche Ebene« sein, in dem »kein vorwärtsweisendes Konzept für die Linke« zu sehen sei? Die Praxis sagt etwas anderes: Den vorwärtsweisenden französischen und niederländischen Gegenstimmen bei Volksentscheiden in nationalstaatlichem Rahmen verdanken die Einwohner des gesamten Kontinents, daß jener Verfassungsentwurf gescheitert ist, mit dem allen EU-Mitgliedsstaaten obligatorisch verordnet werden sollte, sich zu verpflichten, »ihre militärischen Fähigkeiten schrittweise zu verbessern«, also: zu verstärken; die marktradikale Wirtschaftsweise mit dem ihr innewohnenden Privatisierungswahn zu verschärfen (»unverfälschter Wettbewerb«, der gegen das in den Artikeln 20 und 79 des Grundgesetzes formulierte Sozialstaatsprinzip verstößt); demokratische Regelungen weiterhin zu beschränken, statt sie z. B. in der Wirtschaft auszubauen.

Nun schreiben in einem zweiten Diskussionsartikel zu Dehms, Gehrckes und Schäfers Beitrag Stefan Liebich und Gerry Woop unter der Überschrift »Rückzug auf den Nationalstaat ist ein Fehler«: Maßnahmen zu akzeptieren, die der EU Stabilität und Handlungsfähigkeit zu erhalten helfen, müsse »nicht bedeuten, die Verträge von Lissabon zu begrüßen«. Stattdessen schwebt ihnen vor, sie »angemessen weiterzuentwickeln«. Auf Militarisierungszwang gehen sie nicht ein. Vielleicht in Einsicht, daß es da nichts »weiterzuentwickeln« gibt, sondern Abwicklung gefordert werden muß. Aber warum sagen sie das nicht? Und das, obwohl diese Gegenposition doch besonders wichtig ist, weil das in Lissabon von den Regierenden beschlossene Vertragspapier im Aufrüstungspflichtpunkt gefahrdrohend geblieben ist wie der ursprüngliche Verfassungsentwurf.

Was die Gestaltung der sozialen Dimension und die Überwindung demokratischer Defizite angeht, seien diese beim angemessenen Weiterentwickeln ausdrücklich ein- und nicht ausgeschlossen, versichern die Autoren. Die sozialen und demokratiebezogenen Gestaltungsaufgaben linker Politik im europäischen Rahmen erfordern, daß die Ablehnung asozialer Maßnahmen und undemokratischer Verfahren durch die Bevölkerung zu wirkungsvollem Widerstand sich entwickelt und in Massenaktionen des Protests Ausdruck findet.

Die Erfahrungen z. B. der Proteste gegen die »Dienstleistungsrichtlinie« zeigen, daß an der europaweit organisierten Demonstration in Brüssel 30.000 Menschen teilnehmen konnten, in Berlin waren es doppelt so viele: 60.000, in anderen Städten im Rahmen von EU-Ländern erreichten die Teilnehmerzahlen zum Teil das Zehnfache des Treffens in Brüssel. Was ja kein Wunder ist: Woher soll denn ein Hartz IV-Empfänger die Mittel für die Reise nach Brüssel nehmen? Wenn Widerstand zu mobilisieren und parlamentarische Kontrolle auszuüben – was einschließt: Kontrolle der Parlamentarier durch ihre Wählerinnen und Wähler –, zunächst in den einzelnen Ländern am wirkungsvollsten gelingt, steht diese Erfahrungstatsache im Gegensatz zu den Versuchen, daraus zu ziehende Folgerungen als »Rückgriff« einer »renationalisierenden« Art abzutun, ja zu verunglimpfen statt darin Ansatzpunkte für stärkere internationale Wirksamkeit zu erkennen. Für Regelungen, die zwischen den Organen der Staaten zu treffen sind, gilt eine solche Überlegung entsprechend.

Ich bin geneigt, auf Liebichs und Woops Überschriftsatz in gleich verknappender Kürze zu antworten: Wer nationalstaatliche Möglichkeiten sozialer und politischer Kämpfe vernachlässigt, schwächt internationale Chancen der Linken. Oder, positiv gewendet: Nationalstaatliche Möglichkeiten zu nutzen heißt, internationale Chancen der Linken zu stärken.

Diskussionsbeitrag zu Nation, Nationalstaat und Europäischer Union, in: Neues Deutschland *vom 10. Februar 2008*

II. Aus Debatten unter deutschen Linken zu Beginn des 21. Jahrhunderts

Der halbierte demos

Nach der Europa-Wahl 2004: Parteiensystem delegitimiert? Wie gehen wir mit linken Wahlergebnissen um?

Von 26,5 Millionen Bürgerinnen und Bürgern der Bundesrepublik Deutschland, die am 13. Juni 2004 an der Wahl der Abgeordneten des Europa-Parlaments teilgenommen haben, was einer Wahlbeteiligung von 43 Prozent entspricht, gaben anderthalb Millionen (genau: 1.579.693) ihre Stimme den auf einer offenen Liste angetretenen Kandidatinnen und Kandidaten der PDS. Das ergab einen Anteil von 6,1 Prozent an den abgegebenen 25.780.773 gültigen Stimmen.

Damit gehören dem Europäischen Parlament statt bisher sechs künftig sieben Politikerinnen und Politiker an, die das Europa-Wahlprogramm der Partei des Demokratischen Sozialismus vertreten. Es sind dies: Sylvia-Yvonne Kaufmann, Helmuth Markov, Gabi Zimmer, Tobias Pflüger, Sahra Wagenknecht, André Brie, Feleknas Uca.

Bevor wir uns den PDS-Wahlergebnissen im einzelnen zuwenden, halten wir einen Augenblick bei der Wahlbeteiligung inne: Eine Mehrheit von 57 Prozent der Wahlberechtigten hat nicht gewählt. In der Zeitschrift *DeutschlandArchiv* (Heft 4/2004, Seiten 556-560) wertet Hans-Georg Golz, Bonn, in einem Kommentar unter der Überschrift »Zeit des Abstrafens« die drastische Wahlenthaltung als das gravierendste Ergebnis der Juni-Wahlen 2004. Damit hat er meines Erachtens recht. Mir scheint aber, aus dieser Tatsache ergeben sich grundsätzlichere Fragen, als er sie stellt.

Die Vorstellung von der Legitimität, der politischen Rechtmäßigkeit eines demokratischen Staats beruht auf der Annahme, in ihm bestimme das Volk, wer gewählt wird und wer nicht; dem gemäß gehe die Staatsgewalt vom Volk aus. Ist diese Legitimationsannahme während der letzten zwanzig oder dreißig Jahre hierzulande jemals so heftig erschüttert und also in Frage gestellt worden, wie dadurch, daß jetzt mehr als die Hälfte der mit Wahlrecht ausgestatteten Bürgerinnen und Bürger die Teilnahme an der Europa-Wahl verweigerte? Warum schweigen dazu geübte Delegitimierungs-Rufer vom Schlage eines Klaus Kinkel? Bemerken sie etwa nicht, daß die schon lange schwelende Krise der politischen Willensbildung im Lande Bundesrepublik Deutschland offen sichtbar ausgebrochen ist?

Ist es rechtens, wenn die Mehrheit gar nicht gewählt hat, trotzdem zu sagen, das Europa-Parlament sei aus einer demokratischen Wahl hervorgegangen? Hat nicht in Wahrheit eine Minderheit der Wahlberechtigten Vertreter in eine Körperschaft entsandt, die als Minoritäten-Versammlung o. ä. bezeichnet werden müßte, um zu verdeutlichen: Das Urteil der Mehrheit steht noch aus? Wäre es nicht dringend geboten, statt ständig sich wiederholende Klagereden über niedrige Wahlbeteiligung zu halten oder anzuhören, in dieser Hinsicht einiges grundlegend anders als bisher zu machen?

Müßten Parteien, demoskopische Institute und Medien, besonders die elektronischen, nicht endlich aufhören, unentwegt die Leute zu nerven, in Verwirrung zu stürzen und in ihnen das Gefühl zu nähren, bewirken könne man durch Wählen sowieso nichts? Wie wäre es, sie nähmen ihre Pflicht wahr, die Bevölkerung sachlich zu informieren? Hieße das nicht, der Entmutigung gegenzusteuern? Ließe sich vielleicht auch gesetzlich etwas regeln, um dem Abstimmungsverhalten aller mehr Geltung zu verschaffen? Zum Beispiel so: Beteiligt sich an einem mit Stimmenzählung verbundenen Entscheidungs- oder Wahl-Akt ein kleinerer Teil als die Hälfte, sind die Ergebnisse eines solchen Akts nicht ausreichend für die zu treffende Wahl oder Entscheidung, also hinfällig, ungültig.

Gemäß dem Satz »Entweder es geht demokratisch – oder es geht nicht« muß der Akt wiederholt werden. Mit halbiertem demos ist kein demokratischer Staat zu machen. Die Tendenz, das »Wahlvolk« auf ein Drittel des Volks zu reduzieren, ist antidemokratisch und also zu verwerfen. Wenigstens heute, wenigstens hier, im abschätzig »altes Europa« genannten Teil der Welt, aber eigentlich überall. Wie die Franzosen sollten auch wir Deutschen dem Einbruch nordamerikanischer Wahlpraktiken wehren; hoffentlich kann das noch gelingen, hoffentlich ist es dazu nicht schon zu spät.

Ein Satz der alten Griechen, der es immerhin geschafft hat, in dem in verschiedener Hinsicht kritikwürdigen und deswegen abzulehnenden Entwurf einer Verfassung für die Europäische Union an den über allem sonstigen Text stehenden Platz zu gelangen, verdient in diesem Zusammenhang Aufmerksamkeit und Interesse. Er steht als Motto über der Präambel. Es handelt sich um ein von Thukydides in der »Geschichte des Peloponnesischen Krieges« dem Perikles zugeschriebene Aussage, geäußert in dessen Rede für die im Kampf um Athen Gefallenen. Diese Grabrede wird als fundierter Lobgesang, als Hymne auf die Athener Demokratie bewundert und geschätzt.

Wegen seiner Bedeutung sei es erlaubt, den entscheidenden Demokratie-Satz aus dem 37. Kapitel der Schrift hier in drei Versionen seiner Übersetzung ins Deutsche anzuführen. »Und weil das Regiment bei uns nicht in der Hand weniger, sondern der Gesamtheit liegt, nennt man unsere Verfassung demokratisch«, heißt es in der 1964 im Leipziger Insel-Verlag erschienenen Buchausgabe von Thukydides' »Geschichte des peloponnesischen Krieges«, übertragen von Theodor Braun. In einer Edition, deren Herausgabe im Jahre 2003 vom griechischen Parlament beschlossen wurde, »um damit an die Wurzeln und Errungenschaften eines politischen Systems zu erinnern, das wir nicht nur anerkennen und achten sollten, sondern das jeder einzelne von uns, aber auch alle gemeinsam, jeden Tag aufs neue ins Bewußtsein rufen und in die Praxis umsetzen sollten«, heißt der Satz über die Staatsform, in der die alten Griechen lebten, auf deutsch: »Mit Namen wird sie, weil wir uns nicht auf eine Minderheit, sondern auf die Mehrheit im Volke stützen, Volksherrschaft genannt.«

Und als Präambel-Motto über dem Entwurf für einen »Vertrag über eine Verfassung für Europa« – wie lautet der Satz da in deutscher Sprache? Geschrieben steht: »Die Verfassung, die wir haben, ... heißt Demokratie, weil der Staat nicht auf wenige Bürger, sondern auf die Mehrheit ausgerichtet ist.«

Das soll die europaweit gültige offizielle deutsche Übersetzung werden. Ich kenne weder das alte noch das neue Griechisch. Deswegen kann ich über das Verhältnis der Übersetzungen zum Original nicht urteilen. Aber im Vergleich der deutschen Textfassungen fallen Nuancen auf, die Anlaß zum

Nachdenken geben. In Formulierungen über »das Regiment … in der Hand … der Gesamtheit« und darüber, daß »wir uns … auf die Mehrheit im Volke stützen«, weswegen die Staatsform »Volksherrschaft genannt« wird, erscheinen Gesamtheit/Mehrheit/Volk als Subjekt des historischen Vorgangs, als der eigentliche Akteur politischen Handelns. In der bisherigen EU-Übersetzungsvariante hingegen ist das handelnde Subjekt der Staat, während dessen Bürger und ihre Mehrheit ein Objekt sind, auf das der Staat, wie es heißt, »ausgerichtet« sei.

Nachfrage bei des Griechischen Kundigen ergab freundliche Auskunft: Der Quelle, dem Wortlaut in der Sprache des Originals kommen Fassungen am nächsten, die besagen: Die Verfassung (bzw. Staatsform), deren wir uns bedienen (bzw. die wir gebrauchen, die wir haben), wird wegen des Sich-Stützens (so die Substantivierung im Original, die auflösbar wäre in: wegen der Tatsache, daß sich gestützt wird) nicht auf wenige, sondern auf viele (bzw. die Mehrheit) mit Namen Demokratie (bzw. Volksherrschaft) genannt.

»Ausgerichtet« auf die Mehrheit ist näher als bei der Urfassung bei deren englischer Übersetzung. In der heißt es: »It is true that we are called a democracy, for the administration is run with a view to the interests of the many, not the few.« (So Simon Hornblower in seinem 1991 bei Clarendon Press Oxford erschienenen Kommentar zu Thukydides.) Also »Administration mit einem Blick auf die Interessen der vielen, nicht der wenigen« würde es heißen. In meinem sachten Argwohn fühle ich mich bestätigt. Administratoren, Verwalter, Regierer, die ihr Tun mit einem Blick auf die Interessen der vielen, nicht der wenigen »ausrichten«, sind zwar natürlich solchen vorzuziehen, die es beim Blick auf die Interessen der wenigen bewenden lassen. Die Bindung an das von der Mehrheit Gebrauchte und Gewollte erscheint mir aber deutlich verpflichtender ausgedrückt, wenn das griechische oikein im Deutschen besagt: sich stützen auf, bauen auf. Das harmoniert gut mit der vom griechischen Parlament autorisierten wortgetreuen Übersetzung von Demokratie als Volksherrschaft.

Zurück zu Problemen von Demokratie heute und hier am Beispiel der jüngst stattgehabten Wahlen. Beim Thema Wahlbeteiligung lenken einige vom eigentlichen Streitpunkt ab, indem sie über noch geringere Beteiligungsquoten in benachbarten Ländern zetern. Beim Blick auf innere Auswirkungen fantasieren sie, Wahlenthaltung sei ausgerechnet vor allem für die PDS von Vorteil, weil deren Anhänger sich besser als andere mobilisieren ließen. So schwätzen die, die von geringer Wahlbeteiligung im Unmaß profitiert haben, z. B. schon bei der Thüringer Landtagswahl 1999. Das Wegbleiben vieler kritisch gesonnener Bürgerinnen und Bürger von den Wahlurnen erhöhte damals den relativen Anteil der CDU-Stimmen so weit, daß diese Partei sich ins Fäustchen lachte und eine Alleinregierung bildete. Grundlage: Prozenteplus bei Stimmenrückgang. Dieser Rückgang schon unter Vogel ist unter dessen Nachfolger Althaus weitergegangen und führte jetzt sogar zu einem Prozenteminus, das aber in ein Mandateplus umgewandelt werden konnte – unter Nutzung der aufgrund der 5-Prozent-Klausel bei der Sitzeverteilung im Parlament unberücksichtigt gebliebenen Stimmen von B90/Grüne und FDP.

So weit zu einigen der Hintergründe, deren wir uns bewußt bleiben sollten, wenn wir das PDS-Ergebnis »über sechs Prozent« erörtern.

Erinnern wir uns des Augenblicks, als dieses Ergebnis in den Abendstunden des 13. Juni zunächst wahrscheinlich wurde und dann von Stunde zu Stunde mehr zur Gewißheit: Höchste Gespanntheit löste sich auf, Erleichterung ging durch die Gemüter, gefolgt von Freude und Begeisterung. Angefeuert noch durch das tolle Thüringer Landtagswahlergebnis von 26,1 Prozent. Später kam die nicht minder erfreuliche Nachricht hinzu, daß im Land Brandenburg die PDS mit 30,8 Prozent der Stimmen CDU und SPD deutlich hinter sich gelassen hatte (sie lagen bei 24,0 bzw. 20,6 Prozent). Das, was man »unser Selbst« nennen könnte, wuchs in diesen Stunden in den Köpfen und Herzen der Beteiligten sprunghaft. Selbstbewußtsein und Selbstvertrauen sogen aus dem Erreichten Kraft. Unsere Anstrengungen haben sich gelohnt, wurden wir gewahr. Und: Die Anstrengungen derer, die uns wegreden bzw. wegschweigen wollten, erwiesen sich in dem an diesem Tag entscheidenden Punkt – PDS raus aus dem Europa-Parlament oder wieder rein – als vergeblich.

Von Dauer kann die Freude sein, sofern gewachsenes Selbstbewußtsein und gestärktes Selbstvertrauen nicht umgefälscht werden in Selbstgenügsamkeit und Selbstgefälligkeit, die häßlichen und schadenbringenden Ausgeburten von Selbsttäuschung. Wir müßten lügen, wollten wir bestreiten, daß es so etwas in unseren Reihen gibt. Die Schlaueren unter unseren politischen Konkurrenten und Gegnern nähren solche Neigungen mit Wonne. Von ihnen wird dem unentwegten Beschimpfen des demokratischen Sozialismus gelegentlich etwas Lob für einzelne Vorstandsmitglieder oder Parlamentarier der PDS beigemengt. Naivlinge sollen darauf hereinfallen.

Beim Nachdenken über das Wahlergebnis vom 13. Juni 2004 ist Nüchternheit geboten. Dazu gehört, sich bewußt zu machen, in welcher Größenordnung die Überwindung der Fünf-Prozent-Hürde gelungen ist: 6,1 – also 1,1 über den unbedingt nötigen 5 Prozent. Wieviel ist das, in Wählerstimmen ausgedrückt? 1,1 Prozent – das waren bei diesen Wahlen 283.588 Stimmen. Zum Vergleich: Bei den Bundestagswahlen vom 27. September 1998 überwanden wir die Fünf-Prozent-Hürde mit 0,1 über fünf Prozent. Das waren 49.300 Stimmen. Hauchdünn. Damals und in der Folgezeit ist nicht genügend nüchtern und kritisch darüber nachgedacht worden, wie ein größeres eigenständiges Stimmenpotential für die PDS zu erschließen ist. Die Quittung von 2002 ist wohl allen noch in gruseliger Erinnerung, als wir vor der Hürde strauchelten, während einzelne – Gefangene ihrer Selbsttäuschung, die PDS werde »zweifelsfrei drüber« kommen – schon Regierer-Hilfsdienste ersannen.

Daß uns solches Mißgeschick jetzt nicht widerfuhr, sollte dazu anregen, einiges tiefer zu ergründen, nämlich: Was hat es ermöglicht, diesmal etwas mehr als fünf Prozent der Stimmen zu erreichen? Und: Worin liegen die Gründe, die verursacht haben, daß es nicht sieben Prozent geworden sind? In dieser Art zu fragen, mag manchen befremden. Wer einen Augenblick länger darüber nachdenkt, wird – hoffe ich – bemerken: Es ist unsere Pflicht, uns Fragen nach weitergehenden Möglichkeiten zu stellen. Solche Fragen sind nicht zu verwechseln mit selbstgefälligen Voraussagen, wie von einigen unserer Prahlhänse im Jahre 2002 praktiziert, oder mit Möllemanns großspuriger 18-Prozent-Reklame. Nein, Derartiges nicht. Aber fragen müssen wir. Das ergibt sich aus der Tatsache, daß weltpolitische und innere

Konfliktstoffe objektive Voraussetzungen für einen stärkeren Anstieg von Stimmen für Kandidatinnen und Kandidaten des demokratischen Sozialismus boten und weiterhin bieten. Herausgefunden werden muß: Warum blieben sie noch ohne die ihnen gemäße subjektive Gegenkraft-Konzentration? Was können, was müssen wir tun, damit das in den nächsten Jahren anders werden und sich beispielsweise bei den Bundestagswahlen 2006 auswirken kann?

Wesentlichen Einfluß darauf wird haben, wie die Abgeordneten und die PDS im ganzen das jetzt erreichte Wählervotum verstehen. Begreifen sie es als gehörige Portion kombinierter Vertrauensbewährung, -erneuerung und -erwartung? Erkannt und beherzigt werden sollte: Wer sich für die Liste dieser Partei entschieden hat, tat das in der Gewißheit oder Hoffnung: Die PDS-Europa-Abgeordneten bleiben nach der Wahl bei dem, wofür sie vor der Wahl eingetreten sind.

Zum klaren JA zu Europa gehört für sie ein ebenso klares doppeltes NEIN zu Artikeln im EU-Verfassungsentwurf und entsprechenden Schritten in der praktischen Politik, die die Zukunft des Kontinents gefährden.

Das ist erstens das NEIN gegen die Verpflichtung zur Aufrüstung, gegen ein Amt für Rüstung, Forschung und militärische Fähigkeiten, gegen »multinationale« Streitkräfte mit Aufträgen, die dem im Grundgesetz-Artikel 26 ausgesprochenen Verbot von Angriffskriegen widersprechen können. Wer sich auch nur ein wenig für Beweggründe von Wählerinnen und Wählern interessiert hat, weiß, daß manche, die schon drauf und dran waren, dem Nichtwählerlager anheimzufallen, sich doch noch zur Stimmabgabe zugunsten der PDS aufgerafft haben, weil die ursprüngliche Absicht, die EU-Verfassung ohne unsere Gegenstimmen passieren zu lassen, vom Parteivorstand korrigiert wurde. Auch die vom Europawahl-Parteitag beschlossenen veränderten Personen-Plazierungen auf der Kandidatenliste, durch welche die gegen Militarismus und Kapitalmacht gesetzten Akzente verstärkt wurden, fanden positiven Widerhall in der Wählerschaft. Und das nicht nur im Osten, sondern auch im Westen. Vielleicht sogar: besonders dort. Davon zeugen Zuwächse wie die in Nordrhein-Westfalen von 76.689 im Jahre 1999 auf jetzt 112.480 (+35.791) Stimmen, in Niedersachsen

Mit Hilmar Hoffmann und Johannes Rau

von 32.077 auf 42.347 (+10.270) und in Baden-Württemberg von 32.439 auf 42.448 (+10.009) Stimmen, sowie in den übrigen westdeutschen Ländern mit einem Plus von zusammen 20.417 Stimmen. Es wäre sträflich, nach dem erreichten günstigen Wahlergebnis zu vergessen oder in weiteren Überlegungen zu vernachlässigen, daß die 6,1 Prozent ohne die inhaltlichen und personellen Vorstands- bzw. Parteitagsbeschlüsse nicht erreichbar waren. Wer sie angreift, stellt wesentliche Grundlagen des Wahlergebnisses nachträglich in Frage. Und es ist unerhört, diejenigen, die klar beim Nein zu einem Verfassungsentwurf bleiben, der die Zukunft des europäischen Kontinents durch »Verpflichtung« zu weiterer Militarisierung bedroht, gewissermaßen uneuropäischer Neigungen zu verdächtigen. Wer das tut, sollte sich selber fragen, wie er – oder sie – zu solch schamfreier Schelte einer gemeinsam erstrittenen kardinalen sozialistischen europapolitischen Position gelangen konnte.

Standfestigkeit ist auch für das zweite Nein erforderlich, das NEIN gegen die zwangsweise Fixierung eines maßgebenden Wirtschaftsprinzips, das für jegliche akzeptierte gesellschaftliche Ordnung in einem EU-Land »frei« genannten – was heißt: von sozialstaatlichen Regelungen freien – kapitalistischen Markt-Wettbewerb vorschreiben soll: Markt von Personen und Gütern, Markt von Dienstleistungen und Kapital, neoliberal angelegt und also rücksichtslos gegen alles, was nicht höchsten Profit verheißt. Das PDS-Nein hiergegen richtet sich gleichermaßen gegen Aussperrungsrecht und andere repressive Mechanismen, die damit verbunden sind, und gegen das Fehlen des Rechts auf Arbeit. Kritiker weisen darauf hin, daß auch mit kontinentalem Zwang zu Marktradikalismus der bisher vorliegende EU-Verfassungsentwurf einen historischen Rückschritt gegenüber dem Grundgesetz für die Bundesrepublik Deutschland darstellt. In dem nämlich ist die Offenheit der Wirtschaftsordnung wenigstens von Verfassungsrechts wegen garantiert. Und zum Eigentum sagt es bekanntlich: »Eigentum verpflichtet. Sein Gebrauch soll zugleich dem Wohle der Allgemeinheit dienen.« (Art. 14, Abs. 2). Eine derartige Bestimmung fehlt bisher im EU-Verfassungsentwurf.

JA sagen die Europa-Abgeordneten der PDS – ihren Wahl-Zielsetzungen entsprechend – zu einem sozialen Stabilitätspakt in Europa, der den Zusammenhang zwischen Ertragsrate und Sozialleistungsquote festschreibt, JA zur Vollbeschäftigung, JA zu kreditfinanzierten öffentlichen Investitionen, die sich langfristig selbst tragen, JA zu europaweit einheitlichen Standards in der Einkommens- und Erbschaftssteuer, in Körperschafts-, Zins- und Wertpapierumsatzsteuer, zur Abführung von 1 Prozent der bei Devisentransaktionen erzielten Einnahmen, JA zu mehr Demokratie, Sicherheit und Recht bis hin zur Volksabstimmung auch über die EU-Verfassung, JA zur stärkeren Koordinierung der Verbrechensbekämpfung unter striktem Vorbehalt der Wahrung der Grund- und Bürgerrechte, JA zur Reduzierung der militärischen Kapazitäten der EU und ihrer Mitgliedsstaaten bis zur strukturellen Nichtangriffsfähigkeit – die EU soll eine weltweite Vorreiterin eines Instrumentariums des Friedens und einer ursachenorientierten, nichtmilitärischen Antiterrorpolitik werden; JA zur Entschuldung der ärmsten Länder.

Nur durch hartnäckigen, Widerstandspotentiale bündelnden außerparlamentarischen Kampf werden parlamentarische Ergebnisse im Ringen um diese Ziele erreichbar. Für solche Kräftebündelung ist es vordringlich, in den verschiedenen Strömungen des linken Spektrums und Sammlungsbewegungen gegen neoliberale Politik sowie zwischen ihnen neue Kooperations-Anstrengungen zu unternehmen. Frei von gegenseitiger Anmaßung, Bevormundung und Bezichtigung. Attac, Gewerkschaften, alternative Wählerinitiativen für Arbeit und soziale Gerechtigkeit sind da gefragt wie die PDS. Dazu gehört für letztere auch, sich mit seriösen Analysen am Gespräch über die verlorenen Stimmen (34.746 in Mecklenburg-Vorpommern, 28.133 in Berlin, 18.910 in Sachsen-Anhalt) zu beteiligen, mit Analysen, die Auskunft darüber zu geben versuchen, wie bei Regierungs-Beteiligung oder -Tolerierung künftig ein höheres Maß an Eigenständigkeit der PDS gewahrt werden kann, um die teilweise beeinträchtigte Glaubwürdigkeit wieder zu erlangen. Keinen Augenblick darf aus dem Blick geraten, daß für das Zustandekommen einer neuen Bundestagsfraktion die jetzt erreichte Zahl der Stimmen deutlich übertroffen werden muß. Eine Steigerung von anderthalb auf zweieinhalb Millionen wird wohl erforderlich sein.

Für eilfertiges Sprücheklopfen im »Wir-sind-wieder-wer«-Stil besteht kein Grund. Daß mancher von uns das Wahlergebnis zum Anlaß nimmt, Rückkehr auf die bundespolitische Bühne zu vermelden, mag angehen. Ob und wie das tatsächlich geschieht, muß sich in unserem Handeln erweisen.

Dieser Text ist die erweiterte und am 15. August 2004 aktualisierte Fassung eines am 10./11. Juli 2004 in der sozialistischen Tageszeitung Neues Deutschland *erschienenen Artikels*

Ein Besen auf dem Parteitag

Auf dem Außerordentlichen Parteitag der SED im Dezember 1989, der zum Gründungsparteitag der PDS wurde, wirkte ein bejubelter nonverbaler Akt meines Erachtens zwiespältig. Stichwort: Besen-Metapher.

Ich will etwas sagen zur showartigen Übergabe eines breiten Besens an Gregor Gysi nach seiner Wahl zum PDS-Vorsitzenden.[1] In dem Augenblick überwog im Saal die emotionale Zustimmung zu einem Symbol des Saubermachens. Wir hatten ja weiß Gott allerhand auszumisten. Man konnte an Herkules denken. Der freilich mußte der Sage nach den völlig verschmutzten Rinderstall von König Augias an einem einzigen Tag reinigen. Obwohl hier und heute bei uns auf Erden Fristen von so sagenhafter Kürze nicht ins Auge zu fassen waren, mag die Erinnerung an Herkules im Augiasstall als Ansporn zu schnellem Tempo gewirkt haben.

Der Königs Wusterhausener Chirurg Frank Rauhut, der den Besen »besorgte«, erinnert sich noch heute lebhaft und genau daran, wie es dazu kam: Die Delegierten hatten den Parteivorstand gewählt. Der zog sich zurück, um den Vorsitzenden, seine Stellvertreter und die Präsidiumsmitglieder zu wählen. In der so entstehenden Wartezeit beobachteten Delegierte, wie in Präsidiumsnähe ein Mädchen mit einem Strauß roter Nelken auftauchte. »Ach Herrje, das übliche Ritual«, stöhnten Rauhut und eine junge Potsdamer Parteitagsteilnehmerin, die sich gerade miteinander unterhielten. »Einen Besen müßte man ihm geben«, sagte die junge Frau. Und schon lief Rauhut los – um die Halle herum und in alle möglichen Ecken und Nischen. Bei seiner Suche bekam er zunächst aber nur ungeeignete Utensilien zu sehen. Bis er in einer Rumpelkammer eine ältere Frau sah, die wohl in dem Bau Bescheid wußte. Auf seine Frage nach einem Besen antwortete sie: »Ja, der große Saalbesen, der müßte noch hinter der Bühne stehen.« Rauhut eilte in den Saal zurück, und tatsächlich: hinter der Bühne fand er den »großen Saalbesen« – zwei auf ein Winkeleisen mit Stiel montierte Besenquasten. Seiner Delegierten-Gesprächspartnerin, die den pfiffigen Einfall gehabt hatte, fehlte, wie sie sagte, der Mumm zur Übergabe. So fragte man eine Freitaler Lehrerin, die kurz zuvor in der Parteitagsdiskussion durch eine kluge Rede aufgefallen war, ob sie das übernehmen könnte; sie stimmte ohne Zögern zu. Das war die Situation in jenem Augenblick 1989. Die Initiatoren wollten ein Zeichen gegen Karrieristen und andere Übeltäter setzen und wurden im Saal so verstanden.

Neben dem Einverständnis mit solcher Absicht empfanden einige bei der Szene ein Unwohlsein. Lothar Bisky hat darauf im November 2003 in einem Kolloquium in der Hellen Panke Bezug genommen.[2] Einer derjenigen, die Bedenken offenbart hatten, war ich. Meine Frage war: Gibt es zu wenig Gespür dafür, daß die Vorliebe für Reinigungsinstrumente wie Besen in der Politik Neigung zu pauschalisierendem, nicht individuell prüfendem Vorgehen anzeigt?[3] Außerdem ist auf historische Erfahrungen hinzuweisen: Hatte es nicht 1953 in der *Neuen Berliner Illustrierten* (NBI) in einem Artikel von Gerhart Eisler unter der Überschrift »Senator Amok« ein – übrigens in einigen westdeutschen Bundesländern in Schulbüchern jener Zeit ebenfalls veröffentlichtes – Foto des Senators McCarthy gegeben, der vor dem Capitol in Washington mit einem riesigen Reisigbesen posierte, mit welchem er »unamerikanischer Umtriebe« Bezichtigte wegfegen wollte?![4]

Das wird im Dezember 1989 den meisten nicht gegenwärtig gewesen sein; mir auch nicht. Und ebenso nicht – wie ich durch ein Gespräch mit ihm weiß – dem Königswusterhausener Chirurgen Frank Rauhut. Inzwischen aber ist 1999 die McCarthy-Story genau dokumentiert von Heinrich von Grauberger in der *jungen Welt* in Erinnerung gebracht worden.[5] Kann man das heute – fünf weitere Jahre danach – außer Betracht lassen?

Diese Frage gilt erst recht für Fakten, nachlesbar in zwei 1992 in deutschen Ausgaben erschienenen Büchern von Nikita Chruschtschow und Roy Medwedew. In »Chruschtschow erinnert sich. Die authentischen Memoiren« lesen wir über den XV. Parteitag der KPdSU (B) im Dezember 1927: »Eine der Delegationen überreichte dem Parteitagspräsidium einen Stahlbesen, und Rykow, als Vorsitzender des Präsidiums, übergab den Besen Stalin mit den Worten: ›Hiermit überreiche ich diesen Besen unserem Genossen Stalin, auf daß er damit unsere Feinde hinwegfege.‹ Das gab großen Beifall und Gelächter. Rykow selber mußte auch lachen; augenscheinlich traute er Stalin zu, diesen Besen klug zu gebrauchen, zum Wohl der Partei, gegen parteifeindliche Elemente und die Gegner der Parteilinie. Rykow hat wohl nicht vorhergesehen, daß er von diesem Besen, den er Stalin 1927 übergab, selber weggefegt werden würde.« In einer Anmerkung dazu wird mitgeteilt: Alexej Iwanowitsch Rykow, direkter Nachfolger Lenins als Vorsitzender des Rats der Volkskommissare (Regierungschef der Sowjetunion), der zusammen mit Bucharin Stalin geholfen hatte, den Stab über Trotzki, Sinowjew und Kamenew zu brechen, wurde zehn Jahre später nach einem entsprechenden Prozeß im März 1938 erschossen.[6]

Ähnlich wie Alexej Rykow 1938 erging es 1952 dem Generalsekretär des ZK der KPC Rudolf Slansky, der zuvor als Säuberer so rücksichtslos agiert hatte, daß er den Spitznamen »der große Feger« hatte. Wegen mangelnder Gefügigkeit in Wirtschaftsverhandlungen mit der UdSSR und aus antisemitischen Motiven wurde ihm der Prozeß gemacht, in dessen Folge Stalin Slansky wegfegen ließ.[7]

Welcher sprachliche Ausdruck sich dem stahlborstenbestückten Fegegerät auf dem 1927er Parteitag hinzugesellte, skizziert Roy Medwedew in seinem Buch »Das Urteil der Geschichte. Stalin und Stalinismus«. Beim Lesen der folgenden Auszüge belasse man es, bitte, nicht bei entgeistertem Kopfschütteln, sondern frage sich – nochmals: bitte – unaufgeregt und aufgeregt zugleich: Kann behauptet werden, in anderen Parteien als der KPdSU(B) und in neueren Zeiten sei der Umgang mit Kritikern gänzlich frei von Anklängen an Töne wie die hier zitierten? Medwedew schreibt: »Es herrschte eine Atmosphäre der Intoleranz: Reden einzelner Vertreter der Opposition wurden barsch unterbrochen, von allen Seiten hagelte es scharfe und beleidigende Rufe. Viele Parteitagsdelegierte forderten, noch härtere Maßnahmen gegen die Anhänger der Opposition zu ergreifen und jegliche Diskussion in der Partei einzuschränken …

Ein Delegierter aus Tscheljabinsk, Kusma Ryndin, sagte: ›Man darf diesen Betrügern der Partei und ihren Versprechen keinerlei Glauben schenken. Wir wollen arbeiten, wir haben keine Zeit, uns mit Gezänk zu befassen und Kommissionen für alle möglichen Untersuchungen zu bilden.‹

Das Mitglied des ZK Filipp Golostschokin erklärte: ›Wir müssen die Partei von dem oppositionellen Geschwätz befreien … Genossen, wenn wir mit der Opposition langes Federlesen machen, wird das unser Untergang sein.‹

Der Vorsitzende des Rats der Volkskommissare, Alexej Rykow, verstieg sich sogar zu folgender Äußerung: ›Wenn man die Lage bedenkt, die die Opposition zu schaffen versucht hat, dann sitzen sehr wenig Menschen in den Gefängnissen. Ich denke, wir können uns nicht dafür verbürgen, daß die Zahl der Gefängnisinsassen in der nächsten Zeit nicht um einiges erhöht werden muß.‹ (Dazu gab es Zurufe aus dem Saal: ›Richtig!‹)

Der Moskauer Delegierte G. Michailowski, der historische Tatsachen entstellte, sprach sich generell gegen Diskussionen in der Partei aus.«[8]

Dieser »Kehr«seite der Besen-Metapher, ihrer Entschlüsselung in repressionserpichten Text-Fetzen entsprachen Säuberungskampagnen, genannt »Tschistka«.

Angesichts der Gelegenheiten zu historisch-kritischer Recherche und differenzierendem Nachdenken halte ich es für gerechtfertigt, Fotos vom Besen-Akt in der Berliner Dynamo-Halle auch kritisch zu sehen statt sie geradezu verherrlichend als Sinnbild der Erneuerung zu präsentieren.

1 Außerordentlicher Parteitag der SED/PDS. Protokoll der Beratungen am 8./9. und 16./17. Dezember 1989 in Berlin. Herausgegeben von Lothar Hornbogen/Detlef Nakath/Gerd-Rüdiger Stephan, Karl Dietz Verlag Berlin 1999, S. 160.

2 Lothar Bisky, Gruß an einen guten alten Bekannten – formuliert mit seinen und mit meinen Worten, in: Entweder es geht demokratisch – oder es geht nicht. Herausgegeben von Detlef Nakath und Gerd-Rüdiger Stephan, GNN Verlag Schkeuditz 2004, S. 15. Höpckes Satz »1989 gehörte ich zu denen, die – wegen des problemverzerrenden Sinngehalts der gewählten Bildhaftigkeit ein ungutes Gefühl hatten« versah Bisky mit drei Ausrufezeichen.

3 Vgl. die Notiz »Zur Frage nach dem Besen«, in: Klaus Höpcke, Meinung verpflichtet, GNN Verlag 2000, S. 283–285; darin heißt es u.a.: »In der Vorstellung mancher stellte sich die sehr widerspruchsvolle Problematik der politischen und sozialen Umbrüche als Wegfegen von Leuten, die

Verantwortung getragen hatten, und überhaupt als eine Art Großreinemachen dar. Der metaphorische Gehalt des Akts der Überreichung des Reinigungsgeräts entsprang solcher Sicht und begünstigte sie.« Und weiter: »Für das Bedürfnis nach Selbstreinigung gab es Gründe – von geprüften und auch ungeprüften aktuellen Anlässen bis zu tiefreichenden Ursachen. Zweifellos. Dennoch halte ich es für gerechtfertigt, die gestische Episode mit dem Besen kritisch zu betrachten; sie zum eigentlichen Ereignis des Parteitags zu stilisieren – hinzudeuten, umzuempfinden – halte ich … für falsch.« (S. 284).

4 *Neue Berliner Illustrierte*, Heft 46/1953, S. 14. Die Bildunterschrift zu dem McCarthy-Foto lautete in einer späteren Dokumentation: »Das Letzte: Senator Joe McCarthy vor dem Capitol in Washington mit einem großen Besen, der das Land von ›Kommunisten‹ befreien sollte. Gemäß Trumans Vision einer ›freien Welt‹ hatten sich Ende der 40er, Anfang der 50er Jahre bekannte Künstler wie Humphrey Bogart, Lillian Hellman, Dashiel Hammet und Bertolt Brecht vor dem von McCarthy initiierten ›Ausschuß zur Untersuchung unamerikanischer Umtriebe‹ zu verantworten.«

5 *junge Welt*, 18./19.12.1999, S. 10.

6 Chruschtschow erinnert sich. Die authentischen Memoiren. Herausgegeben von Strobe Talbot. Eingeleitet und kommentiert von Edward Crankshaw. Mit einem Vorwort zur Taschenbuchausgabe von Botho Kirsch, Rowohlt Verlag Hamburg 1992, S. 50.

7 Siehe: »Ein kleiner Feger in der großen Zange. Heinrich von Graubergers Wintergartenlektüre (Teil IV)« in: *junge Welt*, 18./19.12.1999, S. 10/11.

8 Roy Medwedew, Das Urteil der Geschichte. Stalin und Stalinismus, Karl Dietz Verlag Berlin 1992, Band 1, S. 173.

Aus »Drei Programme – eine Partei?«, dem Beitrag des Autors zur Konferenz »Im Spannungsfeld von gesellschaftlichen Konflikten und politischer Identität: 15 Jahre PDS«, veranstaltet von der Rosa-Luxemburg-Stiftung am 9./10. Dezember 2004 in Berlin

Wenn das Sein das Bewußtsein *ver*stimmt

Hinter einer Büste von Karl Marx las ich in roter Farbe auf die Wand gemalte drei Zeilen:

Das Sein
verstimmt
das Bewußtsein

Sechzehn Jahre ist das jetzt her. Es war im Herbst 1989/Winter 1990 in Berlin. Neben dem Eingang des Hauses am Köllnischen Park, das einst die Parteihochschule beherbergte und nun zur Stätte vieler Zusammenkünfte demokratischer Sozialistinnen und Sozialisten in jenen Tagen der Umbrüche geworden war, prangte der Satz an der Wand. Auf seine Weise hatte ein Spötter auf den Punkt gebracht, was uns allen durch die Köpfe ging.

Daß das Sein das Bewußtsein bestimmt, hatten wir gelernt: »Die Produktionsweise des materiellen Lebens bedingt den sozialen, politischen und geistigen Lebensprozeß überhaupt. Es ist nicht das Bewußtsein der Menschen, das ihr Sein, sondern umgekehrt ihr gesellschaftliches Sein, das ihr Bewußtsein bestimmt.« – So Karl Marx im berühmten Vorwort seiner 1859 in Berlin erschienenen Schrift »Zur Kritik der politischen Ökonomie«. Und waren wir nicht darauf aus gewesen, das ökonomische und soziale Sein so umzukrempeln, daß auch im Bewußtsein Neues wüchse, möglichst Sozialistisches?

Doch nun offenbarte sich, daß uns einiges – zurückhaltend ausgedrückt – aus dem Blick geraten war. Der spöttische Spruch war ja in der Wortwahl noch freundlich-ironisch. Statt »verstimmt« das Bewußtsein hätte man auch »verwirrt« oder noch eine Nuance bitterer »verdirbt« sagen können. Die bewußtseinsbeeinflussende Wirkung des Seins hatten wir nicht richtig aufgefaßt. Wie wesentliche Seiten des Seins so geraten können, daß sie einer Höherentwicklung von Bewußtsein abträglich sind, das wurde nicht tiefgründig genug analysiert. Es schadete auch, wenn des öfteren bei der Verbesserung materieller Lebensbedingungen linear eintretende Bewußtseinsschübe erwartet wurden. Nicht zuletzt verstimmte es viele Bürgerinnen und Bürger, daß oft erlebtes und verkündetes Sein auseinanderklafften. Es wuchsen kritisches Bewußtsein und die Bereitschaft, zum Verändern der Situation beizutragen. Daraus zu lernen, war an der Zeit. Solcher selbsterworbener geschichtlicher Erfahrung mit anhaltendem Lernwillen zu begegnen, bleibt hochaktuell, gerade auch jetzt. Für Linke – und für andere nicht minder.

Goethe läßt im »Faust« den Naivling Wagner verzückt ausrufen, es sei »ein groß Ergetzen, / Sich in den Geist der Zeiten zu versetzen«, worauf Faust ihm Bescheid gibt: »Was ihr den Geist der Zeiten heißt, / Das ist im Grund der Herren eigner Geist, / In dem die Zeiten sich bespiegeln.«

Ganz ähnlich heißt es bei Marx und Engels in der »Deutschen Ideologie«: »Die Gedanken der herrschenden Klasse sind in jeder Epoche die herrschenden Gedanken, d. h. die Klasse, welche die herrschende materielle Macht der Gesellschaft ist, ist zugleich ihre herrschende geistige Macht.«

Wer die weltweit und in Deutschland herrschende materielle Macht des Kapitals einschränken, ja überwinden will, darf sich nicht scheuen, die diese materielle Macht stützende geistige Macht zu bekämpfen. Bespötteln und Verspotten blöder Mätzchen der Zeitgeist-Manager der Kapital-Macht gehören selbstverständlich dazu. Vor allem aber sollte die Versündigung an den Menschen und den Völkern bloßgelegt werden, die Kernaussagen des kapitalistischen Zeitgeistes Anfang des 21. Jahrhunderts innewohnt. Es ist Versündigung im Sinne von: Verrat an den Lebensinteressen der Bewohnerinnen und Bewohner der Erde.

Zum Kampf dagegen gehört auch, nicht Begrifflichkeiten nachzuplappern, die von den Herrschenden als Instrumente ihrer Deutungsmacht erfunden und verbreitet werden. Zu beherzigen ist, was der französische Soziologe Pierre Bourdieu zur Charakterisierung heute herrschender Politik schrieb: »Um den Bruch mit dem Wohlfahrts- und Sozialstaat herbeizuführen, mußten die Denkfabriken, denen die politischen Programme eines Ronald Reagan oder einer Margaret Thatcher und, in ihrer

Nachfolge, eines Blair, Schröder oder Jospin entstammen, eine symbolische Gegenrevolution ins Werk setzen und widersinnige Dogmen aufstellen. In der Sache konservativ, geben sie sich als fortschrittlich aus; in der neoliberalen Dogmatik wird der Rückfall in archaische Formen der Vergangenheit (insbesondere in den wirtschaftlichen Verhältnissen) als ›Reform‹, ›Revolution‹ oder ›Modernisierung‹ ausgerufen.« Solche Analyse zu teilen, verträgt sich meines Erachtens sehr wohl mit der Öffnung einer sozialistischen Partei in die Gesellschaft und widerspricht ihr nicht etwa. Wer klar sieht und ausspricht, daß die Überlagerung von Demokratie durch Bankokratie eher unmodern denn modern ist, schwächt nicht etwa, sondern stärkt die Fähigkeit, Chancen parlamentarischer Demokratie zu erkennen, zu nutzen und auszubauen.

Der Amerikaner Robert J. Eaton, einige Zeit Vorstandsvorsitzender von DaimlerChrysler – neben Jürgen Schrempp und ein paar Jahre vor diesem aus der Spitze des Unternehmens verschwunden – hat auf dem 7. Jahreskolloquium der Alfred Herrhausen Gesellschaft für internationalen Dialog (AHG) am 2./3. Juli 1999 in Berlin zum Thema »Der Kapitalismus im 21. Jahrhundert« unter anderem gesagt: »Die Schwachen müssen sich verändern oder sie werden sterben. Kollektivismus und Umverteilung werden nicht funktionieren. Sie wurden ausprobiert. Sie haben versagt. Die Mauer fiel. Ende der Geschichte.« Eaton fragt: »Warum ist der globale Kapitalismus so unausweichlich und so kraftvoll?« Seine Antwort: »Weil er eine Erweiterung der grundlegenden menschlichen Natur ist. Es liegt in der menschlichen Natur, möglichst viel für möglichst wenig zu bekommen – das beste Ergebnis für die wenigste Arbeit, das größte Vergnügen für die wenigste Mühe, den größten Gewinn für die kleinste Investion und so weiter. Das macht uns nicht faul«, sagt er, »sondern effizient«.

Das soll Menschen zu hemmungslosen Egoisten machen, sage ich. Und ich denke, die Behauptung von einer Eatonschen »Erweiterung der grundlegenden menschlichen Natur« ist falsch. Die Austreibung der Fähigkeit, solidarisch zu fühlen, zu denken und zu handeln, darf nicht hingenommen werden. Sie führt nicht zur Erweiterung, sondern zur Verkümmerung der grundlegenden menschlichen Natur; die wird verkrüppelt. Egoismus als oberster Wert – das ist in unseren Tagen die Zeitgeist-Sünde 1 des Kapitalismus mit neoliberalem Antlitz.

Sie hängt mit der Nr. 2 im Sündenregister des am Beginn des 21. Jahrhunderts herrschenden Zeitgeistes ursächlich zusammen: Krieg als erlaubtes Mittel der Politik hinzustellen und hinzunehmen. Das ist doch ungeheuerlich: Konzerne und die Administration der USA stellten fest, der Bedarf der Wirtschaft des Landes an Erdöl werde in größerem Umfang als bisher angenommen steigen, und die Herrschaften dachten nicht etwa wie zivilisierte Menschen über zivilisierte Möglichkeiten der Beschaffung nach, sondern entschieden sich wie Räuber für den militärischen Überfall auf Länder mit reichhaltigen Ölquellen.

So kam es zum amerikanisch/britischen Krieg gegen den Irak. Vor ein paar Jahren in dieser knappen Art formuliert, wirkte das auf manches verharmlosungsgeneigte Gemüt wie eine holzschnittartige Vergröberung. Heute hingegen sehen selbst in Großbritannien 85 Prozent der Bürgerinnen und Bürger, daß die Anschläge auf U-Bahnen und Busse in ihrer Hauptstadt mit den Handlungen britischer Soldaten an der Seite der US-Krieger im Irak zu tun haben, was Rumsfeld für »lächerlich« erklärt. Wir halten die Anschläge für verwerflich, ja verbrecherisch. Wir wollen darüber nicht vergessen, für wie verwerflich und verbrecherisch wir Regierungshandeln halten, das Völkerrechtsbruch betreibt und auf massenhaftes Menschentöten und andere Menschenrechtsverletzungen hinausläuft.

In Deutschland war im Juni/Juli 2005 ein paar Wochen lang der Grundgesetzartikel 68 in aller Munde, der die Neuwahlansetzung nach einer parlamentarischen Vertrauensverweigerungs-Abstimmung betrifft. Wäre es nicht an der Zeit, nun aufzuholen, was in jenen Wochen vernachlässigt wurde? Wie verhält es sich mit Menschen, die bei einer bestimmten Gelegenheit zu einem anderen wesentlichen Artikel des Grundgesetzes für die Bundesrepublik Deutschland ein gestörtes Verhältnis offenbart haben? Soll im Deutschland des Jahres 2005 in das Parlament und danach auf die Regierungsbank kommen, wen der strikte Aggressionsverbotsartikel 26 des Grundgesetzes nicht daran hinderte, dem Auslöser einer völkerrechtswidrigen Aggression statt Kritik Unterstützung angedeihen zu lassen? Zumal seither weder eine Relativierung dieser Haltung zu erkennen gegeben wurde, noch um Entschuldigung für den politischen Fehltritt gebeten worden ist.

Statt friedlich stimmen sollender Besänftigungssätze wird glasklare Auskunft zu verlangen sein, daß nach Geist und Buchstaben von Artikel 26 des Grundgesetzes gehandelt wird, der für verfassungswidrig erklärt und unter Strafe stellt: »Handlungen, die geeignet sind und in der Absicht vorgenommen werden, das friedliche Zusammenleben der Völker zu stören, insbesondere die Führung eines Angriffskrieges vorzubereiten«. Wer beim GG-Artikel 26 »wackelt«, wer da rumdruckst und rumtrickst, sollte als schon zur Kandidatenaufstellung ungeeignet erkannt werden. Er sei sich nicht sicher gewesen, ob sie den Irakkrieg auch innerlich unterstützte oder nur meinte, sich als CDU-Vorsitzende so verhalten zu müssen, schrieb Gregor Gysi in einem am 4. August 2005 im *Neuen Deutschland* veröffentlichten Brief an Frau Merkel und fügte hinzu: »Auch Letzteres wäre gefährlich, denn es bedeutete, daß Sie sich an eigene Überzeugungen nicht halten.«

Unaufhörlich wird Oskar Lafontaine angelastet, daß er 1999 seine politischen Ämter niedergelegt hat. Das soll ein Tadel sein. Er habe die von ihm übernommene Aufgabe »hingeschmissen«, heißt es. Verschwiegen wird, was er da »hingeschmissen« hat: Das war nicht zuletzt – neben dem rabiaten Sozialabbau – die Beteiligung Deutschlands an der NATO-Aggression gegen Jugoslawien. Die hatten Albright-Zögling Joseph Fischer und Gerhard Schröder vorangetrieben. Lafontaine klebte nicht am Ministersessel in einem Kabinett, das drauf und dran war, schwere Schuld auf sich zu laden. Bezeugt wird diese Schuld inzwischen von 2.000 jugoslawischen Zivilisten, darunter 700 Kindern, deren Leben im Bombenhagel der NATO-Aggressoren ausgelöscht wurde. Die Bundesluftwaffe war mit 14 Tornado-Kampfflugzeugen über Jugoslawien im Einsatz. Es wurden über 500 Einsätze geflogen und dabei 236 Raketen verschossen. Ein Segen, daß wenigstens ein deutscher Regierer lieber das Regieren sein ließ, als dieses Verbrechen mitzumachen. Später – später! – gewann auch Schröder die Fähigkeit, sich nicht mehr so verantwortungslos in Sachen Krieg und Frieden zu verhalten wie 1999. Ob und inwieweit er in dieser Haltung beständig ist, kann er bald zeigen. Denn im neuen Bundestag wird über die Frage zu befinden sein: Soll der Einsatz der Bundeswehr in Afghanistan verlängert oder beendet werden? Ob nun als Oppositionsparlamentarier, Großkoalitionär mit der CDU oder in der – wie er es hofft – Funktion des wiedergewählten Kanzlers: Schröder wird Stellung beziehen müssen zu dem von den Spitzenkandidaten der *Linkspartei.PDS* angekündigten Schritt, sich für Schluß am Hindukusch einzusetzen, weil dort deutsche Interessen keineswegs verteidigt, sondern gefährdet werden.

Inzwischen verdient Aufmerksamkeit, daß im Hinblick auf Iran Gerhard Schröder am 13. August 2005 in Hannover von der USA-Regierung immerhin gefordert hat: »Nehmt die militärischen Optionen vom Tisch. Wir haben erlebt, daß die nichts taugen«. Angela Merkel hat in diesem Fall zunächst einmal statt militärischer Intervention diplomatische Lösung befürwortet, während ihr außenpolitischer Adlatus Schäuble die Positionsbestimmung des amtierenden Bundeskanzlers nach wie vor angreift. Gerhard Schröders kritische Anspielung, die Forderungen an Teheran wären glaubhafter, wenn die über Atombomben und -Raketen verfügenden Mächte bei der Abrüstung zügiger voranschritten, bedarf des Vergleichs mit der entschiedeneren Position der *Linkspartei.PDS* zu dieser Problematik. In deren Wahlprogramm heißt es: »Unsere Partei fordert den Deutschen Bundestag auf, von den USA zu verlangen, ihre Atomwaffen aus Deutschland abzuziehen und damit eine Dynamik für ein Europa ohne Massenvernichtungswaffen in Gang zu setzen.«

Zeitgeist-Sünde 3: Verordnete Ungleichmacherei. Über Gerechtigkeit reden jetzt fast alle: christliche und liberale, soziale und grüne Demokraten und – die demokratischen Sozialisten, Seite an Seite mit ihren Kollegen von der Alternative Arbeit und soziale Gerechtigkeit. Natürlich erklären die einen wie die anderen, daß sie für gerechte Verhältnisse in der Gesellschaft sind. Aber was geht mit diesem »Für« vor sich, wenn wir ein Gespräch über Gleichheit beginnen?

Der Anteil der Gewinn- und Vermögenssteuer am Steueraufkommen in der Bundesrepublik belief sich mal – 1977 – auf 30 Prozent des Gesamtaufkommens. Genau so hoch war der Anteil der Lohnsteuer. Deren Anteil ist inzwischen auf 35 Prozent gestiegen. Der Anteil der Steuern auf Gewinne und Vermögen wurde auf 15 Prozent gesenkt. Das ist asoziale Steuerpolitik. Per Gesetz wird herbeigeführt: Ungleichheitsvertiefung von staatswegen.

Bei der verordneten Ungleichmacherei spielt eine besondere Rolle der psychologische Krieg gegen diejenigen Bürgerinnen und Bürger der Bundesrepublik Deutschland, die in der DDR gelebt haben. Sie werden immer wieder angegiftet, weil in den meisten von ihnen der Gleichheitsgedanke nicht totzukriegen ist. Darin liege ein Ursprung ihrer Verdorbenheit, wird behauptet. Unter den vielen Zeichen der Verderbtheit sei der Hang zur Gleichheit eines der schlimmsten. Dafür, daß es jetzt in Brandenburg, Mecklenburg-Vorpommern, Sachsen-Anhalt, Thüringen, Sachsen und ganz Berlin mehr Freiheit gebe, sollten die einstigen DDR-Bürger sich mit weniger Gleichheit abfinden. An der Seite konservativer, aber auch sozialdemokratischer und grüner Minister und Abgeordneter aus der faktischen Neoliberalen-Koalition werden Demoskopen, Professoren und Publizisten nicht müde, den Gleichheitsverzicht als Erwartung an Ostdeutsche zu verkünden.

Die einstigen Bürgerinnen und Bürger der DDR sind allesamt auf Jahrzehnte bei Eigentum, Lohn oder Gehalt, bei der Rente und bei Sozialleistungen benachteiligt worden. Die an ihnen vollzogene regionale Ungleichmacherei steht im Gegensatz zum Grundgesetz für die Bundesrepublik Deutschland. Das Gebiet zwischen Elbe und Oder ist durch das Wüten der Fremdhandanstalt weitgehend entindustrialisiert. Eine Umkehr dieses Prozesses und ein Stop der damit bekanntlich einhergehenden Entvölkerung des Ostens Deutschlands könnte erreicht werden, wenn der von Gregor Gysi am 27. Juli 2005 unterbreitete Vorschlag verwirklicht wird, die durch die Länder zu erbringenden Kofinanzierungsanteile bei Industrieförderprojekten von 50 auf 25 Prozent zu senken. Ich vermute, herbeigeführt werden muß außerdem ein Lohn-, Gehälter- und Rentenbenachteiligungsausgleich. Ohne Ausgleichszahlungen ist das Problem wahrscheinlich nicht mehr zu bewältigen.

Derartige konkrete Vorschläge fürs Politikmachen sind vor einigen Jahren noch selbst von der damaligen PDS-Bundestagsfraktion nicht mit dem nötigen Nachdruck unterstützt worden. Warum? Weil einige nicht »durchgeholt« hatten, wie hier »Verstetigung« von Ungleichheit über die Jahre 2020, 2030 und 2040 hinaus droht. Wem jetzt nur 80, 70 oder 60 Prozent des im Westen üblichen Lohns gezahlt werden, der hat in späteren Jahrzehnten entsprechend verminderten Rentenanspruch. Dagegen aber muß – und zwar auch gesetzgeberisch – angegangen werden. Auf Initiativen in dieser Richtung läßt hoffen, daß in dem Papier vom 27. Juli »Aus dem Osten etwas Neues. Für die ganze Republik. *Die Linkspartei PDS*« die Forderung enthalten ist: »Schrittweise Überwindung aller Ungleichbehandlungen von ostdeutschen Bürgerinnen und Bürger bei Löhnen, Gehältern, Renten, Sozialleistungen, Berufsabschlüssen, Anwartschaften u. a. m.«

Zeitgeist-Sünde 4: Sozialstaatliches wird verteufelt. Wenn marktwirtschaftliche Entwicklung mit sozial angelegten staatlichen Regelungen kombiniert wird, kann das dazu führen, ökonomische und ökologische sowie soziale und kulturelle Interessen in Übereinstimmung zu bringen. Politische Stabilität demokratisch verfaßter Gesellschaften und das friedliche Zusammenleben der Völker erhalten damit sichere Grundlagen.

Mit einem solchen positiv formulierten Standpunkt wird zugleich negierend gesagt: Ein anhaltendes Fehlen solcher Kombination von Staat und Markt führt ins Verderben. Im Propagieren und Praktizieren purer Marktwirtschaft liegen die Hauptgefahren, die nicht nur den Fortschritt, sondern darüber hinaus – bzw. bevor er überhaupt eintreten kann – das Fortleben der Menschheit heute bedrohen.

Zum Übelsten, was gegen sozialstaatliche Regelungen heute vorgebracht wird, gehört, sie als »nationalen Sozialismus« zu verteufeln, wie das der Münchner Focus-Chef Markwort in seinem Kampfblatt und bei Auftritten in elektronischen Medien praktiziert. Historiker, die als »entscheidende Triebkraft« der Hitlerschen Politik des Verbrechens das Ziel Volkswohlstand hinstellen, geben solcher Geschichts- und Gegenwartsverfälschung Flankenschutz. Wer für sozialstaatliche Regelungen eintritt, soll in Nazi-Nähe gerückt werden. (Als Kolporteur Markwortscher Meinungsmache in der Sozialdemokratischen Partei betätigt sich Wolfgang Thierse. Auf dem SPD-Parteitag am 31. August 2005 bezeichnete er die *Linkspartei.PDS* als »Sozialstaatsnationalisten«, was zugleich auf Verteidiger des Sozialstaats in der SPD gemünzt war.)

Zeitgeist-Sünde 5: das Schäuble-Merkelsche »Durchregieren«. Daß sie machtgierige Herren älteren und jüngeren Geburtsjahrgangs ausmanövrieren kann, wenigstens zeitweilig, hat Angela Merkel bewiesen. Das war ganz vergnüglich zu beobachten, selbst für einen, der – wie ich – ihre gesellschaftskonzeptionellen Ansichten für falsch hält. Die unterscheiden sich ja auch kaum von denen ihrer innerparteilichen Konkurrenten. Talent und Befähigung zu wirksamem politischen Handeln im Interesse der Bevölkerung erfordern allerdings mehr als Geschick im Kampf um Hackordnung im eigenen Haufen. Wie dürftig Merkels darüber hinausgehendes Politikverständnis im Grunde strukturiert ist, hat sie in ihrer Rede zu Vertrauensfrage und Neuwahlen im Bundestag am 1. Juli 2005 mit den zwei Wendungen »Politik aus einem Guß« und »Durchregieren« offenbart.

Zu »Politik aus einem Guß« braucht kaum mehr gesagt zu werden als: Angela träumt. Sie möchte unbehelligt sein vom ewigen Hin und Her der Probleme und der sich mit ihnen beschäftigenden Kräfte. So kommt der wirklichkeitsferne Wunschtraum zustande, ausgerechnet ein so widerspruchsreiches, ständig in Entwicklung und Bewegung begriffenes Gebilde wie Politik in einen »Guß« zwängen zu wollen. Nach dem Gießen zu erstarren, ist das Geschick von in einen Guß gebrachtem Stoff. Mag sein, die Gefährdung durch alltägliche Korrosion wird so für verminderbar gehalten. Doch was ist mit der Bedrohung durch Risse und Sprünge im »Guß«? Geraten die nicht viel abrupter?

»Durchregieren« entspringt der gleichen Vorstellungswelt. Das Wort kam der Kanzlerkandidatin nicht als situationsbedingter Reflex in den Kopf und über die Lippen. »Durchregieren« zu wollen, ist der verbissene Wille der CDU schon lange. Hierin gibt es – ihren Spendenskandal-Differenzen zum Trotz – eine Seelenverwandtschaft zwischen Angela Merkel und Wolfgang Schäuble, die sie ja auch bewies, als sie ihn als ihren Vertreter im zeitlichen Vorfeld der Bundestagswahlen 2005 zu Bush nach Washington schickte. Schäuble hat bereits vor neun Jahren systematisch dargestellt und öffentlich verkündet, wie das von Merkel nun »Durchregieren« genannte Vorgehen der konservativen Kräfte in der Politik bewerkstelligt werden soll.

Und das unter der Direktionsgewalt der Wirtschaftsverbände, zu deren Chefs Arbeitgeberverbandspräsident Dieter Hundt gehört. Im System der Gewaltenteilung der Verfassungsorgane kommt diese Direktionsgewalt nicht vor. Aber mittels Medienmacht öffentlich-rechtlicher Anstalten und privater Konzerne wird diese Gewalt durchgesetzt. Im Jahre 2005 wurde das wieder überaus auffällig demonstriert: Am 1. Juni erschien in der *FAZ* ein »Standpunkte«-Artikel Hundts mit der Forderung auf Mehrwertsteuererhöhung, verbunden mit weiteren Verschlechterungen bei Arbeitsbezahlung und sozialer Sicherung. Wenige Wochen danach nahm sich der CDU-Vorstand genau dieser Themen an.

Was dabei politisch zustande kommt, läuft auf eine weitere Pauperisierung in fast allen Schichten der Bevölkerung hinaus. Dazu schrieb der Publizist Harald Wessel: »Tatsächlich ist ein rapider Leistungsverfall besonders innerhalb der wirtschaftlichen und politischen (und medialen) Eliten zu beobachten. Die unmittelbare, demokratisch kaum legitimierte soziale und politische Direktionsgewalt des ›großen Geldes‹ entartet in einem Maße, daß viele Leute im Osten nun sagen: ›Wir wollen die Bundesrepublik wiederhaben, der wir beigetreten sind.‹«

Verfilzt ist in dieser Geldherrschaft die Durchsetzung der Interessen der Superreichen als Ganzes mit der privaten Zusatzbereicherung vieler einzelner durch Bestechung und Vorteilsannahme in Ämtern und Unternehmen. Hinzu kommt die juristische Korruptionsbegünstigung, deren sich Richter und Gerichte schuldig machen, die einen Korruptionsfall nach dem anderen so glimpflich behandeln, daß die Erwischten ihre Aussicht auf ihren Taten gemäße Strafen erheitert schwinden und schwinden und schwinden sehen. Deswegen muß – beispielsweise – der 10. Strafkammer des Augsburger Landgerichts, die den mit 3,8 Millionen Mark geschmierten staatlichen Rüstungsschieber Pfahls, CSU, mit zwei Jahren und drei Monaten Gewahrsam und alsbaldiger Freilassung davonkommen ließ, ein Wort Friedrichs II. in Erinnerung gebracht werden: »Ein Gericht, das Ungerechtigkeit ausübt, ist gefährlicher und schlimmer als eine Diebesbande.«

Worin liegen die Ursachen für die Absicht, weniger demokratische Elemente in der öffentlichen Meinungsbildung, in den

Mit Egon Bahr *Foto: Peter Vogel*

gesellschaftlichen Entschlüssen und bei staatlichen Entscheidungen zuzulassen? Die Demokratiedemontage betreiben ihre Urheber, weil sie hoffen, so die infolge des Sozialabbaus voraussehbare weitere Vertiefung der sozialen Widersprüche wenigstens politisch zu »beherrschen«. Hinzu kommt die Furcht vor den Auswirkungen der – allem Leugnen zum Trotz – sich weiter zuspitzenden deutschen Ost-West-Gegensätze. Wer um mehr Demokratie ringt, wer – um es nicht nur quantitativ, sondern auch qualitativ zu sagen – für eine radikal demokratische Gestaltung der Verhältnisse in der Gesellschaft eintritt, den stellen Anhänger von »Weniger-Demokratie-wagen« als Illusionisten oder sogar als Extremisten hin. Ihnen gegenüber verfallen sie in eine Beißwut, wie sie für deutsche Reaktionäre im Kampf gegen die Linke seit jeher bezeichnend war. Von dem demokratiefeindlichen Erbe in ihrem Gemüt kommen sie nicht los. Die gleichberechtigte wirkliche Beteiligung von Bürgerinnen und Bürgern an der Willensbildung in der Gesellschaft ist ihnen ein Graus.

Auszug. Vollständig veröffentlicht in: »Überholt wird links. Was kann, was will, was soll die Linkspartei«, herausgegeben von Ulrich Maurer und Hans Modrow, edition ost, Berlin 2005

»Weniger Demokratie wagen«

Das Schäuble-Merkelsche »Durchregieren« und die deutsche Außenpolitik

Willy Brandt war einst mit dem Leitwort angetreten: »Mehr Demokratie wagen!« Wolfgang Schäuble, Mitte der 90er Jahre CDU/CSU-Fraktionsvorsitzender im Bundestag, griff das auf – und an – und kehrte es um. Am 13. September 1996, dem Tag der Sozialabbau-Beschlüsse der Kohlschen Kanzlermehrheit im Bundestag – man beachte das Timing! – schrieb er in der *Frankfurter Allgemeinen Zeitung*: »Weniger Demokratie wagen« – zunächst mit einem Fragezeichen in der Überschrift. Die Ausrufezeichen dazu lieferte der Text.

Wer für Verfassungstreue beim Gesetzemachen eintritt, betreibe eine »fortschreitende Konstitutionalisierung der Tagespolitik«, behauptet Schäuble. So werde die Verfassung »immer stärker die Kette, die den Bewegungsspielraum der Politik lahm legt«. Über Vorschläge, die gegenwärtige Verfassung zu verbessern, etwa durch Aufnahme des Rechts auf Arbeit und des Rechts auf Bildung spottet er: Dergleichen – wie auch »die allgemeine Wichtigkeit der parlamentarischen Opposition« – sei etwas, das »in Lehrbüchern der Politikwissenschaft oder in Parteiprogrammen durchaus seinen wohlverdienten Platz haben mag, deshalb aber noch lange nicht in die Verfassung als höchste Norm der Rechtsordnung gehört«. Minderheitenschutz wird abstrakt gerade noch hingenommen, in der Praxis aber als »Mehrheitslähmung« angegriffen. Als »demokratisch legitimiert« kommt nur die Mehrheit vor. Wer fordert, daß bei Gesetzesinitiativen geprüft wird, ob sie mit dem Grundgesetz für die Bundesrepublik Deutschland im Einklang stehen oder nicht, dem kommt Herr Schäuble mit dem Vorwurf eines »Expansionismus des Verfassungsrechts«.

Weniger Demokratie zu »wagen« – das ist die Vorstellung, mit welcher CDU und CSU vor neun Jahren daran gingen und jetzt unter dem Merkel-Motto »Durchregieren« erneut daran gehen wollen, die gesellschaftspolitischen Verhältnisse der Bundesrepublik weiter zu strangulieren. Zum Merkelschen »Durchregieren« gehört auch der Einsatz von Bundeswehrkräften bei Konflikten im Innern des Landes. Dazu hat ebenfalls Schäuble vor längerer Zeit schon das CDU-Horror-Szenarium für innenpolitische Militäreinsätze samt tarnender Wortverkleidung entworfen. Wer jetzt erzählt, solche Ideen seien »als Antwort auf den 11. September« aufgekommen, müßte den 11. September mehrere Jahre vordatieren.

Und nun noch dies: Wie *Die Welt* am 1. August 2005 mitteilte, will die CDU »Außenpolitik im Kanzleramt bündeln«. Merkel wolle »im Falle eines Wahlsiegs die Außenpolitik weitgehend zur Chefsache machen. Dazu müsse der Zugriff des Kanzleramtes auf die Außenpolitik deutlich verstärkt werden, heiße es in Kreisen von Fraktion und Partei.« Nach Informationen des Blattes »soll deshalb ein Nationaler Sicherheitsberater im Kanzleramt installiert werden, oder mindestens ein Staatsminister für Europapolitik«.

In der gegenwärtigen politischen Kräftekonstellation wird damit den koalierwilligen Partnerparteien der CDU – der kleinen gelblichen und der etwas größeren rötlichen – zugerufen: Bildet euch nicht ein, daß ihr außenpolitisch was zu sagen hättet, wenn ihr im Auswärtigen Amt den Ministerposten bekämet. Die Tätigkeit mit entsprechenden Vollmachten ausgestatteter, fachlich möglichst gut unterrichteter Ministerien gehört in demokratisch angelegten Regimes zu den besseren Gepflogenheiten.

Die Beschneidung von Ministerkompetenzen deutet eher in Richtung autoritären Regierens, des »Durchregierens« einer an der Kabinettsspitze befindlichen Person. Domestikation per Amtskastration – darauf laufen Merkels außenministerielle Absichten hinaus. Man darf gespannt sein, wessen Selbstachtung gering genug ist, sich für einen solchen Posten hinzugeben. Etwa Fischer nach – in Schilys Art vollzogenem – Übertritt von den Grünen zur SPD?

In der *Frankfurter Allgemeinen Sonntagszeitung* vom 21. August 2005 lieferte Schäuble weiteren Stoff zum Zoff. Er ergänzte seinen »Weniger Demokratie wagen« – Artikel von 1996 durch ein Interview. Dessen Überschrift hätte, wenn sie die

Mit Jürgen Gruner und Richard v. Weizsäcker Foto: W. Gabriel

Grundidee des Inhalts ausdrücken sollte, heißen müssen: Weniger an die Interessen Deutschlands denken – Vorrang gebührt den Forderungen der Regierenden der USA.

Die Entscheidung Schröders, deutsche Truppen nicht an der völkerrechtswidrigen Aggression der USA gegen den Irak teilnehmen zu lassen, formt sich in Schäubles Hirn in die Beschuldigung um: »Wer mehr Europa als Alternative zur atlantischen Partnerschaft sieht, … der spaltet, wie geschehen, Europa.« Der SPD geführten Regierung der letzten Jahre hält er vor, sie habe »die verbreitete Kritik an der Politik der Vereinigten Staaten politisch ausgebeutet«. In der einleuchtenden Überlegung, daß deutsche Politik in Berlin gemacht wird, erblickt er ein unerträgliches Maß mangelnder Unterwerfung unter die USA-Vormacht. Ganz so sagt er das zwar nicht. Aber er wettert mit einem Wortschwall wie ein MG mit Geschoßsalven: »Blindheit gegenüber der Geschichte«, »Renationalisierung der Politik«, »rückwärts Gewandtes«. Das alles steckt für ihn darin, wenn einer meint, deutsche Politik solle in Deutschlands Hauptstadt gemacht werden.

In die Reihe der abschätzig aufgezählten Begriffe hat er auch eingefügt: »Nationales«. Solches Zeugnis verdeutlicht, daß mit dem CDU-Plakat-Spruch »Deutschlands Chancen nutzen« verdeckt werden soll, worauf die tatsächliche CDU-Politik eigentlich hinausläuft. Die wahre Parole ist: »Deutschlands Chancen stutzen«. Und zwar stutzen darauf, ein braverer Aggressorenkomplize zu werden. Vollends auf den Kopf stellt Schäuble die Dinge in der internationalen Arena, wenn er »zutiefst Unilaterales« nicht etwa im Weltherrenauftreten der USA-Regierung erkennt und kritisiert, sondern bei deutschen Politikern, die ein etwas anderes Verhältnis zu den USA haben als er, nämlich ein verantwortungsbewußtes.

Mit einem »Ja klar« enthüllt Schäuble in seinem journalistischen Vorab-Einstand als Kanzleramtskoordinator fürs Auswärtige, daß er für dieses Amt ungeeignet ist. Sein »Ja klar« bezieht sich nämlich auf die Erkundigung, ob er die vom Fragesteller so genannte »Politik des Demokratieexports« befürworte. »Ja klar«, sagt er. Im Prinzip sei diese Politik richtig. Das amerikanische Irak-Engagement müsse sich »als Teil dieses Projektes verstehen«. Es laufe »im Moment nicht sehr gut«(!) – wir müßten aber »alle Interesse haben, daß es gelingt«. Das gelte für die islamische Welt insgesamt. Sie müsse »ein Interesse an ihrer Modernisierung entwickeln«.

Der Propagandist des »Weniger Demokratie wagen« geriert sich als Demokratieexporteur. Schäuble-Merkelsches »Durchregieren« bedeutet außenpolitisch: Abkehr von dem Selbstbestimmungsrecht der Völker. Abkehr von der Pflicht gegenseitiger Nichteinmischung im Umgang der Staaten miteinander. Demokratieexport ist ein Widersinn in sich. Mit der Vorstellung, das jeweilige Volk habe im jeweiligen Land zu bestimmen, soll Schluß gemacht werden. Zu herrschen beansprucht der »Exporteur«, der seine (Un)ordnung dem »Importeur« aufzwingt. Das mit »Ja klar« locker hingeworfene Eingeständnis, »Demokratieexport« betreiben zu wollen, ist das Credo von Interventen und Okkupanten, das Glaubensbekenntnis von Eindringlingen. Mit bewaffneter Gewalt, wirtschaftlichem Druck und politischen Nötigungen betreiben sie die totale Unterwerfung der von ihnen als Opfer ihres »Demokratieexports« ausersehenen Länder und Völker.

Veröffentlicht im Neuen Deutschland *am 1. September 2005*

Solidarität als Grundwert in einer unsolidarischen Zeit

Beobachtungen Mitte des 19. Jahrhunderts in der Berliner Armenkolonie »Vogtland« und die Aktualität einer Feststellung Bettina von Arnims über Solidaritätsfähigkeit

Solidarisch zu sein bedeutet, wie wir im »Deutschen Wörterbuch von Jacob und Wilhelm Grimm«, Leipzig 1905, lesen: ich bin ihm solidarisch, was ihn betrifft, geht auch mich an; ich trete für ihn ein.[1]

Dem entspricht, was in Wahrigs »Deutschem Wörterbuch«, Bertelsmann Lexikonverlag 1986, über solidarisieren steht, nämlich: sich verbinden, sich miteinander solidarisch erklären.[2]

Aus dem Wörterbuch der deutschen Gegenwartssprache, herausgegeben von Ruth Klappenbach und Wolfgang Steinitz, erschienen im DDR-Akademie-Verlag 1976, zitiere ich die Deutung des Wortes Solidarität: aus dem klassenmäßigen Zusammengehörigkeitsgefühl und dem Wissen um die Gemeinsamkeit der Interessen und Ziele sich gründendes Eintreten der Angehörigen unterdrückter Klassen füreinander und die darauf beruhende gegenseitige Hilfe.[3]

Im Brockhaus, Mannheim 1992, ist man ebenfalls offen für klassenbezogene Sicht: Solidarität (zu frz. Solidarité, von lat. Solidus »dicht«, »gediegen«, »fest«, »ganz«). Der Begriff bezeichnet zunächst die Vorstellung einer anthropologisch, sozial, religiös und v. a. klassenspezifisch verbundenen Gruppe von Menschen, die sich aufgrund einer als in gleicher Weise benachteiligt aufgefaßten Lebenslage und gesellschaftl. Stellung zusammenschließen, um gemeinsam auf die Verbesserung ihrer Lage hinzuwirken; in dieser Bedeutung entstand er im Zusammenhang der mit der Industriegesellschaft verbundenen sozialen Umwälzungen. I. w. S. bezeichnet S. eine Haltung, die auf der Erkenntnis gemeinsamer Interessen, Ziele usw. angesichts einer als verbesserungswürdig empfundenen Situation gründet und von der Einsicht getragen wird, daß ein einzelner oder eine kleinere Gruppe Betroffener zu schwach wäre, diesen Zielen näherzukommen, und die zu gemeinsamem Handeln führen kann. Daneben wird unter S. auch das Gefühl der Verpflichtung verstanden, andere, deren Lage man nicht unmittelbar teilt, deren Ziele man jedoch als wertvoll und legitim sowie gleichzeitig bedroht ansieht, zu unterstützen.[4]

Bettine – Bettina von Arnim – half ihrem Bruder Clemens von Brentano und ihrem Freund und späteren Mann Achim von Arnim bei der Erarbeitung der wunderbaren Liedersammlung »Des Knaben Wunderhorn«. Später schrieb sie eigene Werke, so: »Goethes Briefwechsel mit einem Kinde« (1835), »Die Günderode« (1840). Drei Jahre später (1843) folgte »Dieses Buch gehört dem König!« Das war eine mutige Streitschrift gegen Geistesfessel und Despotie, für Menschenrechte und Demokratie. Sie hatte gehofft, König Friedrich Wilhelm IV. beeinflussen zu können, der sie aber abwies.

Dem zweiten Teil ihres Buches »Sokratie der Frau Rat« fügte die Autorin als Beilage »Erfahrungen eines jungen Schweizers im Vogtlande« hinzu. Die »Vogtland« genannte Armenkolonie war vor dem Hamburger Tor gelegen, das an der Ecke von Tor- und Gartenstraße lag (»Vogtland«, weil von Bauarbeitern und Zimmerern aus dem Vogtland gebaut und zeitweilig bewohnt).[5] Aus den Erfahrungen des jungen Schweizers will ich ein paar Absätze herausgreifen, um einen Eindruck davon zu vermitteln, was mit diesem Erfahrungsbericht an dokumentarischer Prosa, an authentischer sozialer Diagnose geleistet worden ist. Der junge Schweizer Student Heinrich Grunholzer, der während seines Berliner Aufenthalts häufig in Bettinas Haus zu Gast war, schrieb »Erfahrungen eines jungen Schweizers im Vogtlande« (als Beilage zur Sokratie der Frau Rat).[6]

»Vor dem Hamburger Tore, im so genannten Vogtland, hat sich eine förmliche Armenkolonie gebildet. Man lauert sonst jeder unschuldigen Verbindung auf. Das aber scheint gleichgültig zu sein, daß die Ärmsten in eine große Gesellschaft zusammengedrängt werden, sich immer mehr abgrenzen gegen die übrige Bevölkerung und zu einem furchtbaren Gegengewichte anwachsen. Am leichtesten übersicht man einen Teil der Armengesellschaft in den so genannten ›Familienhäusern‹. Sie sind in viele kleine Stuben abgeteilt, von welchen jede einer Familie zum Erwerb, zum Schlafen und Küche dient. In vierhundert Gemächern wohnen zweitausendfünfhundert Menschen.

Ich besuchte daselbst viele Familien und verschaffte mir Einsicht in ihre Lebensumstände. In der Kellerstube Nr. 3 traf ich einen Holzhacker mit einem kranken Bein. Als ich eintrat, nahm die Frau schnell die Erdäpfelhäute vom Tische, und eine sechzehnjährige Tochter zog sich verlegen in einen Winkel des Zimmers zurück, da mir ihr Vater zu erzählen anfing.

Dieser wurde arbeitsunfähig beim Bau der neuen Bauschule. Sein Gesuch um Unterstützung blieb lange Zeit unberücksichtigt. Erst als er ökonomisch völlig ruiniert war, wurden ihm monatlich fünfzehn Silbergroschen zuteil. Er mußte sich ins Familienhaus zurückziehen, weil er die Miete für eine Wohnung in der Stadt nicht mehr bestreiten konnte. Jetzt erhält er von der Armendirektion zwei Taler monatlich. In Zeiten, wo es die unheilbare Krankheit des Beines gestattet, verdient er einen Taler monatlich; die Frau verdient das Doppelte, die Tochter erübrigt anderthalben Taler. Die Gesamteinnahme beträgt also sechseinhalb Taler im Monat. Dagegen kostet die Wohnung zwei Taler; eine ›Mahlzeit Kartoffeln‹ einen Silbergroschen neun Pfennig; auf zwei tägliche Mahlzeiten berechnet, beträgt die Ausgabe für das Hauptnahrungsmittel dreieinhalb Taler im Monat.

Es bleibt also noch ein Taler übrig zum Ankaufe des Holzes und alles dessen, was eine Familie neben rohen Kartoffeln zum Unterhalte bedarf. – Im Zimmer Nr. 113 des gleichen Hauses wohnt der alte Sinhold mit seiner Frau. Aus dem letzten Feldzuge kehrte er mit zerrütteter Gesundheit zur Arbeit in der Fabrik zurück. Er erzog neun Kinder. Die Armut zwang ihn, die Stadt zu verlassen und zwei Webstühle im Familienhause aufzustellen. Seit fünfzehn Wochen liegt er krank im Bette. Die Webstühle stehen still, die Frau ist mit der Epilepsie behaftet, verdiente sonst mit Spulen anderthalb Silbergroschen täglich; jetzt findet sie keine Arbeit ... Von der Armendirektion erhält Sinhold jeden Monat einen Taler, den aber der Hausverwalter sogleich in Empfang nimmt. Der Krankenverein reicht ihm die ›Krankensuppe‹, die ihn und seine Familie ernährt. Vom Hausherrn ist er ›ausgeklagt‹, d.h. er ist für drei Monate Miete schuldig. Am 1. April wird man ihn in die Charité bringen, die Frauen aus dem Hause jagen und das Zimmer versiegeln mit allem, was darinnen ist. – Ich ging in den finstern Hausgängen auf und ab, horchte an den Türen, und wo ich weben hörte, trat ich ein. In Nr. 18 traf ich zwei Weber, die machten fünfviertel Elle breite dicke Leinwand. Jeder webt täglich sechs bis sieben Ellen und bezieht von der Elle einen Silbergroschen Arbeitslohn; dagegen hat er wöchentlich zehn Silbergroschen für die Einschlagespulen und fünf Silbergroschen für Schlichte auszugeben. In einem Monat werden also vier Taler rein verdient. Nach Abzug der Miete bleiben noch zwei Taler auf Nahrung, Kleidung und Holz zu verwenden. – Einen Arbeiter sah ich, dem ist die Frau gestorben; er kann keinen eigenen Haushalt führen, dient als Weberknecht, erhält von der Elle acht Pfennig und hat für sich und die Kinder das Tischgeld zu bestreiten. Diese Leute wären recht wohl zufrieden, wenn es ihnen nur nicht bisweilen wochenlang an Arbeit fehlte. – In Nr. 5 wohnt Unger, ein recht geschickter Weber. Er hat auf seinem Stuhl einsiebenachtel Elle breite gestreifte Leinwand. An einem Stücke von sechsundsechzig Ellen, mit welchen er in vierzehn Tagen fertig wird, verdient er drei Taler fünf Silbergroschen. Die Frau sagte mir, daß sie abwechselnd Kartoffeln und Hafergrütze koche.«

So von Tür zu Tür konkrete Lebensbilder. Ein verallgemeinernder Vorspann ist dem Bericht des Schweizer Studenten vorangestellt. Der ist möglicherweise auch von ihm verfaßt. Die Diktion erlaubt aber auch die Annahme, diesen Text habe Bettine geschrieben: »Der Vater webet zu Bett und Hemden und Hosen und Jacke das Zeug und wirkt Strümpfe, doch hat er selber kein Hemd, barfuß geht er und in Lumpen gehüllt! Die Kinder gehen nackt, sie wärmen sich einer am andern auf dem Lager von Stroh und zittern vor Frost. Die Mutter weift Spulen vom frühsten Tag zur sinkenden Nacht. Öl und Docht verzehret ihr Fleiß und erwirbt nicht so viel, daß sie die Kinder kann sättigen. Abgaben fordert der Staat vom Mann, und die Miete muß er bezahlen, sonst wirft ihn der Mietherr hinaus, und die Polizei steckt ihn ein. Die Kinder verhungern, und die Mutter verzweifelt. Die Armenverwesung hat taube Ohren, sie läßt lange vergeblich sich anschreien vom Armen, was er ihr abdringt, das Leben zu fristen, läßt ihn nur langsamer sterben. Die Armenverwesung spart die milden Spenden zum Kapital und legt es auf Zinsen. Die Armen sind Verschwender: Heute essen sie – morgen nicht – übermorgen essen sie wieder, und in den Zwischentagen geben sie dem noch ärmeren Nachbar, was sie sich abhungern. Kreuzweis wird durch die Stube ein Seil gespannt, in jeder Ecke haust eine Familie, wo die Seile sich kreuzen, steht ein Bett für den noch Ärmeren, den sie gemeinschaftlich pflegen. –

An Feiertagen hält der Mäßigkeitsverein eindringliche Reden im Vogtland, wo für fünf Dreier fünfe ein Mahl sich bereiten. Ist euer Magen zu schlaff, daß ihr den Verein zum Vogtland nicht hinausbellt? So wie der Bettelvogt mit Flüchen den wieder hineinbellt, der mit List durchschlüpft, um für Vater und Mutter ein Stück Brot zu erbetteln. Ihr sagt zwar: ‚Es geht nicht zu helfen', ich sag: Es geht doch. Ihr widersprecht und seid nicht zum Schweigen zu bringen mit hohlen Gründen der Philisterei. Wärt ihr aber selber die Armut, dann würdet ihr allen Philisterverstand übertäuben mit dem Geschrei eurer Not. Soll der Adel euch adeln, den mit Wucherglück der Bürger seiner Abkunft zum Hohn im adligen Gute sich ankauft, so mach er – statt Luxusanlagen von Tempel und Grotte und tanzenden Wassern – Anlagen für Heimatlose, und sein Sommerpläsier, die english cottage, mach er zur deutschen Hütte, worin deutsche Armut sich erholt; den englischen Rasen teil er aus zu Feldern für Kartoffel und Brot, und er ist Edelmann, wer wird widersprechen?

Höher steigt dann im Rang, wers um die Armen verdient, durch ihre Betriebsamkeit mit sich zugleich sie selber emporbringt, der grünt am eignen Stamm wie ein edleres Pfropfreis, lebendige Bedeutung, die wir anerkennen in ihm, hat er als Graf. Wer (aber) keinen andern Zweck mehr hat, als der Elenden Ansprüche ans Leben zu vertreten, keine Standeserhebung als nur die Erhebung der Menschheit insgesamt, der die Asche seiner Väter mit der Armen Asche auf dem Gottesacker sammelt und keine Familiengruft baut seinen Ahnen, wo Lebende kein Obdach haben, der ist vom reinen Stamm – der Fürst der Menschheit und reich an Gütern der Weisheit, an denen wir alle ja arm sind.«[7]

Ein bewegendes Zeugnis menschlicher Schicksale und gegenseitiger menschlicher Hilfe: »... in den Zwischentagen geben sie dem noch ärmeren Nachbar, was sie sich abhungern.« Die hier gezeigten Frauen und Männer werden nicht in ihrer Not Unmenschen, einer des anderen Wolf. Nein. Diese Armen sind solidarisch im Sinne der Grimmschen Worterklärung: »Was ihn betrifft, geht auch mich an«.

Nachdenkenswert auch die Vorhaltungen gegenüber Adel, Edelmann und Fürst: Edel, ja »Fürst der Menschheit« könnten sie sein, wenn sie

- statt Luxusanlagen von Tempel und Grotte Anlagen für Heimatlose schaffen
- english cottage zur deutschen Hütte machen, worin deutsche Armut sich erholt
- den Rasen austeilen zu Feldern für Kartoffel und Brot
- keine Familiengruft bauen ihren Ahnen, wo Lebende kein Obdach haben.

Sie verhalten sich aber so gerade nicht. Viele Grabmale auf deutschen Friedhöfen waren und sind Schaumale asozialen Reichtums. Bettines Kritik im Kopf, konnte und kann man die Merkmale postmortaler Prahlsucht als Denkzeichen verstehen, die anzeigen: Hier wird Obrigkeit noch nach dem Tod verherrlicht; lebende Obdachlose interessieren nicht.

Bettine hatte beabsichtigt, über die Berliner »Vogtland«-Beilage zu »Dies Buch gehört dem König!« hinaus ein ganzes »Armenbuch« herauszubringen. Freunde rieten ihr davon ab, weil sie bedroht war, als Anstifterin des Aufstandes der schlesischen Weber 1844 hingestellt und verfolgt zu werden. Einiges aber von den Arbeiten zu diesem Buch wurde geschaffen und ist erhalten geblieben. So der Satz, in welchem sie der erwiesenen Solidaritätsfähigkeit der Armen gegenüberstellt, wie sich die Reichen verhalten: »... die Armen sind ein gemeinsam Volk, aber die Reichen sind nicht ein gemeinsam Volk, da ist jeder für sich, und nur dann sind sie gemeinsam, wenn sie eine Beute zu teilen haben auf Kosten des Volkes«[8].

Hieran anknüpfend ein paar Überlegungen über Gründe und aktuelle Erscheinungsformen tendenzieller bis absoluter Solidaritätsunfähigkeit:

Im Februar des Jahres 2005 ist in Berlin ein Plakat vorgestellt worden, auf welchem ein Foto von Gerhard Schröder mit dem Satz gekoppelt wurde: »Arbeitslosigkeit hat ein Gesicht«.

Wer eine solche Kombination als Plakat entwerfen, drucken und kleben läßt, handelt – darin stimmten Kritiker unverzüglich überein – falsch, sowohl fachlich als auch politisch.[9] Der Zusatz »Gerecht geht anders – PDS« ändert nichts an diesem Befund.

Fachlich: »Da die Nachfrage nach Arbeit nicht durch den Umfang des Gesamtkapitals, sondern durch den seines variablen Bestandteils bestimmt ist, fällt sie [...] progressiv mit dem Wachstum des Gesamtkapitals, statt [...] verhältnismäßig mit ihm zu wachsen. Sie fällt relativ zur Größe des Gesamtkapitals und in beschleunigter Progression mit dem Wachstum dieser Größe [...] Die kapitalistische Akkumulation produziert [...], und zwar im Verhältnis zu ihrer Energie und ihrem Umfang, beständig eine relative, d.h. für die mittleren Verwertungsbedürfnisse des Kapitals überschüssige oder Zuschuß-Arbeiterbevölkerung.« So Karl Marx im »Kapital«.[10]

Und Marx weiter: »*Dies ist das absolute, allgemeine Gesetz der kapitalistischen Akkumulation.* Es wird gleich allen anderen Gesetzen in seiner Verwirklichung durch mannigfache Umstände modifiziert [...] Man begreift die Narrheit der ökonomischen Weisheit, die den Arbeitern predigt, ihre Zahl den Verwertungsbedürfnissen des Kapitals anzupassen.«[11]

Ein weiterer Gesichtspunkt fachlicher Kritik:

Mit den mannigfachen Umständen, die das absolute kapitalistische Akkumulationsgesetz modifizieren, kommen wir zunächst nicht zum offiziellen Regierungspersonal, sondern blicken als erstes denen auf die Finger und in die Gesichter, die als unmittelbare Vollstrecker des absoluten, allgemeinen Gesetzes der kapitalistischen Akkumulation agieren und somit als personifizierte Arbeitslosigkeitsverursacher: den Chefs der Banken und Wirtschaftsunternehmen und ihrer Verbände. Die wegzublenden, in Deutschland z. B. Ackermann und Schrempp, Hundt und Rogowski nebst Nachfolger, Thumann (der sich allerdings bisher etwas differenzierter äußert)[12], liefe auf eine wirklichkeitsferne Sicht hinaus. Schon im vorvorigen Jahrhundert nannte Karl Marx Bankokratie als die dominierende Herrschaft in den kapitalistischen Strukturen.[13] Ist die seither etwa geringer, schwächer, weniger dominant geworden? Soweit das Fachliche.

Nun zum Politischen: Was das Personal auf der politischen Bühne angeht, so meine ich: Es ist kein Wegreden der politischen Fehler der Kabinette aus SPD- und B90/Die Grünen-Ministern während des letzten Jahrfünfts, wenn man daran erinnert, daß in der Zeit der CDU/CSU-FDP-Regierungen von Anfang der 80er bis Ende der 90er Jahre die Arbeitslosigkeit in der Bundesrepublik Deutschland von über zwei auf mehr als vier Millionen angestiegen ist. Diese Verdoppelung der Arbeitslosenzahlen unter Kohl wieder abzubauen, sie zu halbieren und weiter zu reduzieren, das gehörte zu der Verantwortung, die Schröder wahrzunehmen hatte – aus der Sicht seiner Wählerinnen und Wähler.

Seiner Verantwortung ist er in diesem grundlegenden Punkt nicht gerecht geworden. Sein wirtschaftspolitischer Kurs bediente und bedient die Forderungen der Bankokraten. Dagegen anzugehen und zu kämpfen, ist erstrangige Pflicht demokratischer Sozialistinnen und Sozialisten. Dazu gehört, selber das zu tun, was Bodo Ramelow in seinem Brief vom 1. März 2005 an den Bundeskanzler von diesem verlangt: Schonungslos die soziale Zerrissenheit unseres Landes zu kennzeichnen. Und: die wachsenden Gerechtigkeitslücken in Deutschland aufzudecken, um sie schließen zu können.[14]

Gestützt auf den »2. Armuts- und Reichtumsbericht der Bundesregierung« sollten wir einige in dieser Hinsicht wichtige Daten viel stärker in den Mittelpunkt öffentlicher Aufmerksamkeit rücken. Zum Beispiel:

- 4.000 Deutsche haben je mehr als 30 Millionen Euro Nettofinanzvermögen,
- 15.600 Deutsche haben je 3 bis 30 Millionen Euro,
- 38.700 Deutsche haben je 1,5 bis 3 Millionen Euro,
- 755.000 Privatpersonen in der BRD haben je mehr als 0,95 Millionen Euro.

So viel Reiche und Superreiche in Deutschland, Milliardäre und Millionäre. Auf sechs bis sieben Arbeitslose in Deutschland kommt ein Vermögensmillionär.

Denken wir einen Augenblick zurück an die Leute, die wir in Bettina von Arnims Buch aus dem Jahre 1843 kennengelernt haben, die Menschen in den »Familienhäusern«, von denen wir erfahren: »Heute essen sie – morgen nicht – übermorgen essen sie wieder, und in den Zwischentagen geben sie dem noch ärmeren Nachbar, was sie sich abhungern.«

Als »Literaturminister« – vor einem Foto von Erich Wendt, seinem Vor-Vorgänger *Foto: Barbara Meffert*

Unsere oberen 800.000 in Deutschland statt der einst sprichwörtlichen »oberen 10.000« bräuchten sich nicht auch nur einen Krümel abzuhungern, wenn jeder von ihnen sechs bis sieben Arbeitslosen helfen würde, statt mit 331 oder 345 Euro im Monat hinkommen zu müssen mit höheren Einkünften rechnen zu können. Aber nicht einmal von dergleichen individuellen philanthropischen Gesten ist irgendwo irgendetwas zu erfahren. So erweisen die Superreichen ihre tendenzielle bis absolute Solidaritätsunfähigkeit am Beginn des 21. Jahrhunderts. Ihre Solidaritätsunfähigkeit betrifft sowohl ihr Verhältnis zu den Armen im eigenen Land als auch ihre mörderische Weltwirtschaftspolitik gegen die einst kolonial unterdrückten Länder und Völker, die im Schuldenjoch verhungern.

Solidaritätsfähigkeit und -bereitschaft sind immer neu zu erproben und zu bewähren. Wenn man so über das absolute, allgemeine Gesetz der kapitalistischen Akkumulation reden hört, könnte man fragen: Läuft das darauf hinaus, der Ansicht (oder Ausrede) beizupflichten, Politik und Politiker könnten »doch sowieso nichts machen in der Wirtschaft«? Nein. Ich habe bewußt sowohl Möglichkeiten als auch Grenzen von Akkumulations-Modifikation durch Politik, darunter das Handeln von Parteien, Verbänden und Regierungen skizziert.

Das Beispiel der Vergrößerung des Anteils von Lohnsteuern und der Verminderung des Anteils von Steuern auf Gewinne und Vermögen am Gesamtsteueraufkommen beweist, wie Maßgaben der Politik sehr wohl ökonomische Vorgänge beeinflussen können. »Sehr wohl« oder: sehr übel! Hier nämlich: zur gesteigerten Begünstigung der Kapitalisten und Benachteiligung der lohnabhängig Beschäftigten. Für Entscheidungen in entgegengesetzter Richtung bedarf es allerdings ungeheurer Anstrengungen geballter, vor allem auch gewerkschaftlicher Kräfte.

1 Deutsches Wörterbuch von Jacob und Wilhelm Grimm. Zehnter Band erste Abteilung, Verlag von S. Hirzel Leipzig 1905, S. 1451.

2 Gerhard Wahrig, Deutsches Wörterbuch, Bertelsmann Lexikonverlag, Ausgaben der Jahre 1975/1986, S. 1189.

3 Wörterbuch der deutschen Gegenwartssprache, herausgegeben von Ruth Klappenbach und Wolfgang Steinitz, Akademie-Verlag Berlin 1976, Bd. 5, S. 3450.

4 Brockhaus, Mannheim 1992, Bd. 20, S. 428.

5 Pfarrer Kuntze schrieb darüber 1855: »Hundert Jahre sind verflossen, seit die ersten Häuser der jetzt so ausgedehnten und bevölkerten Rosenthaler Vorstadt erbaut worden sind. Die ganze Gegend vom Magistrats-Weinberge, oder zuletzt Klausens Weinberg genannt, der ein klein wenig südwestlich von dem jetzigen Hamburger Bahnhofe gelegen hat, bis zu dem später Wollankschen Weinberge am Rosenthaler Thore, war noch 1640 mit Wald bedeckt. Dort befand sich bis an das nördliche Ufer der Spree herabgehend, die Hasenheide, nebst einigen Weingärten in der jetzigen Oranienburger- und Weinmeister Straße und hierdurch ging der Weg nach Spandow, von Spandower Thor aus, das ungefähr da stand, wo sich jetzt die Garnisonskirche befindet; so wie der Ruppiner Heerweg, die jetzige Chaussee-Straße. Um das Jahr 1705 waren Spandauer- und Dorotheen-Stadt ziemlich bebaut, und König Friedrich I. ließ diese mit einer Circumvallation umgeben; die ihre Richtung durch die heutige Linien-Straße verfolgte und aus Palisaden bestand. Erst 1788 und 1789 wurde die Grenze der Stadt etwas weiter hinaus gerückt und statt der Palisaden eine Mauer von Backsteinen

nebst den drei Thoren, das Rosenthaler, Hamburger und Oranienburger, erbaut. Der Gedanke, die Rosenthaler Vorstadt außerhalb der Palisaden oder vor der Rosenthaler und Hamburger Landwehr anzulegen, ging von Friedrich dem Großen selbst aus. Die Aufmerksamkeit des Königs wurde besonders auf diese Gegend gelenkt, seit er 1748 das Invaliden-Haus für seine verwundeten und alten Krieger erbaut hatte. Die damaligen vielen Bauten zogen eine Menge von Leuten, namentlich aus dem Auslande hierher, so daß im Jahre 1751 unter 535 Zimmergesellen 214 Ausländer, meist aus Sachsen, und unter 715 Maurergesellen 245 Ausländer, ebenfalls meist aus Sachsen sich befanden. Diese pflegten den Sommer über hier zu arbeiten, und sobald die Beschäftigung bei den Bauten aufhörte, gingen sie in ihre Heimath nach Sachsen und dem sächsischen Voigtlande zurück und verzehrten das Ersparte dort. Dadurch ging viel Geld aus dem Lande.«

6 BETTINA. Ein Lesebuch für unsere Zeit, Thüringer Volksverlag Weimar 1953, S. 355 ff.

7 Ebenda, S. 353–355.

8 Bettina von Arnims ARMENBUCH, herausgegeben von Werner Vordtriede, insel taschenbuch, Frankfurt/M. 1969/1989, S. 101. Siehe auch die umfassend kommentierte Ausgabe von Bettines politisch engagierten Werken in zuverlässiger Textgestalt: Bettine von Arnims politische Schriften. Hrsg. v. Wolfgang Bunzel, Ulrike Landfester, Walter Schmitz und Sibylle von Steinsdorff. Bd. 3 der Werke und Briefe in vier Bänden, Deutscher Klassiker Verlag Frankfurt am Main 1995, S. 514 (in: »Das sogenannte ›Nachwort‹«, zweite Fassung, zum »Armenbuch«, aus dessen Materialien werden in dem Band mehr als hundert Seiten dokumentiert).

9 Vgl. *Neues Deutschland*, 2. März 2005, S. 1, und 3. März 2005, S. 4: Interview mit Helmut Holter: Hat Arbeitslosigkeit ein Gesicht?

10 Karl Marx, »Das Kapital«, Dietz Verlag Berlin 1947, Erstes Buch, S. 663 bzw. Marx/Engels, Werke, Band 23, S. 658.

11 Ebenda, S. 679 bzw. 674.

12 Ablesbar u. a. in späteren Äußerungen, zum Beispiel: »Wir müssen uns der Verantwortung stellen«, Jürgen Thumann, Präsident des Bundesverbandes der deutschen Industrie, über Heuschrecken und Kapitalisten – in: *Der Tagesspiegel*, 24. April 2005, S. 7; angekündigt auf S. 1 unter der Schlagzeile »Industriechef: Wir haben Fehler gemacht«.

13 K. Marx, a. a. O., Vierundzwanzigstes Kapitel (Die so genannte ursprüngliche Akkumulation), S. 795 bzw. 783.

14 »Verändern Sie die Richtung Ihrer Politik!« Offener Brief von Bodo Ramelow, Bundeswahlkampfleiter der PDS, an Gerhard Schröder, in: PDS-Pressedienst Nr. 9/2005 (4.3.2005), S. 2 f.

Aus einem Vortrag in der »Hellen Panke e. V.« am 10. März 2005

Mehr davon!

Die Pro-ver.di-Aktion der Fraktion Die Linke *im Deutschen Bundestag am 16. März 2006*

Unwillig folgte der Bundestag dem Antrag auf eine Aktuelle Stunde zu Streiks im öffentlichen Dienst, schreibt Uwe Kalbe im *Neuen Deutschland* am 17. März 2006 und stellt fest: Viel Aufregung und Polemik regierten am Donnerstag (16. 3.) in einer Aktuellen Stunde im Bundestag, die die Linksfraktion zu den Streiks im öffentlichen Dienst beantragt hatte.

Mit plötzlich übergestreiften ver.di-Umhängen verunsicherte und erboste ein Teil der Linksfraktion die spärlich anwesenden Parlamentarier der übrigen Fraktionen, bis die amtierende Präsidentin Katrin Göring-Eckhardt (Grüne) aufforderte, diese im Bundestag untersagte Form der Meinungsäußerung zu beenden. Laut geäußerte Proteste jenseits der Linksfraktion führten gar zu Rügen des Präsidiums. So hatte Reinhard Grindel (CDU) – unter Anspielung auf angebliche kürzliche Äußerungen des Vorsitzenden der Linksfraktion, Oskar Lafontaine, – diesem zugerufen, hinter ihm sitze die »Schweinebande«. Und Ernst Burgbacher von der FDP forderte »diese Proleten« auf, sich zu schämen.

Sie schämten sich erkennbar nicht. Gregor Gysi hatte sich in seiner Eröffnungsrede gar unverblümt parteilich über das Selbstvertrauen der Gewerkschaften gefreut, der Forderung nach längeren Arbeitszeiten ohne finanziellen Ausgleich entschlossen entgegenzutreten. Die Forderung nach Mehrarbeit passe nicht zu Forderungen nach einem Rückzug des angeblich zu dominanten Staates. Gysi: Wer mehr Beschäftigung will, solle mehr Leute einstellen oder wenigstens die Mehrarbeit bezahlen.

Die extreme Gegenposition vertrat Dirk Niebel, Generalsekretär der FDP, der die Aktion der Linksfraktion als »gruppentherapeutisches Experiment« bezeichnete und meinte, mit Müllsäcken hätten die Abgeordneten besser ausgesehen. Als Niebels Unmut sich über die Gewerkschaften ergoß und schließlich einen »durchgeknallten grünen Gewerkschaftsfunktionär« erreichte, der unschwer als ver.di-Vorsitzender Frank Bsirske identifizierbar war, verscherzte es sich der Liberale auch mit Teilen der Grünen- und der SPD-Fraktion. So zeigten sich Sozialdemokraten wie Andreas Steppuhn erbost über die »arbeitnehmer- und gewerkschaftsfeindliche Partei« Niebels, und die Grüne Silke Stokar distanzierte sich in aller Form.

Besonders an der Position des Verhandlungsführers der Tarifgemeinschaft der Länder, Hartmut Möllring (CDU), schieden sich die Geister in der Debatte, die von Abgeordneten immer wieder als »eigentlich deplatziert« bezeichnet wurde. Die Politik habe sich aus der Tarifhoheit herauszuhalten, lautete unisono das Argument gegen die Parteinahme der Linksfraktion, das jedoch niemanden auch der Kritiker abhielt, mehr oder weniger deutlich die Position der Arbeitgeberseite zu vertreten. Sie waren es auch, die Möllring gegen Kritik verteidigten, während die Grünen dessen »Machtgehabe« für die Lage verantwortlich machten. SPD-Kritikern Möllrings warf Klaus Ernst (Linke) allerdings vor, den Dolch im Gewande zu führen. Die SPD verfolge selbst das Ziel einer Verlängerung der Arbeitszeiten im öffentlichen Dienst. Was Stokar nicht hinderte darauf hinzuweisen: Der Berliner Senat habe unter Beteiligung der Linkspartei in den letzten Jahren überdies 1400 Stellen abgebaut. Die öffentlich-rechtlichen elektronischen Medien und Privatsender, die sonst den Bundestags-Tagesordnungspunkt »Aktuelle Stunde auf Verlangen der Fraktion der Linken: Tarifliche Auseinandersetzungen im öffentlichen Dienst« wahrscheinlich mit Schweigen übergangen oder höchstens in einem nachrichtlichen Halbsatz erwähnt hätten, widmeten dem Vorgang dank der Solidaritätsaktion höhere Aufmerksamkeit – in Bild und Ton. So: *ARD*-Tagesthemen sowie *n-tv* und *RTL*. Auch in mehreren Tageszeitungen über *Neues Deutschland* und *junge Welt* hinaus wurde der Öffentlichkeitswirksamkeit des Auftritts der Linksfraktion mit Streik-Westen Rechnung getragen. So in der *Frankfurter Rundschau* (»Öffentlicher Dienst: Streik erhitzt Bundestagsabgeordnete«), dem *Tagesspiegel* (»Eklat im Bundestag: Mit roter Weste«), Springers *Die Welt* (»Linksfraktion provoziert Eklat im Bundestag«), *Handelsblatt, Financial Times Deutschland*, im *Berliner Kurier* u. a.

Die *Süddeutsche Zeitung*, in der gegenübergestellt wurde, wie die Linksfraktion sich an die Seite der Gewerkschaften stellte und die FDP-Spitze den ver.di-Vorsitzenden »heftig kritisierte«, ergänzte ihre Berichterstattung zwei Tage später durch eine Nachricht aus dem Institut für Demoskopie Allensbach unter der Überschrift »VOLKES STIMME: Linke finden den Streik gut«, in der es heißt: »40 Prozent finden die Streiks gegen eine Verlängerung der Arbeitszeit ohne Lohnausgleich richtig. 46 Prozent finden sie dagegen nicht in Ordnung. Die meisten Befürworter gibt es bei den Anhängern der Linkspartei (60 Prozent) und bei denen der Grünen (54 Prozent), die meisten Gegner bei Anhängern der FDP (61 Prozent) und der CDU/CSU (54 Prozent). Innerhalb der SPD-Anhängerschaft sind Befürworter (42 Prozent) und Gegner (43 Prozent) etwa gleich stark.«

Dank der gesteigerten Medienresonanz wurde die AKTION der Fraktion der Linken bundesweit bekannt. Die Folge: In einer Vielzahl von Anrufen, E-Mails und Briefen an einzelne Abgeordnete und die Fraktion im ganzen bekundeten Wählerinnen und Wähler ihre Zustimmung. Hier ein Beispiel:

Hubert Königer mailte an die »sehr geehrten Damen und Herren Abgeordneten der Linksfraktion«: »Am Donnerstag Abend schaute ich die Tagesthemen an. Es war sehr erfreulich, Ihre Aktion im Zusammenhang mit ver.di zu sehen. Manch geifernder Beitrag anderer Abgeordneter anderer Parteien zeigt auch, daß solche Maßnahmen ihre Wirkung nicht verfehlen.

In der Hoffnung auf weitere, gut dosierte Aktionen dieser Art, H. Königer«

In solchem Widerhall erweist sich: Die Kritik von Mitgliedern, Anhängern, Wählern der Linkspartei, man spüre im Lande zu wenig vom Wirken ihrer Bundestagsabgeordneten, ist aufgegriffen worden. Frauen und Männer freuen sich darüber, daß sie verstanden werden mit ihrer Bitte um kräftigere »Farbe« und mehr »Schmiß«, um klare Sprache und optisch deutliche Gesten zu den Worten.

CDU/CSU-Abgeordneter Clemens Binninger gefiel sich in der Rolle eines Bevormunders der Gewerkschafter, der ihnen vorsagt, wie sie den »Auftritt« der Linken, gehüllt in »ver.di-Plastiktüten«, zu bewerten haben. »Aber ich glaube, ver.di hat«, sagte er, »daran keinen Gefallen gefunden, weil diese Gewerkschaft

Foto: Lothar Deus

auch viele anders denkende und vernünftige Mitglieder hat.« Es dürfte interessant sein zu erfahren, was auf Vorstandsebene und an der Basis zu den Fragen gesagt wird. Kurt Martin, Mitglied des ver.di-Bundesvorstandes und einer der drei Verhandlungsführer im Tarifkonflikt des Öffentlichen Dienstes (gemeinsam mit Frank Bsirske und Christian Zahn), der von mir gebeten worden war, zu diesen Fragen seine Meinung zu sagen, übermittelte folgende Antworten:

Wie beurteilen Sie die ver.di-Solidaritätsdemonstration der LINKEN im Bundestag aus Ihrer Sicht?

Es war dringend erforderlich, auch im Bundestag endlich einmal über die Gründe für die Auseinandersetzungen und den Streik im öffentlichen Dienst zu reden. Geht es dabei doch um ein Politikum ersten Ranges: Die Arbeitgeber der Länder – das heißt, führende Politiker – versuchen gegenwärtig in einer beispiellosen Art und Weise, den Landesbeschäftigten Arbeitszeitverlängerungen und Lohnabsenkungen zu dekretieren.

Beschäftigungspolitisch ist das verantwortungslos, weil es die Arbeitslosigkeit noch weiter steigern würde. Gleichzeitig zeigt das kompromißlose Verhalten der Mehrheit der TdL, daß sie einseitig Tarifverträge zu ihren Bedingungen diktieren oder tariffreie Zonen schaffen will. Das ist ein massiver Angriff auf die Tarifautonomie – und das von Seiten öffentlicher Arbeitgeber! Dies ist ein gesellschaftspolitischer Skandal.

Was sagen Sie zu den Ausfällen arbeitnehmer- und gewerkschaftsfeindlicher Kräfte im Bundestag?

Statt sich mit den Versuchen der Länderarbeitgeber auseinanderzusetzen, Tarifverträge auszuhebeln und Arbeitsbedingungen zu diktieren, haben einige Abgeordnete des Bundestages die Diskussion in verantwortungs- und geschmackloser Weise für arbeitnehmer- und gewerkschaftsfeindliche Propaganda genutzt. Bei den Vertretern der »Partei der Besserverdienenden« überrascht das nicht, lassen sie doch keine Gelegenheit aus, zu erklären, daß sie Arbeitnehmerrechte und Gewerkschaften am liebsten abschaffen würden. Die Abgeordneten aus der Partei mit dem »C« im Namen möchte ich daran erinnern, wofür dieses »C« eigentlich steht und was es mit der christlichen Soziallehre zu tun hat, die immer auf den sozialen Interessenausgleich gerichtet ist.

»Die Kämpfe von ver.di gegen eine Verlängerung der Arbeitswoche sind dramatisch. Man versucht, eine der kämpferischsten Gewerkschaften zu schlagen, auf eine Art, die alle Gewerkschaften und die Linke gefährlich treffen könnte«, heißt es in einem Brief, den Victor Grossman an Mitglieder der Bundestagsfraktion der Linken gerichtet hat. Er macht auf zwei Parallelen aufmerksam, die er kennt: Das Spalten und Schlagen der USA-Gewerkschaften beeinflußte 1946-1948 die ganze Politik der USA negativ (und damit die Weltsituation). 1982 schwächte Margaret Thatchers Sieg über die britischen Bergarbeiter die gesamte britische Linke – bis heute noch.

Von daher entwickeln er und andere Wählerinnen und Wähler aus dem linken Spektrum die Erwartung, daß die von ihnen Gewählten ihre Unterstützung für ver.di fortsetzen und verstärken – für das Krankenhauspersonal, das Kita-Personal, für die Stadtreinigung. Gewiß, viele begreifen diese Kämpfe nicht und fluchen wegen der entstehenden Probleme. Desto wichtiger, sie aufzuklären und in spürbaren Aktionen weiterhin Solidarität zu beweisen, ob nun in Schwaben, Thüringen oder Berlin.

Der Bedarf an Aufklärung, wie sie beispielsweise Klaus Ernst im Bundestag vorgetragen hat, ist groß und sollte noch mehr als bisher aufgegriffen werden. Etwa sein Hinweis darauf, daß der öffentliche Dienst zum Vorreiter beim Abbau von sozialen Leistungen gemacht werden soll, und seine Polemik gegen Möllring, der eigentlich gar keinen Tarifvertrag mehr will: »Freiheit heißt für ihn Freiheit von Tarifverträgen.« Nicht zuletzt sein Spott über die Folgen des verderblichen Tuns der Arbeitszeitverlängerer-Fraktionen: »Wir können in Krankenhäusern auch wieder Beißkeile einführen, statt Anästhesie zu betreiben. Sie würden auch dazu sagen, das sei ein Fortschritt, Herr Niebel. Das ist das Problem, das wir hierzulande haben. Es ist aber ein Rückschritt.«

In einem an Frau Katrin Göring-Eckardt und Herrn Dr. Hermann Otto Solms gerichteten Brief und in einer Presseerklärung hat der Abgeordnete Dr. Diether Dehm den gegen den Abgeordneten Ernst Burgbacher ergangenen Ordnungsruf als »nicht in Ordnung« befunden: »›Prolet‹ ist für mich eine Ehrenbezeichnung, auch wenn sie von der FDP kommt. Für mich als linken Unternehmer bleibt ›Prolet‹ eine Aufwertung, der ich nie rechtlich entgegentreten würde.«

III. Geschichtliche Bezugspunkte im Blick

1933: Das »Auffliegen« des Reichstags

Mittäter beim Erdrosseln des Parlaments: sieben bürgerliche Parteien stimmten per »Ermächtigungsgesetz« für Hitlers totale Macht

Trotz der durch die Reichstagsbrandprovokation vom 27. Februar 1933 ausgelösten Polit-Psychose gelang es der Nazi-Partei bei den am 5. März 1933 veranstalteten Reichstagswahlen nicht, die Mehrzahl der Mandate zu erreichen. Sie landeten bei 43,9 Prozent der Stimmen. Das verunsicherte Hitler: Konnten so – selbst im Bunde mit den von Hugenberg geführten Deutschnationalen und bei Unterstützung durch die Abgeordneten der Fraktionen der übrigen bürgerlichen Parteien – Zwei-Drittel-Mehrheiten für verfassungsändernde Gesetze zustande kommen? Kurzerhand wurden am 9. März 1933, vier Tage nach den Wahlen, die Mandate der 81 gewählten KPD-Abgeordneten annulliert, viele der Abgeordneten wurden verhaftet.

Wirkliche Demokraten unter den im Reichstag verbliebenen Abgeordneten hätten gesagt: »Dies ist nun nicht mehr das Parlament, das gewählt wurde. Es ist nicht befugt, irgendwelche gesetzgeberischen Akte vorzunehmen. Die KPD-Abgeordneten sind sofort freizulassen; ihre rechtmäßigen Mandate sind ihnen wiederzugeben.« Von den im Reichstag Verbliebenen hat keiner solche Feststellungen getroffen, solche Forderungen erhoben. Ein deutliches Zeichen dafür, daß mit der Austreibung der Kommunisten aus diesem Haus die Lähmung jeglichen demokratischen Verantwortungsbewußtseins bei allen zunächst noch Geduldeten einherging.

In seiner Schrift »Vor den Ruinen Deutschlands«, einem »Aufruf zur geschichtlichen Selbstbesinnung« schreibt F. A. Kramer: »Auf der äußersten Linken sind [...] etwa 100 Sitze leer. Die 81 kommunistischen Abgeordneten und 20 sozialdemokratische Parlamentarier sind durch Fahndungsbefehl, Festnahme, Schutzhaft oder ähnliche polizeiliche Mittel von der Sitzung ferngehalten. Die Mehrheitsverhältnisse der Reichtagssitzung sind damit völlig verschoben. Jetzt erweist sich auch, weshalb Hitler die Kommunistische Partei, die er als des Hochverrats überführt bezeichnet hatte, nicht schon vor den Wahlen aufgelöst und verboten hat. In diesem Falle wären ihre Stimmen und Mandate der sozialdemokratischen Nachbarpartei zugewandert. Dadurch, daß er sie jedoch zunächst wählen ließ, dann aber am Betreten des Reichstagsgebäudes verhinderte, hat er mehr als sechs Millionen Wählerstimmen in das Nichts, ins Leere abgeleitet.«[1]

Die so fabrizierte Wahlfälschung führte dazu, daß der prozentuale Anteil der Nazis an der Gesamtzahl der Abgeordneten nicht dem Wahlergebnis entsprechend 43,9 Prozent, sondern nun 53,5 Prozent betrug.

So konnten »Dr. Frick, Dr. Oberfohren und Genossen« zur Anzettelung der nächsten Untat schreiten. Sie stellten den Antrag: »Der Reichstag wolle beschließen: folgendem Gesetzentwurf die verfassungsmäßige (!) Zustimmung zu erteilen: Entwurf eines Gesetzes zur Behebung der Not von Volk und Reich«. Die »Drucksache« mit dem Entwurf des Gesetzestexts ist am 21. März 1933 ausgegeben worden. Bis zur Reichstagssitzung am 23. März hatten die Abgeordneten zwei Tage Zeit, über die fünf kurzen, jeweils nur einige Zeilen langen Artikel des vorgesehenen Gesetzes nachzudenken. Wirkliche Demokraten mußte Abscheu erfüllen, wenn sie lasen, was ihnen da beschließen zu wollen zugemutet werden sollte: Entmachtung des Parlamentsrests Reichstag, Ermächtigung der Reichsregierung, des Hitler-Kabinetts. Und zwar beides total. Dazu nochmals F. A. Kramer: »So wird einem Catilina die Legalität zugesprochen! Kein Cicero tritt gegen ihn auf, um die Gültigkeit der Wahlen in Zweifel zu ziehen, die Rechtswidrigkeit der Festnahme von Abgeordneten klarzustellen, die formelle und materielle Rechtswidrigkeit des Ermächtigungsgesetzes darzulegen, den Reichspräsidenten vor seiner Unterzeichnung zu warnen, die Länder auf ihre Bedrohung hinzuweisen, an den Staatsgerichtshof als den Hüter der Verfassung zu appellieren, das Volk gegen die Beseitigung seiner Vertreter aufzurufen.«[2]

Artikel 1 bestimmte: »Reichsgesetze können außer in dem in der Reichsverfassung vorgesehenen Verfahren auch durch die

Reichsregierung beschlossen werden.« Artikel 2 besagte: »Die von der Reichsregierung beschlossenen Reichsgesetze können von der Reichsverfassung abweichen [...]« In Artikel 3 hieß es: »Die von der Reichsregierung beschlossenen Reichsgesetze werden vom Reichskanzler ausgefertigt und im Reichsgesetzblatt verkündet. Sie treten, soweit sie nichts anderes bestimmen, mit dem auf die Verkündung folgenden Tage in Kraft.«[3]

Konnte diese Ungeheuerlichkeit noch gekippt werden? Ich meine, diese Chance bestand. Ohne in Illusionen darüber zu verfallen, was die Nazis im Gefolge eines Scheiterns ihres Vorstoßes unternommen hätten, bleibt als unbestreitbare Tatsache festzustellen: Die Stimmen der Abgeordneten der Nazi-Partei allein hätten nicht gereicht, das Gesetz durchzubringen. Wie verhielten sich angesichts dessen die nach dem Raub der Mandate der KPD-Abgeordneten im Reichstag übrig gebliebenen Abgeordneten? Wie gingen sie mit den Möglichkeiten um, das Gesetz zu befürworten oder abzulehnen? Eine Ablehnung hätte das so sehr auf »zügig-zügig« und »von den gewählten Volksvertretern gedeckt« angelegte Manöver der sich weiter etablieren wollenden Nazi-Diktatur empfindlich gestört. Die Hitler-Partei wäre vor den Augen der internationalen Öffentlichkeit blamiert worden.

94 Abgeordnete der SPD stimmten mit Nein; 20 weitere sozialdemokratische Abgeordnete, die das wohl auch getan hätten, konnten – wie erwähnt – an der Sitzung nicht teilnehmen, weil sie wie ihre kommunistischen Abgeordnetenkollegen verhaftet worden waren. Otto Wels hielt vor der Abstimmung eine Rede, die nicht frei von kritikwürdigen Äußerungen der Anbiederung, z. B. an die Nazi-Außenpolitik war. Solche Redepassagen schmälerten das Gewicht des Nein wie erst recht drei spätere beschämende Handlungen es zu entwerten geeignet waren: die am 17. Mai von 65 SPD-Abgeordneten gegebene Zustimmung zum außenpolitischen Programm der Hitler-Regierung, der Austrittserklärung von Wels aus dem Büro der Sozialistischen Arbeiter-Internationale und der Beschluß einer von Paul Löbe geleiteten Funktionärskonferenz, alle jüdischen Parteimitglieder aus dem Vorstand zu entfernen. Otto Wels, dem Redner vom 23. März, darf, weil er das Nein begründete, dennoch eine gewisse Portion Mut bescheinigt werden. Ja, angesichts des Grölens der während der Reden Hitlers und Görings in Rage geratenen Nazi-Abge-

ordneten in der Kroll-Oper, wo der Reichstag zusammengekommen war, braucht man nicht zu zögern, von einer gehörigen Portion Mut zu sprechen, die für eine Gegenrede aufgebracht werden mußte.[4]

Was das Verhalten während der Abstimmung betrifft, wird von verschiedenen Autoren der Würdigung des Nein der sozialdemokratischen Abgeordneten die Erwägung hinzugefügt, daß ein Auszug aus der Reichstagssitzung zum Zeitpunkt der namentlichen Abstimmung ein beträchtlich größeres politisches Gewicht gehabt hätte, weil dadurch »die Abstimmung unmöglich geworden wäre, weil die Anwesenheitsziffer nicht ausgereicht hätte«. So sah es z.B. der bereits zitierte F. A. Kramer.[5]

In den Reichstag waren 1933 neben Kommunisten und Sozialdemokraten auf der einen und NSDAP-Mandatsinhabern auf der anderen Seite Abgeordnete von sieben bürgerlichen Parteien gewählt worden. Wie verhielten sich diese, als es darum ging, zu Hitlers willigen Helfern bei der Zerstörung der Demokratie zu werden oder als Gegner von Demokratie-Zerstörung zu agieren? Einzelne Abgeordnete dieser Parteien warnten im Verlauf interner Fraktionsberatungen am 22. März vor einer Zustimmung, darunter – Tatsachen sind Tatsachen – der einstige Notverordnungskanzler Heinrich Brüning von der Zentrumspartei. Die Warner blieben aber in allen diesen Parteien in der Minderheit. Und unter dem Regime des Fraktionszwangs unterwarfen sie sich der Zustimmungslinie ihrer Führungen.

72 Abgeordnete des Zentrums, 53 Abgeordnete der Deutschnationalen Volkspartei, 19 Abgeordnete der Bayerischen Volkspartei, fünf Abgeordnete der Deutschen Staatspartei, vier Abgeordnete von Volksdienst (Evangelische Bewegung), zwei Abgeordnete der Deutschen Bauernpartei und ein Abgeordneter der Deutschen Volkspartei stimmten mit Ja. Also: von den Abgeordneten der bürgerlichen Parteien im Chor ein einhundertsechsundfünfzigfaches »Ja. Ja. Ja. Ja. Ja [...]« zu Hitlers absoluter Ermächtigung.[6]

Summierte man die 288 unmittelbaren Stimmen der Nazis mit diesen 156 Pro-Nazi-Stimmen, ergaben sich 444. Mit dieser Menge hatte man bei einer Gesamtzahl von – nach der Wahlfälschung vom 9. März noch verbliebenen – 538 Abgeordneten jene zwei Drittel »im Kasten«, um den Reichstag, dessen Gebäude durch die Brandstiftungsprovokation vom 27. Februar 1933 zur Ruine gemacht worden war, nunmehr auch von der politischen Substanz her zu vernichten.

Wie von tonangebenden Autoren bundesdeutscher Geschichtsschreibung mit solchen Tatsachen, Umständen, Verhältnissen politischen Handelns verfahren wird, davon vermittelt einen anschaulichen Eindruck Werner Maser in seinem Buch »Das Regime«, dessen erste Ausgabe 1983 erschienen ist und das 1990 vom Berliner Dietz Verlag übernommen wurde. Beim Hören oder Lesen des gleich folgenden längeren Zitats aus diesem Buch – der Maserschen Kommentare zu Wels' Rede – möge man sich, bitte, immer wieder vor Augen halten: Zum Chor der 156 bürgerlichen Ja-Sager zu Hitler im Reichstag findet sich in diesem Buch keine Zeile. Darauf einzugehen, wäre unbequem. Die Bewußtseinsverdunkelei mit Mitteln der Geschichtsschreibung würde gestört. Also wird so etwas weggeschwiegen. Um so mehr ein Grund für uns, nach dem Wels betreffenden Zitat auf ein paar Personen der bürgerlichen Ja-Sager zu Hitler im einzelnen zurückzukommen, Ja-Sager im Reichstag sowie in kommunaler und Verbandssphäre.

Hier zunächst Maser über Wels: »Manche Mythen und Legenden leben ewig. Hätten die Nationalsozialisten den vollen Wortlaut der Wels-Entgegnung auf Hitlers Regierungserklärung und Begründung des Ermächtigungsgesetzes publiziert, wären beide schwerlich entstanden. Wels' Ausführungen wurden nur deshalb zum Ereignis, weil alle anderen Hitler-Gegner im Reichstag schwiegen. Was er in Anwesenheit seiner Fraktionskollegen sagte, von denen Severing und Leber beim Betreten des Reichstages verhaftet worden waren, war angesichts des gravierenden Verlustes an Demokratie, Freiheit und Recht, die das Ermächtigungsgesetz mit sich bringen mußte, eher zurückhaltend und dürftig als besonders mutig und bedeutend. Was er dem knapp acht Wochen im Amt befindlichen Reichskanzler Hitler namens der SPD entgegenhielt, verriet zwar bemerkenswerten politischen Instinkt; aber ein ›Aufschrei‹ gegen die unmittelbar bevorstehende Sanktionierung des Unrechts war es nicht. Er begann seine Erwiderung auf die Erklärung des ›Herrn Reichskanzlers‹ mit der Feststellung, daß die SPD den außenpolitischen Forderungen Hitlers nachdrücklich zustimmte, und erinnerte daran, daß er, Otto Wels, es gewesen sei, der sich ›als erster Deutscher vor einem internationalen Forum, auf der Berner Konferenz vom 5. Februar 1919‹, gegen die Behauptung gewandt habe, daß Deutschland allein schuld ›am Ausbruch des Weltkrieges‹ gewesen sei. Dann bestätigte er die Übereinstimmung der Sozialdemokraten mit dem Inhalt des vom ›Herrn Reichskanzler‹ am 21. März gesprochenen Satzes ›Aus dem Aberwitz der Theorie von ewigen Siegern und Besiegten kam der Wahnwitz der Reparationen und in der Folge die Katastrophe der Weltwirtschaft‹ und gestand der (von der SPD bis dahin wegen der beispiellosen Ausschaltung des Reichstages kritisierten) Regierung Hitler das Recht zu, sich ›gegen rohe Ausschreitungen der Politik [*hier zitiert Maser falsch, denn laut Protokoll sagte Wels nicht Politik, sondern Polemik – K. H.*] zu schützen‹ und ›Aufforderungen zu Gewalt und Gewalttaten [...] mit Strenge zu verhindern‹, solange dies ›nach allen Seiten gleichmäßig und unparteiisch‹ geschehe. ›Wollten die Herren von der Nationalsozialistischen Partei sozialistische Taten verrichten‹, bot er den sich unentwegt sozialistisch gebärdenden Nationalsozialisten an, ›sie brauchten kein Ermächtigungsgesetz. Eine erdrückende Mehrheit wäre ihnen in diesem Hause gewiß.‹ Daß die SPD nach ›den Verfolgungen‹, die sie ›in der letzten Zeit‹ habe erfahren müssen, argumentierte er, für dieses Gesetz allerdings nicht stimmen könnte, müßte ›billigerweise‹ jedermann verstehen; denn sie hätte in schwerster Zeit Mitverantwortung getragen und sei dafür von ihren politischen Gegnern ›mit Steinen beworfen‹ worden. Wels' deklamatorischen Schlußsatz ›Wir grüßen die Verfolgten und Bedrängten. Wir grüßen unsere Freunde im Reich. Ihre Standhaftigkeit und Treue verdienen Bewunderung. Ihr Bekennermut, ihre ungebrochene Zuversicht verbürgen eine hellere Zukunft‹, ›überhörte‹ Hitler geflissentlich, sein unüberhörbares Angebot zur Zusammenarbeit tat er mit der seit 1933 viel zitierten bissigen Bemerkung ab: ›Spät kommt ihr, aber ihr kommt.‹«[7]

So akribisch Maser Wels' Rede abtastete, so konsequent überging er, als gäbe es sie nicht, die erbärmlichen Zustimmungserklärungen der Herren Prälat Dr. Kaas (Zentrum), Ritter von Lex (Bayerische Volkspartei), Dr. Maier, Württemberg (Staatspartei) und Simpfendörfer (Volksdienst – Evangelische

Bewegung) zu Hitlers Ermächtigungsgesetz. Wer Geschichtslehrer hatte, die von Professoren wie Maser unterrichtet wurden, war schlecht dran. So Wolfgang Bosbach, MdB, zum Beispiel.

Im Februar 2002 hatte Rechtsanwalt Ludwig Stiegler, Bundestagsabgeordneter aus Weiden, in der Zuwanderungsdebatte zwischen der regierenden SPD/Bündnis 90-Die Grünen – Koalition und den oppositionellen CDU/CSU- und FDP-Vertretern die letzteren ermahnt, sich gefälligst daran zu erinnern, wie die Parteien, in deren Nachfolge sie angetreten sind, 1933 geholfen haben, Hitler an die Macht zu bringen. Stieglers Kollege Rechtsanwalt Wolfgang Bosbach, CDU-Bundestagsabgeordneter aus Bergisch Gladbach, meinte den in dieser Ermahnung liegenden Vorwurf zurückweisen zu können, womit er in blamabler Weise irrte.

Jede seriöse Darstellung von Gründung, überregionaler Formierung, Entwicklung, Programm und Praxis der CDU kommt nicht um die Feststellung herum, daß es ein ehemaliger Zentrumspolitiker war, der die CDU als Sammlungspartei einstiger Anhänger des vor allem katholisch geprägten Zentrums und der eher evangelisch orientierten Mitgliedschaft und Wählerschaft von Deutschnationaler Volkspartei und Deutscher Volkspartei inspirierte: Konrad Adenauer. Die Gründer der CSU waren meist frühere Mitglieder der Bayerischen Volkspartei. Die FDP ist von Spitzenpolitikern der liberalen Hauptparteien der Weimarer Republik gegründet worden: der Deutschen Demokratischen Partei und der Deutschen Volkspartei. – Was soll angesichts dessen das Bosbachsche Gezeter über die Bezeichnung Nachfolgeparteien? Könnte nicht wegen personeller Kontinuitäten sogar von Fortführungsparteien gesprochen werden? Auch programmatische Ähnlichkeiten rechtfertigen durchaus den Hinweis auf eine über die bloße Nachfolge hinausgehende Nähe.

Richten wir unseren Blick auf die Ja-Sager-Listen im Deutschen Reichstag 1933, über die manche Politiker und ihnen zur Hand gehende Historiker so gern hinweggeschwiegen sähen, dann bleiben Wiedererkennungseffekte nicht aus. Zum Beispiel: Ja-zu-Hitler-Sager Ernst Lemmer – war der nicht nach 1945 ein Führungsmann der CDU im damaligen Westberlin? Oder: Herr Dr. Theodor Heuß – handelt es sich bei ihm nicht um den nachmaligen Bonner Bundespräsidenten? »Keine Freiheit für die Feinde der Freiheit« soll ein von ihm wiederholt und mit Inbrunst vorgetragener Spruch gewesen sein ... – womit ja, das sei an dieser Stelle eingeräumt, zwar seinerzeitiges Verhalten nicht ungeschehen zu machen war, doch möglicherweise im Hegelschen Sinne aufgehoben werden sollte durch Lehren ziehende nachträgliche Selbstkritik.

Hierfür spricht auch eine Episode, die mir Wolfgang Leonhard erzählte: »Meine Mutter Susanne Leonhard kannte Theodor Heuß aus der Berliner Sektion des Schutzverbandes Deutscher Schriftsteller, Mitte bis Ende der 20er Jahre, in den letzten Jahren der Weimarer Republik. Bei den einmal monatlich stattfindenden Treffen gab es damals, wie mir meine Mutter berichtete, zwei große, lange Tische: um den einen saßen alle sozialdemokratischen Schriftsteller, um den anderen die KPD-Schriftsteller. Außerdem gab es noch einen kleinen Katzentisch, um den sich die damals wenigen Schriftsteller Berlins gruppierten, die weder der SPD noch der KPD angehörten. Am Katzentisch saßen unter anderem der Anarchist Erich Mühsam, das Mitglied der Demokratischen Partei Theodor Heuß und meine Mutter, die zwar schon dem illegalen Spartakusbund 1916 und der KP seit ihrer Gründung angehört hatte, aber 1925 aus der KPD ausgetreten war und sich als revolutionäre Linke betrachtete. Im Mittelpunkt aller Tagungen der Berliner Sektion standen die ständigen heftigen Auseinandersetzungen zwischen den Teilnehmern von der KPD und der SPD an den beiden großen Tischen. So hatten die wenigen Schriftsteller am Katzentisch genügend Zeit, sich auszusprechen und kennenzulernen.

Jahrzehnte vergingen, bis meine Mutter – nach zehnjähriger Haft im Lager Workuta und anschließender Verbannung nach Deutschland zurückgekehrt – Anfang der 50er Jahre bei der Eröffnung eines Museums Theodor Heuss wiedertraf. Heuss – inzwischen Bundespräsident und dort mit großem feierlichem Gefolge anwesend – begrüßte meine Mutter laut und erfreut: ›Susanne, es freut mich ja so, Sie jetzt wieder hier zu sehen!‹, und ging mit offenen Armen auf sie zu. Aber meine Mutter blieb eisig und sagte nur hart und deutlich: ›Von einem Menschen, der für Hitlers Ermächtigungsgesetz gestimmt hat, wünsche ich nicht begrüßt und noch weniger umarmt zu werden.‹

Von Heuss' Umgebung wollten sich einige auf meine Mutter stürzen, weil sie darin eine Beleidigung des Bundespräsidenten sahen, wurden aber von Heuss zurückgewiesen: ›Bitte lassen Sie das. Susanne Leonhard hat vollkommen recht‹, und an meine Mutter gewandt fügte er hinzu: ›Liebe Susanne, Sie können sicher sein, daß ich meine damalige Zustimmung als den größten und schrecklichsten Fehler meines Lebens erkannt habe, immer wieder an dieses Ereignis denke und stets versuche, diesen grauenvollen Fehler durch meine politische Aktivität wiedergutzumachen.‹ Offenkundig gelang es ihm, meine Mutter allmählich zu überzeugen: Bei aller Härte und Schärfe gegenüber Personen, die sich dem Hitler-System anpaßten, hat sie Theodor Heuss davon später stets ausgenommen und positiv betrachtet.«

Und noch ein Beispiel, eines, bei dem von Selbstkritik nie und nirgends auch nur ein Hauch zu spüren war: Jener Ritter von Lex, der, wie erwähnt, namens der Fraktion der Bayerischen Volkspartei am 23. März 1933 die Fürsprache-Rede für Hitlers Diktatur hielt, begegnete der nicht der Öffentlichkeit im Nachkriegs-Westdeutschland als Staatssekretär der Bonner Regierung? Und war es nicht auch ausgerechnet er, den diese Regierung als ihren Vertreter im Verbotsprozeß gegen die KPD agieren ließ?

Die Grundqualifikation für eine solche Aufgabe hat Herr Hans Ritter von Lex von Herrn Adolf Hitler persönlich erhalten. Die beiden trafen sich am 13. und 14. März 1933 mehrfach in München. Es ging um die Regierungsbildung in Bayern. Akten, die bis 1989 im NS-Archiv des Ministeriums für Staatssicherheit der DDR aufbewahrt wurden und inzwischen im Bundesarchiv zugänglich sind, hat Wolfgang Dierker in seiner jüngst veröffentlichten Dokumentation über Hitlers Koalitionsverhandlungen mit der Bayerischen Volkspartei vorgelegt.[8] »Ich will keine Nullen, sondern Bullen«, hat Hitler Lex gesagt, als dieser die Einbeziehung gemäßigterer Politiker seiner Partei zu erwägen gegeben hatte. Für Hitler hatte Lex Eignung zum »Bullen«. Er sah in ihm einen Vertreter des »Frontgeschlechts«. Lex hatte sich an der Niederschlagung der Münchener Räterepublik beteiligt. 1931 bis 1933 war er Landesführer der Bayernwacht, die nach der Zulassung der SS im Juni 1932 aus einzelnen schon bestehenden Gruppen landesweit ausgebaut wurde. Laut den Aufzeichnungen, die Lex über seine »Besprechungen« mit Hitler angefertigt hat, sagte dieser ihm: »Die zwei großen Ziele, die er verfolge, seien: 1.) die willensmäßige Einheit des deutschen Volkes herzustellen. 2.) die Zerschmetterung des Marxismus in Deutschland herbeizuführen.«[9] Punkt 1 zielte auf Einschränkung der Rechte und Rolle der Länder – dazu brachte Lex ein paar auf Bayern-Interessen bezogene Einwände vor – und Ausschaltung der Parteien. Zu Punkt 2 erklärte Lex laut seiner eigenen Aufzeichnung: »Die Bayerische Volkspartei sei mit der Niederringung des Marxismus einverstanden, aber in Formen, die dem christlichen Sittengesetz entsprechen. Hinsichtlich des Kommunismus, der sich selbst außerhalb des Staates gestellt habe, der die ganze christliche Kultur mit tödlicher Feindschaft bekämpfe, könne die Bayerische Volkspartei in weitest gehendem Maße mitgehen. Daß man das deutsche Volk auch unter Anwendung strengster Methoden von dieser Verseuchung befreie, sei gemeinsame Forderung aller vaterländisch gesinnten Kreise.«[10] Obwohl er zur Sozialdemokratie sagte, ihr gegenüber solle man »weniger die physische Ausrottung als die geistige Überwindung anwenden«, versicherte er zugleich, es widerspreche nicht dem von seiner Partei in Anspruch genommenen christlichen Gewissen, »wenn die politischen Machthaber beispielsweise 1.000 Funktionäre der Sozialdemokratie in Schutzhaft nähmen [...], um eine Gegenaktion in den Tagen der Umwälzung hintan zu halten«, wobei er nicht versäumte, dem Wort »Schutzhaft« die Floskel hinzuzufügen »unter menschenwürdiger Behandlung« und Bedenken dagegen vorzubringen, wenn »politische Gegner willkürlich gegriffen und an die Wand gestellt würden«.

Insgesamt gefiel Lex dem obersten Naziführer als einer der von ihm zu brauchenden »Bullen«. Im Herbst 1933 wurde Lex, ohne nominelles NSDAP-Mitglied zu sein, Oberregierungsrat im Reichsinnenministerium. Staatssekretär im Bundesinnenministerium der BRD wurde er am 17. Oktober 1949. Zuständig war er hier für öffentliche Sicherheit, Verfassung und Staatsrecht. Und dazu gehörte, daß er einer der Hauptbetreiber des Verbotsprozesses gegen die KPD wurde. Im Sinne dessen, was er Hitler am 13. März 1933 versichert hatte, wirkte er auch in der Bundesrepublik dafür, daß man – ich zitiere den Satz aus der damaligen Aufzeichnung noch einmal – »das deutsche Volk auch unter Anwendung strengster Methoden von dieser Verseuchung befreie«, die er in kommunistischen Ideen und den sie vertretenden Menschen sah.

Die Ja-Sager im Reichstag hatten ein Umfeld außerhalb des Parlaments. Auch da wimmelte es von später einem größeren Kreis bekannt gewordenen Personen, die aus der Startphase der Nazi-Zeit alte Bekannte sind. So der spätere Bundeskanzler und vormalige Oberbürgermeister von Köln Konrad Adenauer, dessen Zentrumsfraktion in der Kölner Stadtverordnetenversammlung am 30. März 1933 eine Erklärung abgab, in der es hieß: »Die vom Herrn Reichspräsidenten berufene, durch den erfolgreichen Verlauf der nationalen Revolution bestätigte Regierung darf nicht gefährdet werden, da sonst die Folgen unabsehbar sind. Sie muß unter Würdigung der gegebenen Verhältnisse auf möglichst breite Basis sich stützen können. Wir begrüßen die Vernichtung des Kommunismus und die Bekämpfung des Marxismus, die in dem heutigen Umfange in der Nachkriegszeit bisher nicht möglich war, da der sozialistische Einbruch in das deutsche Volk ab 1918 der katholischen Minderheit nur zur Abwehr schlimmerer Dinge, nicht aber zur Gestaltung des Staates ausschließlich nach unserer Auffassung Raum ließ.«[11]

Eine ähnliche Wiederbegegnung beschert uns Heinrich Lübke, einer der späteren Bundespräsidenten. Als es Ende Juni/Anfang Juli 1933 an die Selbstauflösung der Reste der bürgerlichen Parteien ging, leistete er, der als Geschäftsführer der Deutschen Bauernschaft (DBs) tätig gewesen war, seinen Beitrag zur Unterwerfung der Angehörigen dieser Organisation unter die Herrschaft der Nazis, indem er am 11. Juli 1933 auf der letzten Tagung des Verbandes in seinen »Abschiedsworten« die Mitglieder aufforderte, in den faschistischen Bauernorganisationen »loyal und positiv« mitzuarbeiten. Eine Lobby, die Lübkes Beteiligung an der Konstruktion von Baracken für KZ nach wie vor leugnet, mag geneigt sein, seine nazibegünstigende Worte von 1933 ebenfalls abzustreiten. Was sagen die Lobbyisten aber dazu, daß jene Äußerung belegt ist durch eine Veröffentlichung der »Deutschen Bauernzeitung« vom 23. Juli 1933?[12]

Das politische Verbrechen vom 23. März 1933 bestand in der Auslöschung eines letzten Restbestands parlamentarischer Demokratie in Deutschland. Begangen haben dieses politische

Verbrechen Nazipartei und Deutsch-Nationale Volkspartei, die den Gesetzentwurf gemeinsam einbrachten, als Haupttäter. Als Mittäter beim Erdrosseln des Parlaments und des Parlamentarismus wirkten die Ja-Sager von Zentrum, Volksdienst sowie Bayern-, Bauern-, Staats- und Volkspartei. Wer in deren Tradition steht, hat sehr wohl Grund zu historischer Aufarbeitung. Anläßlich der 75. Wiederkehr jenes Tages verdient manches bisher Verdrängte, nicht Erforschte, zu wenig Beachtete gründlicher untersucht zu werden. Um der Lehren willen für die Bewahrung parlamentarischer Demokratie in den konfliktreichen Auseinandersetzungen heute.

Was dabei kritisch zu hinterfragen ist, sei am Beispiel von Reinhold Maier kurz skizziert. Reinhold Maier war 1933 bis 1945 nicht wie Lex Beamter des Nazi-Innenministeriums, sondern ein von den Nazis drangsalierter Rechtsanwalt.[13] Nach 1945 wurde er Bundesvorsitzender der FDP und Ministerpräsident des Landes Baden-Württemberg. Ein 1947 gebildeter Untersuchungsausschuß sollte die Frage klären, warum Reinhold Maier als Reichstagsabgeordneter der Staatspartei für das Ermächtigungsgesetz stimmte. Auslöser war ein kritischer Artikel des Journalisten und Juristen Franz Karl Maier unter der Überschrift »Traurige Geschichte«. Daraus entspann sich ein Streit »Maier gegen Maier«, der über Jahre andauerte. Franz Karl Maier hielt Reinhold Maier vor, er habe im Reichstag am 23. März 1933 »durch Wort und Tat öffentlich durch Einsetzen seines persönlichen Ansehens und seiner Machtstellung im politischen Leben wesentlich zur Begründung der nationalsozialistischen Gewaltherrschaft beigetragen«. Reinhold Maier hingegen sah in seiner im April 1947 vor dem parlamentarischen Untersuchungsausschuß des Landtags von Nordbaden und Nordwürttemberg abgegebenen Erklärung die Sache so: »Die Frage war am 23. März 1933 einzig und allein die, ob ein Parlament weiter besteht, auch ein entmachtetes Parlament, ob wir noch eine letzte Planke zur Verfügung hatten, auf der eine Volksvertretung vielleicht wieder Kraft gewinnen konnte.

Der Reichstag wäre an diesem Tage verschwunden. Das muß bedacht werden. Wir fünf Leute (Staatspartei) haben in voller Freiheit, vorher beschlossen, zugestimmt. Wir haben von den Versprechungen Hitlers gar nichts geglaubt. Aber die Beweisführung war die: War es ganz sicher, daß nicht noch irgendwie aus irgendeinem Grunde, den man gar nicht sehen konnte eine Besserung zu erzielen war? Wir waren doch gewählt, um uns im Reichstag zu behaupten, und waren nicht gewählt, um den Reichstag auffliegen zu lassen.

Entscheidendes habe ich persönlich mir versprochen aus dem absolut vorhandenen Gegensatz zwischen NSDAP und Reichswehr, insbesondere den Reichswehrgeneralen. Ich bestreite jede Kausalität des Ermächtigungsgesetzes für den Ablauf der Dinge. Es wären alle Dinge genauso gegangen, es wäre mit oder ohne Ermächtigungsgesetz so gegangen.

Wenn das Ermächtigungsgesetz nicht angenommen worden wäre, wäre der Reichstag an diesem Tage schonungslos aufgeflogen. Am 23. März 1933 war die Frage lediglich die, ob der Reichstag später wieder einmal zu einem Einfluß werde gelangen können. Wer im Reichstag saß und diese Dinge sich vor Augen führte, mußte sich sagen: wenn auch nur noch ein letztes Fünkchen da ist, daß die ganzen Institutionen der Verfassung, Reichspräsident, Reichsrat, Reichstag, wenigstens auch nur andeutungsweise und in den Restbeständen erhalten bleiben, muß man sich dafür einsetzen.«[14]

Maiers Biograph Klaus-Jürgen Matz dazu: »Jetzt wie schon früher fand er kein Wort des Bedauerns, machte er nicht die geringste Andeutung, daß sein Verhalten am 23. März 1933 – zumindest im nachhinein betrachtet – ein politisches Fehler gewesen sei. Diesen Fehler öffentlich einzugestehen, hat er auch später niemals die Kraft gefunden.«[15] Und der Ausschuß? Drängte er ihn dazu? Nein. Der Untersuchungsausschuß machte sich vielmehr Maiers abwegige Auffassung zueigen. Noch 1947, vierzehn Jahre nach dem schmählichen Ereignis, mit dem Satz »Wir waren doch gewählt, um uns im Reichstag zu behaupten, und waren nicht gewählt, um den Reichstag auffliegen zu lassen« eine Abstimmung zu rechtfertigen, die eben auf das »Auffliegen« des Reichstags und nichts anderes hinauslief, ist ein starkes Stück. Und noch schlimmer, daß ein vom Parlament eingesetzter Untersuchungsausschuß diese Rechtfertigung gutgeheißen hat.

1 F. A. Kramer, Vor den Ruinen Deutschlands. Aufruf zur geschichtlichen Selbstbesinnung, Historisch-Politischer Verlag Koblenz, o. J. (vermutlich 1946), S. 58.

2 Ebenda.

3 »Verhandlungen des Reichstags, VIII. Wahlperiode, Band 457, Stenographische Berichte/Anlagen zu den Stenographischen Berichten/Sach- und Sprechregister«, Berlin 1934, Druck und Verlag der Reichsdruckerei; einsehbar z. B. in der Bibliothek der Berliner Außenstelle des Bundesarchivs in der Finckensteinallee; auszugsweise nachgedruckt in der FAKSIMILE EDITION des Augsburger Weltbild-Verlags, Folge 17, Dokument 1.

4 In dem von einem Autorenkollektiv unter Leitung von Heinz Niemann 1982 im Dietz Verlag Berlin vorgelegten Band »Geschichte der deutschen Sozialdemokratie« ist Otto Wels' Rede ebenfalls differenziert gewertet worden, und gewürdigt wurde der persönliche Mut, den die 94 SPD-Abgeordneten bewiesen, als sie ihre Nein-Stimmen abgaben (S. 331).

5 F. A. Kramer, Vor den Ruinen Deutschlands ..., a. a. O., Anmerkung 1. Übrigens hatten sich Otto Buchwitz, Otto Grotewohl, Ernst Reuter und andere in der SPD-Fraktionsberatung für ein Fernbleiben von dieser Reichstagssitzung ausgesprochen, blieben aber in der Minderheit.

6 Siehe auch Faksimiles aus dem Reichstagsprotokoll.

7 Werner Maser, Das Regime. Alltag in Deutschland 1933-1945, S. 27f.

8 Wolfgang Dierker, »Ich will keine Nullen, sondern Bullen.« Hitlers Koalitionsverhandlungen mit der Bayerischen Volkspartei im März 1933, in: Vierteljahreszeitschrift für Zeitgeschichte, H. 50/2002, Oldenbourg-Verlag München, S. 111-148.

9 Ebenda, S. 128

10 Ebenda, S. 139

11 Zitiert nach Otto Winzer, Zwölf Jahre Kampf gegen Faschismus und Krieg. Ein Beitrag zur Geschichte der Kommunistischen Partei Deutschlands 1933 bis 1945, Dietz Verlag Berlin 1955, S. 34.

12 Quellenangabe in: Lexikon zur Parteiengeschichte 1789–1945. Die bürgerlichen und kleinbürgerlichen Parteien und Verbände in Deutschland, in 4 Bänden, hrsg. von Dieter Fricke, Werner Fritsch, Herbert Gottwald, Siegfried Schmidt und Manfred Weißbecker. Erschienen im VEB Bibliographisches Institut Leipzig 1983, Bd. 1, S. 572 und 573.

13 Vgl. M.d.R., Die Reichstagsabgeordneten der Weimarer Republik in der Zeit des Nationalsozialismus. Politische Verfolgung, Emigration und Ausbürgerung 1933-1945, Droste Verlag Düsseldorf 1991, S. 853.

14 Wiedergabe des Dokuments aus dem Archiv des Baden-Württembergischen Landtags unter http://www.psm-data.de/ns/maier_ns_macht.htm

15 Klaus-Jürgen Matz, Reinhold Maier (1889-1971). Eine politische Biographie, Droste Verlag Düsseldorf 1989, S. 291.

Veröffentlicht in UTOPIEkreativ, Heft 209, März 2008

Entgeistigung

Die Bücherverbrennungen in Deutschland vor 75 Jahren

Als Literaturobmann meiner FDJ-Ortsgruppe im mecklenburgischen Burg Stargard kümmerte ich mich 1947/48 darum, neue Bücher unter meinen Altersgefährten zu verbreiten. Neben Romanen, Erzählungen und Gedichtbänden, die ich dazu beschaffte, erweckte mein besonderes Interesse ein damals vom Heinz Ullstein-Helmut Kindler Verlag Berlin und München herausgebrachter Band. Auf dessen schwarzem Titelblatt stand in roten Lettern: »verboten und verbrannt«. In diesem Buch unterrichteten Richard Drews und Alfred Kantorowicz teils in kurzen biographischen Notizen und knappen Leseproben, teils in einer summarischen Bibliographie über mehr als 700 Männer und Frauen, die mit ihrem Werk die deutsche Literatur verkörperten, die von der Nazidiktatur zwölf Jahre lang unterdrückt worden war. Vorgestellt fand man Dichter, Schriftsteller und Publizisten, die ins Exil gegangen waren oder im Lande am antifaschistischen Kampf teilgenommen hatten; ihre Schriften wurden mit Publikations-Verweigerungen belegt und verbrannt. Traktiert wurden die Autoren mit generellem Schreibverbot oder mit Verfolgung wegen dieses oder jenes ihrer Bücher. Es handelte sich um streitbare Liberale und Konservative, Pazifisten, Kommunisten und Sozialisten sowie um sich von Bindungen an politische Richtungen fernhaltende Persönlichkeiten.

Am 10. Mai 2008 jährt sich zum 75. Mal die spektakulärste Aktion der Nazis gegen humanistische Literatur: die Bücherverbrennung auf dem Berliner Opernplatz (dem heutigen August-Bebel-Platz). Ein »spontaner Akt« war das keineswegs. Dazu Kantorowicz in besagtem Band von 1947: »Wie die Reichstagsbrandstiftung am 28. Februar 1933 das Fanal des Terrors gegen alle Antifaschisten, (dem mit der Übertragung der totalen Macht an Hitler durch Annahme des ›Ermächtigungsgesetzes‹ am 23. März das Zeichen für die Erdrosselung der letzten Reste von Parlamentarismus folgte, wäre hinzuzufügen, ein Zeichen, an dem sich neben den Vertretern der Nazipartei die Abgeordneten von sieben bürgerlichen Parteien ausnahmslos beteiligten), wie der Judenboykott vom 1. April 1933 der Auftakt der Pogrome, die Auflösung und Ausraubung der Gewerkschaften am 2. Mai 1933 die Proklamierung der sozialen Unterdrückung gewesen waren, so waren die Autodafés vom 10. Mai der sichtbare Beginn der amtlich verfügten und mit terroristischen Mitteln durchgeführten Entgeistigung und Barbarisierung Deutschlands.«

Gesteuert wurde die Vorbereitung der Exzesse vor allem über die »Deutsche Studentenschaft«. Diese Naziorganisation veranstaltete einen »Aufklärungsfeldzug ›Wider den undeutschen Geist‹«. Dazu gehörte, daß ab 13. April zwölf »Sätze« antiintellektueller und antisemitischer Hetze plakatiert wurden. Sätze wie diese: »Es klafft heute ein Widerspruch zwischen Schrifttum und deutschem Volkstum. Dieser Zustand ist eine Schmach.« – »Unser gefährlichster Widersacher ist der Jude und der, der ihm hörig ist.« – »Wir fordern vom deutschen Studenten den Willen und die Fähigkeit zur Überwindung des jüdischen Intellektualismus und der damit verbundenen liberalen Verfallserscheinungen im deutschen Geistesleben.« Im weiteren Verlauf der Kampagne wurde jeder Student dazu angehalten, »seine eigene Bücherei von allem Undeutschen, das durch Gedankenlosigkeit hineingelangt ist, (zu) säubern; jeder Student wird die Büchereien seiner Bekannten sichten, die Studentenschaften werden sich für die Reinigung öffentlicher Büchereien ... einsetzen.« An allen Hochschulen werde, so die Ankündigung schon im April, »am 10. Mai 1933 das zersetzende Schrifttum den Flammen überantwortet«.

In die Bibliotheken wurde mit einem Schreiben des »Kampfausschusses ›Wider den undeutschen Geist‹« eingegriffen, in welchem es hieß: »Der Kampfausschuß ersucht Sie hiermit, aus Ihrer Leihbücherei und aus dem Vertrieb all die Literatur zu entfernen, die Sie auf der anliegenden schwarzen Liste vermerkt finden. Damit dieses Schrifttum aber wirklich vernichtet wird, fordert der Kampfausschuß Sie auf, den als seinen Beauftragten in den nächsten Tagen bei Ihnen erscheinenden Studenten die ausgesonderten Bücher und Schriften zu überliefern, damit diese Bücher am 10. Mai auf dem Opernplatz öffentlich verbrannt werden können.«

Für den Berufsverband der Verleger von Büchern erklärte der Vorstand des Börsenvereins der Deutschen Buchhändler sich mit der »Reichsleitung des Kampfbundes für deutsche Kultur« und der Zentralstelle für das deutsche Bibliothekswesen »darin einig, daß die zwölf Schriftsteller Lion Feuchtwanger, Ernst Glaeser, Arthur Holitscher, Alfred Kerr, Egon Erwin Kisch, Emil Ludwig, Heinrich Mann, Ernst Ottwald, Theodor Plievier, Erich Maria Remarque, Kurt Tucholsky (alias Theobald Tiger, Peter Panter, Ignaz Wrobel, Kaspar Hauser), Arnold Zweig für das deutsche Ansehen als schädigend zu erachten sind«. Der Vorstand erwarte, daß der Buchhandel die Werke dieser Schriftsteller nicht weiter verbreite.

In den Sprüchen, die das Bücher- in-die-Flammen-Werfen auf dem Opernplatz begleiteten, wurden Marx und Kautsky, Heinrich Mann, Ernst Glaeser und Erich Kästner, Friedrich Wilhelm Förster, Sigmund Freud, Emil Ludwig und Werner Hegemann, Theodor Wolff und Georg Bernhard, Erich Maria Remarque, Alfred Kerr sowie Tucholsky und Ossietzky angeprangert. Ihre Namen standen für Hunderte weitere Autoren, deren Werke im Feuer für immer vernichtet werden sollten. Und das wie in Berlin auch sonst im »Reich«. Vergleichbare geistfeindliche Aktionen gab es unter anderem in Bonn, Frankfurt am Main, Göttingen, Hamburg, Köln, München, Nürnberg, Würzburg.

Wie die Büchervernichtung im Rundfunk einem Millionenpublikum zu Gehör gebracht wurde, darüber vermittelt einen anschaulichen Eindruck die Programmankündigung, in der es hieß: »Die Deutsche Studentenschaft Kreis X verbrennt anläßlich der Aktion des Kampfausschusses wider den undeutschen Geist Schriften und Bücher der Unmoral und Zersetzung. Ansage Carl Heinz Boese; Feuersprüche gesprochen von Hanskarl Leistritz; Beifall; Ankündigung der Ministerrede; Heilrufe; Ansprache Reichsminister für Volksaufklärung und Propaganda Paul Joseph Goebbels; Volk ans Gewehr, Marsch von Arno Pordun (Anfang sehr leise).«

Von dem, was uns heute beim Rückblick auf die Vorgänge vor 75 Jahren durch den Kopf geht, scheint mir für Ausblicke auf Künftiges bedenkenswert vor allem dies: Die Sprüche der bücherverbrennenden »Rufer« – neun waren es an der Zahl –

Mit Günter Grass *Foto: Helfried Strauß*

ergeben einen Katalog der von den Nazis am meisten gefürchteten und am wildesten bekämpften Themen: Klassenkampf und Materialismus, kritische Analyse von Geschichte und den in ihr wirkenden Gestalten, demokratische Auffassungen über Staat und Kriege und deren Opfer, von Untergebenheits-Verkrustungen freie Vorstellungen über Familie und Moral, Seele und Triebe im Menschen. Wer all dies mit Denkverboten belegt, wer Bücher, in denen solche Themen wissenschaftlich oder künstlerisch behandelt werden, verdammt und verbrennt, zeigt damit an: Am Ende verbrennt er Menschen, die sich in ihrem Handeln den Denkverboten nicht unterwerfen. Heinrich Heine hat es festgestellt und vorausgesagt. Erich Mühsam war 1933/34 im Konzentrationslager Oranienburg eines der ersten Opfer solch grausamen Intellektuellenmords.

Ablehnung und Verneinung kultivierter geistiger Umgangsformen durch Nazis und deren Gemütsverwandte tobten sich aus in der Wut auf einen von Demokraten praktizierten Journalismus, den sie »volksfremd« nannten, weil er »demokratisch-jüdisch geprägt« sei. In einer Sprache, die den Schwulst meidet und frisch ausdrückt, was ein Autor sieht und hört und denkt, sahen und sehen sie »dünkelhafte Verhunzung« von Sprache.

Für Kritik, gar Satire fällt ihnen nur ein, da hätten wir es mit etwas zu tun, das sie als »Frechheit und Anmaßung« beschimpfen. Die zu »verschlingen«, verlangte der letzte der neun »Rufer« auf dem Opernplatz von der Flamme, in die er sein Bücherbündel warf.

Barbarische Entgeistigung – so ist zu lernen – kann erfolgreich bekämpft, aufgehalten, verhindert werden nur dann, wenn auf die Verachtung humanistischer Gedanken und der Bücher, in denen sie zu lesen sind, in der Gesellschaft mit äußerster politisch-psychologischer Empfindsamkeit reagiert wird. Inhaltlich und methodisch dürfen Zugeständnisse an Faschistisches und Faschistoides auch dann nicht hingenommen werden, wenn ihr Terror nicht mit Scheiterhaufen seine martialischen Zeichen setzt, sondern in der erdrückenden Allmacht von Medienkonzernen im elektronischen Sendebetrieb sowie im Zeitungs-, Zeitschriften- und Buchwesen daherkommt.

Zu einem auf Ausblicke orientierten Rückblick auf die Bücherverbrennungen vor 75 Jahren gehört unbedingt die weitere Pflege der antifaschistischen Literatur, damit sie künftig nicht etwa weniger als bisher, sondern eher noch mehr an der Bewußtseinsentwicklung und Mentalitätsbildung nun in ganz Deutschland mitwirken kann. Neues Interesse könnte dabei den einst während der vierziger Jahre lebhaft diskutierten Fragen nach der widerspruchsvollen Einheit von äußerer und innerer Emigration entgegengebracht werden.

Anna Seghers' Roman »Das siebte Kreuz« ist wohl unumstritten das weltliterarisch bedeutendste Werk antifaschistischer deutscher Literatur. Jan Petersens Roman »Unsere Straße«, eine »Chronik der Ereignisse« in einem Berliner Arbeiterviertel während der Anfangsjahre der Nazi-Herrschaft, ist bleibend das erste Zeugnis einer illegalen Literatur aus dem Deutschland jener Zeit. Die Stücke Bertolt Brechts und Friedrich Wolfs, die Romane und Essais von Heinrich und Thomas Mann und Arnold Zweig, die Gedichte von Johannes R. Becher und Erich Weinert: in Werken wie diesen lebt eine humanistische Kraft, die immer aufs Neue wirksam zu werden vermag.

»Lieber gleichgeschaltet als ausgeschaltet« war eine Redensart, mit der im Lande gebliebene Autoren kirre gemacht werden sollten. Und manches Verhalten bot Anlaß für Argwohn, da rutsche einer hinab in die Unterwürfigkeit. Doch es ist historisch gerecht, zu Büchern wie Hans Falladas »Wer einmal aus dem Blechnapf frißt« (1934), »Wolf unter Wölfen« (1937) und Ehm Welks »Die Heiden von Kummerow« (1938) und »Die Gerechten von Kummerow« (1943) festzustellen: Das sind Romane mit einer Distanzhaltung gegenüber dem Nazi-Regime, die von den Wächtern dieses Regimes schwer zu »greifen« war. Ihre unausgesprochene Opposition zur »systemtreuen« Literatur ergab sich aus ihrer lebensnahen Wirklichkeitsgestaltung. – Ein besonders kompliziertes Schicksal hatte Werner Bergengruens Roman »Der Großtyrann und das Gericht« (1935). Das war ein mit der Absicht christlich-humaner Bewahrung geschriebenes Buch. Getarnt durch die Gattung des historischen Romans übte der Autor Kritik an dem im Dritten Reich durchgesetzten totalitären Führungsprinzip, was ihn allerdings nicht vor der Verfälschung schützte, einen »Führerroman der Renaissance« geschrieben zu haben.

Die deutsche humanistische Literatur verdankt Heinrich Mann über sein eigenes großes Werk hinaus eine Sentenz, die seine Schriftstellerkollegen und das lesende Publikum als Ehrenkodex bei der Beurteilung von Autoren und ihren Werken dauerhaft sich zu eigen gemacht haben: »Lieber gleichgeschaltet als ausgeschaltet, damit kann ein Bankier zur Not noch durchkommen, ein Schriftsteller nicht. Ihn schließt gerade sein Verzicht auf innere Ehrenhaftigkeit von seinem Beruf aus. Wer das Unehrenhafte einer solchen Lage nicht empfindet, kommt für die Literatur überhaupt nicht in Betracht. Wer es aber empfindet und dennoch hinnimmt, wird persönlich uninteressant und bringt bestimmt nur Unwirksames hervor ... Literatur kann es nur geben, wo der Geist selbst eine Macht ist, anstatt daß er abdankt und sich beugt unter geistwidrige Gewalten.«

Veröffentlicht in: Mitteilungen der Kommunistischen Plattform in der Partei Die Linke, Heft 6/2008

1952: Eisenhower als historiographische Unperson

Die kontroverse Bewertung der »Stalin-Note« vom 10. März 1952 in einer Münchner Publikation von Moskauer Akten

Erstmalig werden in einem Anfang März 2002 im Münchner Oldenbourg-Verlag erschienenen Buch dem deutschsprachigen Publikum Akten aus Moskauer Archiven, vor allem dem des einstigen sowjetischen Außenministeriums, zur Entstehung der am 10. März 1952 veröffentlichten Note der Regierung der UdSSR an die Regierungen der USA, Großbritanniens und Frankreichs über die Grundlagen eines mit Deutschland abzuschließenden Friedensvertrags zugänglich gemacht.[1] Wilfried Loth hat die Edition der Dokumente besorgt und kommentiert.

Die Akten

Als Verfasser, Unterzeichner und Empfänger der 15 wiedergegebenen Schriftstücke (»geheimer«, »ganz geheimer« und »streng geheimer« Aktennotizen, Vorlagen, Denkschriften, Beschlußvorschläge, einiger Varianten von Entwürfen zu dem dann offiziell werdenden Dokument, Instruktionen, Handlungsanweisungen) begegnen dem Leser die Außenministeriumsmitarbeiter M. G. Gribanow, S. Kudrjawzew, I. I. Iljitschow, W. A. Sorin, M. E. Koptelow, der UdSSR-Botschafter in der DDR, G. M. Puschkin, sowie der damalige Außenminister A. J. Wyschinski und sein Stellvertreter A. A. Gromyko, der Oberbefehlshaber der sowjetischen Streitkräfte in Deutschland, W. I. Tschujkow, und der Chef der sowjetischen Kontrollkommission, W. S. Semjonow; von der Politbüroebene: W. M. Molotow und J. W. Stalin. Als Bezugspersonen aus der DDR kommen anläßlich von Gesprächen, Besuchen, Informationen und Fragen Wilhelm Pieck, Otto Grotewohl und Walter Ulbricht sowie Johannes Dieckmann vor.

Was ergibt die Lektüre der vorgelegten Dokumente an inhaltlichen Aussagen über die Vorgeschichte der sowjetischen Friedensvertragsinitiative von 1952? Ich fand Unerwartetes und Erwartetes gleichermaßen.

Erwartet hatte ich, die Begründung verstärkten Bemühens um einen Friedensvertrag mit Deutschland vor allem von dem Hinweis hergeleitet zu sehen, daß die Wiederaufrüstung Westdeutschlands verhindert werden sollte. Diese Erwartung bestätigt sich bei Durchsicht der Papiere. So schrieb Gribanow an Gromyko am 9. Juli 1951, »daß die Regierungen der drei Mächte auch weiterhin mit forciertem Tempo die Wiederaufrüstung Westdeutschlands betreiben werden, in der Absicht, sich die materiellen und menschlichen Reserven Westdeutschlands für die eigenen aggressiven Ziele nutzbar zu machen«.[2] Ebenfalls erwartet hatte ich, Vorschläge für Schachzüge in der Sphäre politischer Kabinette stets im Zusammenhang gedacht und vorgebracht zu finden mit Möglichkeiten politischer Bewegungen im Kampf auf den Straßen und Plätzen, in Betrieben und Hörsälen für Friedensziele. Wie die erste wird auch diese zweite Erwartung durchweg erfüllt. So in Bezugnahmen auf die 1951er Volksabstimmung gegen die Wiederaufrüstung und für den Abschluß eines Friedensvertrags[3], die Unterstützung pazifistisch gesinnter Kreise in Deutschland und Frankreich[4], die Forderung nach einem Verbot der Remilitarisierung Deutschlands[5], die in der Ablehnung von gesamtdeutschen Beratungsinitiativen enthaltenen Möglichkeiten von Selbstentlarvung der Bonner Regierung und der mit ihr verbundenen westlichen Besatzungsmächte.[6]

Unerwartet war für mich, wie anstoßgebend und mit welch bemerkenswerter Beharrlichkeit das damals an der Spitze der DDR agierende Triumvirat aus Staats-, Regierungs- und Parteichef in Sachen Friedensvertrag Wünsche an die Regierung der UdSSR vorgebracht hat.

Wie wir lesen, haben Tschujkow und Semjonow am 21. Februar 1951 in einem Telegramm nach Moskau mitgeteilt, daß Pieck, Grotewohl und Ulbricht es für notwendig halten, daß die Volkskammer der DDR an den Bonner Bundestag appelliert, gemeinsam die Regierungen der vier Großmächte zu bitten, die Frage des Abschlusses des Friedensvertrages mit Deutschland in die Tagesordnung der Außenministerratskonferenz aufzunehmen.[7] Molotow befürwortete den Vorschlag. Am 3. März beschloß die Volkskammer den Appell an den Bundestag. Als der nicht reagierte, sandte Volkskammerpräsident Dieckmann entsprechende Telegramme an die Regierungen der vier Mächte.

Am 30. Juli 1951 haben Pieck, Grotewohl und Ulbricht im Gespräch mit Tschujkow und Iljitschow »den Wunsch geäußert, die Sowjetregierung möge mit den konkreten Vorschlägen zum Abschluß des Friedensvertrages mit Deutschland hervortreten«. Hier wurde zu den »Vorschlägen der deutschen Freunde« geäußert, sie seien »im Prinzip richtig«, es entstünden aber Fragen »nach dem Zeitpunkt und nach der Form eines solchen Vorstoßes der Sowjetregierung«. Es scheine zweckmäßiger, den Vorstoß »etwas später zu unternehmen und vorher die Meinung der Weltöffentlichkeit auf einen solchen Schritt der Sowjetregierung vorzubereiten«.[8]

Verglichen mit dieser sanften diplomatischen Reibung wegen Zeitpunkt und Form im August 1951 gerieten die Meinungsunterschiede fünf Monate später deutlich heftiger. Es ist nicht übertrieben, von einer Kollision zu sprechen. Wie dem Entwurf eines Schreibens von Gribanow, Puschkin und Koptelow vom 21. Januar 1952 an Stalin zu entnehmen ist, beabsichtigte die Führung der DDR einige Maßnahmen zur Belebung des Kampfes »für die Vereinigung Deutschlands und für die Beschleunigung des Abschlusses eines Friedensvertrages«[9]:

1. Kampagne gegen den »Generalvertrag«, der in der BRD an die Stelle des Besatzungsstatuts treten sollte, bis hin zu einer Volksbefragung gegen diesen Vertrag;

2. Bitte um eine UdSSR-Note mit einer entsprechenden Einschätzung des »Generalvertrags«;

3. Volkskammertagung mit Appell zum beschleunigten Friedensvertragsabschluß und öffentlicher Unterbreitung eines DDR-Papiers über die Grundlagen des Friedensvertrags mit Deutschland;

4. Vorschlag, daß die Sowjetregierung dann Anfang März einen Entwurf für den Gesamttext des Friedensvertrags mit Deutschland vorlegt, in dem, wie es hieß, »insbesondere die Artikel über die Ost- und Westgrenzen Deutschlands, darunter auch die an der Saar, genau und klar formuliert sein werden«.

Tschujkow und Semjonow unterstützten den Plan. Gribanow, Puschkin und Koptelow hielten dagegen. Ihre Argumente: Konzentration auf den Kampf gegen den »Generalvertrag« lenke vom Ringen um den Friedensvertrag ab. Unterbreitung eines DDR-Papiers über die Grundlagen des Friedensvertrags würde bedeuten, »daß der besiegte Staat selbst den Entwurf der Grundlagen des Friedensvertrags für sich erarbeitet«. Vorlage eines Gesamttextes für den Vertrag durch die UdSSR würde in unvorteilhafter Weise vorzeitig die Hände binden. Insgesamt laufe der Plan auf eine »Schmälerung der Rolle der Sowjetunion« hinaus.

Mit den Augen von heute liest man – lese ich – solche Passagen mit gemischten Gefühlen. In einigem möchte man den Kritikern zustimmen: Überbetonung einer Kampagne gegen den Generalvertrag konnte tatsächlich Vernachlässigung des Ringens um den Friedensvertrag zur Folge haben. Das sollte vermieden werden. Was das Vordrängeln mit eigenen DDR-Vorstellungen über Grundlagen eines Friedensvertrags angeht, sehe ich das nicht so einschichtig wie Gribanow und seine Koautoren. Mit dem Wortlaut der Aussage stimme ich überein: Es ist kaum Sache des Besiegten, vor den anderen und für die anderen mit Leitlinien aufzuwarten, wie der Friedensvertrag aussehen möge. Darin ließe sich sogar ein Element von Anmaßung spüren. Das war aus damaliger und ist aus heutiger Sicht abzulehnen. Aber kann das Motiv für die ungewöhnliche Anmutung nicht vielleicht ganz anders beschaffen gewesen sein? Kann verständliche Ungeduld eine Rolle gespielt haben, weil es – verschiedenen im Jahr 1951 getroffenen Absprachen zum Trotz – zu einer UdSSR-Note für einen Friedensvertrag bis Ende des Jahres nicht gekommen war? Wollten Pieck und seine Genossen etwas drängeln?

Immerhin: Die Notiz aus dem sowjetischen Außenministerium an Stalin vom 21. Januar 1952 fügte den kritischen Absätzen die konstruktive Empfehlung hinzu, es wäre »zweckmäßig, wenn die Regierung der DDR sich in den nächsten Tagen an die vier Mächte mit der Bitte um Beschleunigung des Abschlusses des Friedensvertrages wenden würde«.[10]

Zum Unerwarteten wird für einige Leserinnen und Leser wahrscheinlich das stetige Entgegenkommen der sowjetischen Seite beim Eingehen auf erfahrene oder vermutete Bedenken der Partnerseite gehören. Mir ging es etwas anders. Ich erinnerte mich des Entgegenkommens; folglich erwartete ich Belege dafür. Der Umfang der nun dokumentierten Berücksichtigung von Einwänden übertrifft aber das Erinnerte und Erwartete deutlich. Friedensvertrag – Abzug aller Besatzungstruppen – gesamtdeutsche Wahlen zur Schaffung eines einheitlichen, demokratischen, friedliebenden Deutschland: um dieses dreifachen Ziels willen war die Regierung der UdSSR zu einer Reihe von Zugeständnissen bereit, die erhebliche Abstriche von ihren ursprünglichen Entwürfen bedeuteten. So wurde der Vorschlag, als erstes einen Gesamtdeutschen Konstituierenden Rat zu bilden, fallengelassen, und empfohlen, daß die Regierung der DDR im Unterschied zu ihren früheren Vorschlägen an die Bonner Regierung die Forderung nach paritätischer Vertretung als Vorbedingung einer Beratung über Wahlen nicht mehr erhebt. Vergleicht man die veröffentlichte Fassung der Friedensvertragsgrundlagen mit vorhergegangenen Varianten, stößt man auch da auf Zeichen des Entgegenkommens. Ursprünglich ins Auge gefaßte Verbote wurden gestrichen: das Monopolverbot, das Verbot der Verbindung des Ruhrgebiets mit internationalen Vereinigungen, das Verbot des Dienstes deutscher Staatsbürger in ausländischen Armeen und Polizeieinheiten. Zur Militärfrage hieß es nur noch, Deutschland solle die Streitkräfte haben, »die für die Verteidigung des Landes notwendig sind«. Von der Verpflichtung zu fortgesetzten Reparationsleistungen war nicht mehr die Rede.

So spricht die »Aktenlage« Blatt für Blatt eine deutliche Sprache: Da waren Politiker am Werke, die mit großem, der Sache angemessenem Ernst den Friedensvertrag mit Deutschland, den Abzug der Besatzungstruppen von deutschem Boden und gesamtdeutsche Wahlen zur Bildung eines vereinten demokratischen Deutschland zu erreichen trachteten. Nach Wortlaut, Sinngehalt und obwaltenden Bedingungen umsichtig durchdacht, engen die in Wilfried Loths Quellen-Edition enthaltenen Dokumente den Spielraum jener Lesarten weiter ein, die sich um die Feststellung herummogeln wollen, daß ein seriöses politisches Angebot vorlag. So ist Loths Dokumentation hilfreich für jeglichen Versuch weitergehender Erkundung der historischen Wahrheit über die deutschland- und weltpolitisch so gravierenden Ereignisse von 1952 – nebst ihren 1953er Auswirkungen, auf die ich am Schluß zu sprechen kommen werde.

Wilfried Loths Kommentar

Als langjährigem Kenner der Materie war es Wilfried Loth vermutlich ein Vergnügen, seiner Dokumenten-Edition einen Kommentar hinzuzufügen. In dem nun zeigt er, wie er sich in der von ihm schon in früheren Veröffentlichungen vertretenen Annahme bestätigt sieht, daß es sich bei der sowjetischen Noteninitiative um ein Unternehmen von Ernsthaftigkeit handelte. Seinen Kommentar schließt er mit den Sätzen: »Gribanow, Molotow und Stalin verwandten große Mühe darauf, den Vorschlag zu baldigen Verhandlungen über den Friedensvertrag so zu präsentieren, daß die westalliierten Regierungen ihn nicht ablehnen konnten. Stalin trug dabei den Realitäten der weltpolitischen Entwicklung soweit Rechnung, daß sich die Verhandlungsposition der Deutschen eindeutig verbesserte. Ob es angemessen war, den Vorschlag einer Neutralisierung Deutschlands abzulehnen, wird man weiter kontrovers diskutieren können. Daß Stalin wirklich wollte, was er sagte: ein vereintes Deutschland außerhalb des westlichen Blocks, das die historische Entwicklungsstufe der sozialistischen Revolution noch nicht erreicht haben würde, daran kann nach der Rekonstruktion der Entstehung der sowjetischen Noteninitiative vom 10. März 1952 jedoch kein Zweifel mehr sein.«[11]

Diesen Schluß hat Loth fundiert vorbereitet, indem er Erkenntnisse aus den Dokumenten herauszulesen vermag statt willkürlich welche hineinzulesen. Mit offenkundiger Lust listet er im laufenden Text und in Fußnoten die Fehldeutungen auf, in denen sich Gerhard Wettig ergeht, wo auch immer er zur Note vom 10. März 1952 etwas gesagt oder geschrieben hat. Des weiteren berücksichtigt Loth andere damals entstandene Quellen, die ergänzen, was in den von ihm vorgelegten Dokumenten steht. Auch Aussagen aus Memoiren – z. B. von Semjonow und Melnikow – bezieht er in seine Darstellung ein.

Mir scheint, Wilfried Loths Überlegungen korrespondieren mit vielem, was Rolf Steininger schon 1985 auf der Grundlage bis dahin unveröffentlichter britischer und amerikanischer Akten dargestellt hatte.[12] Ich erinnere nur an einige Stichpunkte seiner Argumentation: Adenauer »amerikanischer als die Amerikaner«? – Kontrolle der Bundesrepublik durch Integration. – Im State Department eine Mehrheit gegen die Wiedervereini gung. – Das amerikanische Verhandlungsangebot zur Note vom 9. April und die Ablehnung durch Adenauer. – Die Stalin-Note: eine vertane Chance.

Graml und Wettig – ein Team der Leugner

Als Gegenkommentatoren kommen in dem Band des Oldenbourg-Verlags Hermann Graml und Gerhard Wettig zu Wort. Zur Sache selbst haben sie wenig zu sagen. Keine einzige der von Loth gegebenen Deutungen der Dokumente findet sich bei ihnen vom Text her widerlegt. Statt dessen versucht Graml sich darin, Loth zu belehren, die von letzterem als »hochrangig« oder »denkbar prominent« angesehenen Personen, die an der Ausarbeitung der Dokumente beteiligt waren, könnten bloß als »viertrangige Funktionäre« betrachtet werden.[13] Des weiteren rechtet er mit Loth darüber, ob Stalin im Sommer 1951 zögerte oder nicht, wobei erkennbar ist, daß Graml für seine Version keineswegs mehr oder einleuchtendere Anhaltspunkte hat als Loth für seine Ansicht, ein Zögern habe es gegeben.[14]

Über Hick-Hack zu derartigen, vom Gegenkommentator als »Kleinigkeiten« bezeichneten Stoffen läßt sich ein Sach-Diskurs kaum zustande bringen. Darauf kommt es Graml und Wettig offenkundig auch gar nicht an. Da die Dokumente, wie sie nun einmal vorliegen, für die Leugnung der Ernsthaftigkeit des Friedensvertragsangebots nichts hergeben, versuchen sich die beiden als Team der Leugner anders zu behelfen. Sie bleiben bei dem, was sie schon vorher wußten. Sie lassen sich durch Dokumente in ihren Positionen nicht erschüttern. Seinen Anmerkungen zu Wilfried Loth gibt Graml die Überschrift: »Eine wichtige Quelle – aber mißverstanden«. Loth wird mit dem Verlangen konfrontiert, sich gefälligst an die gängigen Vorurteile zu halten.

Loth beschäftige sich zu sehr mit den Details, heißt es. Der Blick auf die Selbstgewißheit der harten Bolschewiki fehle.[15] Die hätten gewollt, das Wirtschafts- und Gesellschaftssystem der DDR auf Westdeutschland zu übertragen.[16] Der Vorschlag einer Neutralisierung Deutschlands im Hinblick auf Militärblockzugehörigkeit sei »mit der Ausweitung des sowjetischen Einflusses bis zum Rhein identisch gewesen«.[17] Wettig macht sich mit der Interpretation eines Lächelns lächerlich. Darin, daß Wyschinskis Gesicht sich bei der Entgegennahme der Absagen der Westmächte nicht verdüsterte, sondern aufhellte, wie dem USA-Geschäftsträger Cumming, einem der Überbringer schlechter Nachrichten, auffiel (was früher in einem Buch schon Graml festgehalten hatte), sieht er nun nicht etwa einen Ausdruck vielleicht von Ironie aus dem Gefühl von Überlegenheit, sondern allen Ernstes einen Beweis dafür, daß die UdSSR-Führung eine konstruktive Aufnahme ihres Angebots gar nicht wollte [...][18] Und immer wieder: »lediglich als Manöver im Propaganda-Krieg gedacht«[19], der »propagandistische Effekt«[20], »ein Mehr an propagandistischer Brauchbarkeit«[21]. »Dogmatiker aller Systeme, vereinigt euch!« könnte als Sammelüberschrift über solchen Auslassungen stehen. In ihnen kann nicht sein, was nicht sein darf. In diesem Fall: daß Spitzenpolitiker der Sowjetunion und der DDR Anfang der 50er Jahre für ein einheitliches demokratisches Deutschland eingetreten sind.

Scholastisch wie die Weigerung. Tatsachen zur Kenntnis zu nehmen, ist die an den zitierten und weiteren Stellen zum Ausdruck gekommene realitätsferne Gegenüberstellung von ernst gemeinten politischen Lösungsversuchen einerseits und dem Bemühen um die Beeinflussung der öffentlichen Meinung andererseits. Jeder Ansatz dazu wird mit verurteilenswerter Propaganda gleichgesetzt und als Beleg für fehlende Ernsthaftigkeit politischer Absichten benutzt. Und das schreiben Leute aus einer Sphäre, in der psychologische Kampfführung zum A und O von Politikmachen gezählt wird – wenn sie beim Politikmachen sind. Keine Kriegs- oder Kalte-Kriegs-Handlung der USA ohne »War of Wits«. Das galt damals und gilt bis in die jüngsten Tage.

Ich gehöre zu denen, die sich nicht erst oder nur nachträglich in historischer Rückschau dafür interessieren, was wohl ausschlaggebend für die am 25. März 1952 erfolgte Absage der Regierungen der USA, Großbritanniens und Frankreichs zur sowjetischen Note vom 10. März war. Ich hatte vor 50 Jahren ein Studium aufgenommen und bin als Student zum Zeitzeugen geworden. Bei der Suche nach Antwort auf die Frage: Warum Ablehnung der von uns für vernünftig und risikobereit gehaltenen sowjetischen Vorschläge? wurden meine Kommilitoninnen und Kommilitonen und ich seinerzeit schon zehn Tage nach der Ablehnung im »Bulletin des Presse- und Informationsamtes der Bundesregierung« fündig. Dort wurde aus einem Rechenschaftsbericht zitiert, den General Dwight D. Eisenhower, seinerzeit Oberkommandierender der NATO-Streitkräfte in Europa, am 2. April 1952 gehalten hatte. Darin stand zu lesen: »Hier im Herzen Europas liegt ein 246.000 Quadratkilometer großes Gebiet mit einer Bevölkerung von annähernd 50 Millionen fleißiger und hochqualifizierter Arbeitskräfte. Das an Bodenschätzen und Industrie reiche Westdeutschland erreicht allein die Hälfte der Jahresproduktion an Stahl der übrigen westeuropäischen Staaten zusammen. Die Kohlevorkommen des Ruhrgebietes und die Industriezentren, die es mit Energie versorgt, gehören zu den wichtigsten wirtschaftlichen Gegebenheiten in Europa überhaupt.« Und weiter: »Als dem geographischen Zentrum Europas kommt Westdeutschland eine große strategische Bedeutung [...] zu. Die norddeutsche Tiefebene mit ihrem umfassenden Netz moderner Straßen und Eisenbahnlinien bildet ein sehr günstiges Terrain [...] Mit Westdeutschland auf unserer Seite würden die NATO-Streitkräfte in Mitteleuropa eine feste und durchgehende Front von der Ostsee bis zu den Alpen bilden.«[22] Nicht bekannt war uns zu jener Zeit die Kurzfassung der Eisenhowerschen Argumentation in dem Adenauer zugeschriebenen Satz »Lieber das halbe Deutschland ganz als das ganze Deutschland halb«.

Die Eisenhower-Rede wirft ein aufschlußreiches Licht auf die im Band des Oldenbourg-Verlags zitierten, von Stalin am 7. April 1952 im Gespräch mit Pieck, Grotewohl und Ulbricht gemachten Äußerungen. Er sagte ihnen, »daß die Westmächte, welche Vorschläge zur deutschen Frage wir auch immer einbringen mögen, mit uns nicht einverstanden sein und auf jeden Fall nicht aus Westdeutschland herausgehen werden«.[23] Liest sich der Eisenhowertext nicht wie ein Beleg für Stalins Ansicht? »Die Amerikaner werden«, sagte Stalin weiter, »Westdeutschland in den Atlantikpakt hineinziehen. Sie werden westdeutsche Truppen schaffen [...] Faktisch wird in Westdeutschland ein selbständiger Staat gebildet. Ihr müsst auch euren eigenen Staat organisieren. Die Demarkationslinie zwischen West- und Ostdeutschland muß als eine Grenze betrachtet werden, und zwar nicht als einfache, sondern als eine gefährliche Grenze. Der Schutz dieser Grenze muß verstärkt werden.«[24]

Zu leiden hatte unter der damit gegebenen Weichenstellung

die im Osten Deutschlands lebende Bevölkerung. Der militärpolitische Schritt überforderte die wirtschaftliche Kraft der DDR und muß zu den Ursachen der Unzufriedenheit gezählt werden, die in einigen Teilen der DDR im Sommer 1953 zu aufstandsähnlichen Unruhen führte. Und fortwirkend hat die Überforderung der Wirtschaft durch Rüstung – Totrüsten genannt – auch ihren Anteil am Kollaps der DDR 1989. Die gesellschaftspolitische Wende von der zuvor – Ende der 40er Jahre/Anfang der 50er Jahre – betonten Orientierung auf die Entwicklung bürgerlich-demokratischer Verhältnisse nun zu einer Politik, Grundlagen des Sozialismus schaffen zu wollen und die Gesellschaft forciert entsprechend umzugestalten, erwies sich ebenfalls als problematisch. Verbunden mit der erwähnten ökonomischen Schwächung wirkten sich Einschränkungen in der Möglichkeit, demokratische Rechte wahrzunehmen, verheerend aus. Auch in dieser Hinsicht hatten das Frühjahr 1952 und seine Reflexe ursächlich mit dem Sommer 1953 zu tun.

Was den Zusammenhang der Worte Stalins mit denen Eisenhowers angeht, hat es allerdings eine besondere Bewandtnis wegen der Art der Überlieferung dessen, was Eisenhower gesagt hat. Die Münchner Publikation wenigstens liefert eine eindrucksvolle Probe unvoreingenommener Geschichtsbetrachtung insofern, als Eisenhower nicht mal im Personenregister des Bandes vorkommt. Ein geschichtlicher Akteur, der mit einer wesentlichen Aussage zum Konzept einiger Geschichtsschreiber nicht paßt, kann, wie sich zeigt, als Non-Akteur behandelt werden, wird zur historiographischen Unperson.

Wer fühlt sich da nicht an Günter de Bruyns Erzählung »Märkische Forschungen« erinnert? Dort ist ein Professor darauf erpicht, daß ein Stein nicht gefunden werde, der das Gegenteil einer von ihm vertretenen Version über eine historische Persönlichkeit belegen könnte. Hier und jetzt versuchen Graml und Wettig sich darin, eine Dokumentenquelle zu verstopfen.

Hypothetische Frage contra apologetische Einführung

Von politischem Fehlverhalten in der deutschen Nachkriegsgeschichte durfte das Ausschlagen der Chance von Friedensvertrag, Einheit, gesamtdeutschen Wahlen und Abzug der Besatzungsstreitkräfte 1952 einer der krassesten Fälle sein. Ob denen, die daran mitgewirkt haben, und ihren politischen Erben im Blick zurück auf den Vorgang, der sich in diesem Frühjahr zum fünfzigsten Mal jährte, bewußt ist, was für Schuld da entstand gegenüber dem deutschen Volk? Die Spaltung der Nation wurde um eine beträchtliche Zeit verlängert. Wir bekamen es für Jahrzehnte mit der – wie Eisenhower es gesagt hatte – »festen und durchgehenden Front von der Ostsee bis zu den Alpen« zu tun.

Einer derartige Fähigkeit zu selbstkritischer Betrachtung offenbarenden und befördernden Sicht der Ereignisse vor 50 Jahren will der Herausgeber des Bandes aus dem Oldenbourg Verlag, Jürgen Zarusky, vorbeugen. Das besorgt er in einer apologetischen Einführung, durch die sich – nach Seiten gezählt – der Umfang der Polemik gegen Loth in diesem Band auf mehr als das Doppelte des Raums erhöht, der dem Editor für einen Kommentar gegeben wurde. Als Herausgeber praktiziert Zarusky seine eigentümliche Art von Pluralismus auch so: Im Plural zu dritt treten die auf, die den Dokumenten-Editor als Mißversteher hinstellen. Den Editor läßt man im Singular: allein. Autoren, die ihn hätten unterstützen können und wollen, bleiben »außen vor«. In der Kultur des Umgangs mit Tatsachen, Dokumenten und den sie vertretenden Personen bleibt offenbar noch viel zu tun.

Umso mehr halte ich es für sinnvoll, in Debatten wie den jetzigen über die Geschicke Deutschlands in Vergangenheit, Gegenwart und Zukunft sowie ihre Darstellung in Geschichtsbüchern, Dokumentenbänden oder politisch-parlamentarischen Verlautbarungen – wie beispielsweise in der Präambel der Berliner Koalitionsvereinbarung für die Legislaturperiode der Jahre 2001 bis 2006 – die Motive und die geschichtlichen Folgen der Ablehnung des in der UdSSR-Note vom März 1952 enthaltenen Angebots in aller Deutlichkeit zu erörtern. Ich scheue mich nicht, eine Hypothese über einen der ursächlichen Zusammenhänge wenigstens in Frageform so zu formulieren: Ohne 25. März 1952 kein 17. Juni 1953?

Um Mißverständnissen vorzubeugen, sei hinzugefügt: Zu betrachten ist dieser Punkt nicht etwa mit der Tendenz des Verkleinerns oder gar Leugnens anderer Ursachen und Gründe, Antriebe und Anlässe der Krise vom Sommer 1953, sondern im

Geflecht der verschiedenen, in Wechselwirkungen miteinander verbundenen Faktoren. Das sei – auch mit Blick auf Liebhaber monokausaler Ausschließlichkeitsfloskeln – ausdrücklich betont.

1 Jürgen Zarusky (Hrsg.), Die Stalin-Note vom 10. März 1952. Neue Quellen und Analysen. Mit Beiträgen von Wilfried Loth, Hermann Graml und Gerhard Wettig. Schriftenreihe der Vierteljahreshefte für Zeitgeschichte, Band 84, Oldenbourg Wissenschaftsverlag, München 2002.
2 Ebenda, S. 66, Dokument 3.
3 Ebenda, S. 68.
4 Ebenda.
5 Ebenda, S. 73.
6 Ebenda, S. 77.
7 Ebenda, S. 64, Dokument 2.
8 Ebenda, S. 72, Dokument 5 (Gribanow an Wyschinski am 15. August 1951) und S. 76, Dokument 7 vom 28. August 1951 (Wyschinski an Molotow und dieser an Stalin).
9 Ebenda, S. 107-109, Dokument 13.
10 Ebenda.
11 Ebenda, S. 62.
12 Rolf Steininger, Eine Chance zur Wiedervereinigung? Die Stalin-Note vom 10. März 1952, Verlag Neue Gesellschaft, Bonn 1985.
13 Jürgen Zarusky (Hrsg.), Die Stalin-Note ..., a.a.O., S. 120.
14 Ebenda, S. 121.
15 Ebenda, S. 118.
16 Ebenda, S. 127.
17 Ebenda, S. 128.
18 Ebenda, S. 181/182.
19 Ebenda, S. 129.
20 Ebenda, S. 130.
21 Ebenda, 131.
22 Bulletin des Presse- und Informationsamtes der Bundesregierung, Bonn 1952, Nr. 39, S. 401.
23 Jürgen Zarusky (Hrsg.), Die Stalin-Note ..., a. a. O., S. 135.
24 Ebenda.

Das diesem Text zugrundeliegende Referat hat der Autor am 27. April 2002 auf der vom Thüringer Forum für Bildung und Wissenschaft e. V. veranstalteten Tagung zum Thema »Das Jahr 1952: Europa am Scheideweg – vergebliche Suche nach Alternativen in Ost und West« gehalten

1976: Zwischen kulturellem Aufbruch und dem Elend der Gängelei

Widerspruchsvolle SED-Politik während der 70er Jahre

Bevor ich zu meinem eigentlichen Text komme, möchte ich in einer Vorbemerkung die Frage beantworten, warum ich gebeten habe, die vom Veranstalter für meinen Beitrag ursprünglich veröffentlichte Überschrift zu ändern, also nicht »Vom kulturellen Aufbruch zur kulturellen Entvölkerung« zu titeln, sondern: »Zwischen kulturellem Aufbruch und dem Elend geistiger Gängelei«: Die Formulierung »vom ... zur« legt nahe, es habe sich um ständigen Niedergang gehandelt. In Wahrheit aber gab es nicht einmalig einen Aufbruch, von dem aus dann dauernder Abbruch folgte, sondern wir hatten es mit widerspruchsvollen Aufstiegen und Abstiegen zu tun, mit Aufbrüchen, Umbrüchen und Abbrüchen. Das gilt auch für die 70er/80er Jahre. Und was den Ausdruck »Entvölkerung« angeht, so ist er zutreffend für Republikfluchten zu DDR-Zeiten sowie für die ebenfalls millionenfache Abwanderung von Frauen und Männern aus den östlichen Bundesländern in die westlichen im staatlich vereinigten Deutschland im Ergebnis der ruinösen Entindustrialisierung und als Folge der hier zu Lande praktizierten Entlohnungsdiskriminierung in den Jahren seit 1989/90. Hingegen eignet sich die Welle von Ende der 70er Jahre aus der DDR ausgereisten Künstlern weder buchstäblich noch metaphorisch für einen solchen Begriff. Jurek Becker hielt schon damals dagegen – unter Hinweis auf die der Zahl nach vielen und dem Rang nach Bedeutenden, die geblieben waren. Und ich zählte in einem Interview, das damals die Hamburger Wochenzeitung *Die Zeit* mit mir führte, Namen über Namen »Hiergebliebener« auf.

Eine zweite Vorbemerkung möchte ich über den Zusammenhang zwischen meinem Vortrag und dem meines Vorredners Olaf Klenke machen, der »Die Wende des VIII. Parteitages und die Preisgabe der Effizienz« behandelt hat.

Die Idee, nicht erst künftige Generationen, sondern auch die heute lebenden sollten etwas vom Sozialismus haben, war m.E. in Ordnung, ein richtiger Politikansatz. Grundsatzformulierungen, die dazu gehörten, lauteten: »Einheit von Wirtschafts- und Sozialpolitik« und »Hebung des materiellen und kulturellen Lebensniveaus des Volkes«. Letzteres als das eigentliche Ziel und Ersteres als Mittel zu begreifen, war Gegenstand anhaltenden Streits um die richtige politische Akzentsetzung. Der entscheidende nicht gelöste Konflikt bestand, wie ich es sehe, darin: Als die Wirtschaftsentwicklung nicht wie erwartet aufgrund sozialpolitischer Maßnahmen vorankam, wurde versäumt, in gründlicher Manöverkritik Auswege zu suchen. Die Verantwortung des ganzen Politbüros und des Ministerrats wird nicht geleugnet oder verkleinert, wenn man feststellt, daß für die Fehlentwicklungen auf ökonomischem Gebiet eine besonders hohe persönliche Schuld Günter Mittag trägt, der die Öffentlichkeit und zuvor schon die anderen Mitglieder der Führung täuschte; selbst MfS-Untersuchungen zur Wirtschaft erhielt Erich Honecker nur in G.M.-zensierter Version und – ließ sich das gefallen, ist hinzuzufügen.

1. Aufbruchstimmung in den Künsten und in der Kultur insgesamt am Anfang der 70er Jahre

Wesentlich war das Bekenntnis der Sozialistischen Einheitspartei Deutschlands auf ihrem VIII. Parteitag (15.-19. Juni 1971) dazu, den Blick auf die ganze Breite und Vielfalt der neuen Lebensäußerungen zu richten – in den Künsten mit dem ganzen Reichtum ihrer Handschriften und Ausdrucksweisen in bejahender Gestaltung und kritischer Darstellung; Verständnis für Schaffensfragen aufzubringen und besondere Aufmerksamkeit der Herausbildung kultureller Gewohnheiten der Menschen in den Betrieben und auf dem Lande zu widmen, wobei wir uns allerdings vor katechismusartigen »kulturellen Lebensregeln« mit Gebotstafeln zu den vielen Verbotsschildern, die es schon gab, bewahrt haben, die manchen in Anlehnung an die »10 Gebote der sozialistischen Moral« vorgeschwebt hatten. Streitbare Gedanken der Parteigruppe Mobildrehkran-Endmontage/Fertigungsbereich 5 des Kirow-Werkes Leipzig über kulturelle Lebensregeln der machtausübenden Arbeiterklasse wurden im *Neuen Deutschland* am 19. Januar 1971 veröffentlicht und zur Diskussion gestellt mit Lektüre-Erfahrungen, selbstkritischen Betrachtungen dazu, daß die sich äußernden Genossen noch nicht zum Premieren- oder überhaupt regelmäßigem Theaterpublikum geworden waren, Überlegungen zur Talenteentwicklung und anderem, jedoch dies alles ohne Anspruch, »Regeln« aufzustellen.[1]

Sehr anregend wirkte die Ermunterung zu offenherzigem, sachlichem, schöpferischem Meinungsstreit. In einem Artikel unter der Überschrift »Warum offenherzig?« im *ND* vom 16. Oktober 1971 habe ich mich daran beteiligt, diese Ermunterung zu unterstützen. Um ein paar Stichworte in Erinnerung zu bringen: Es wurde nahegelegt, daß man ein Werk gelesen, gesehen, gehört, erlebt und möglichst auch noch durchdacht haben sollte, bevor man sich äußert. Das sei ein Entwicklungsproblem, das als lösbar erscheint, wie Kunst- und Kulturdiskussionen zeigten. Offenherzig zu sein bedeute auch, ohne Scheu vor Gegensatz zu anderen Menschen sich zu äußern. Und es gehöre dazu: standzuhalten gegen kritikfeindliche »Rückmeldungen« von Kritisierten oder ihren amtlichen Fürsprechern. Offenherzige Debatte über künstlerische Werke und Fragen wurde aufgefaßt als Element der Herausbildung von gesellschaftlichem Kunsturteil.[2]

Ähnlich war die Tendenz eines schon im Vorfeld des VIII. Parteitages von mir im *ND* am 2. Mai 1971 veröffentlichten Artikels »Überflüssige Fremdwörter«, in dem zu lesen war: »Es würde sicher als wohltuend empfunden, wenn dieser oder jener unter uns sich von einer gewissen bombastischen Ausdrucksweise frei macht, die er wählt, weil er glaubt, die Bedeutung des Gegenstandes, den er behandelt, werde dadurch erhöht. Man kann auch deutsche Wörter zu Fremdwörtern machen. Begriffe, die mit der Wirklichkeit nicht übereinstimmen, bleiben den Menschen fremd.«[3]

Einer der besonders oft zitierten kulturpolitischen Sätze nach dem VIII. Parteitag war die von Erich Honecker auf der 4. Tagung des ZK am 17. Dezember 1971 gegebene Antwort auf Zweifel, ob nicht doch immer noch viele Tabus das künstlerische Schaffen behindern: »Wenn man von der festen Position des Sozialismus ausgeht, kann es meines Erachtens auf dem Gebiet von Kunst und Literatur keine Tabus geben. Das betrifft sowohl die Fragen der inhaltlichen Gestaltung als auch des Stils – kurz gesagt: die Fragen dessen, was man die künstlerische Meisterschaft nennt.«[4] Ausgelöst worden war diese Antwort durch die von Genossen Kurt Stern im Präsidium des Schriftstellerverbandes vorgetragene kritische Beobachtung, daß in vielen Bereichen nach wie vor Tabus die schöpferische Arbeit von Autoren und anderen Künstlern behindern. In einer Zuarbeit für Erich Honecker zur Vorbereitung seines Schlußwortes auf der 4. ZK-Tagung war nahegelegt worden, Kurt Sterns Kritik aufzugreifen und dem Hantieren mit Tabus eine Absage zu erteilen. Wenn in der Folgezeit auf repräsentativen Beratungen mit Kunstschaffenden die Formel »Keine Tabus« zweimal ausdrücklich bekräftigt wurde, hatte das mit Wiederholungslust, der ja sonst oft bis zum Überdruß gefrönt wurde, kaum etwas zu tun, mehr hingegen mit dem Tatbestand, daß die Durchsetzung der in der Formel ausgesprochenen Forderung im praktischen Leben nur zäh und zögerlich vorankam.

Grundsatzaussagen über das Wirken von Kultur und Künsten in der Gesellschaft wurden dann auf der 6. Tagung des ZK (6./7. Juli 1972) formuliert. Im Jahre 1971 als Leiter der Abteilung Kultur des ZK der SED eingesetzt, stand Jochen Hoffmann sehr bald vor der Aufgabe, diese ZK-Tagung zu Fragen der Kulturpolitik vorzubereiten.

Von diesem Plenum des ZK kann man auch aus dem inzwischen gewonnenen Abstand einiger Jahrzehnte sagen: Das Wagnis des Weitergehens ist den Akteuren, allen voran Jochen Hoffmann, zunächst gelungen. Nachlesbar in dem vom zuständigen Politbüromitglied Kurt Hager gehaltenen Referat, an dessen Ideengehalt Hager selber selbstverständlich auch einen Anteil hatte. Eine negative Kennzeichnung dieser ZK-Tagung hat sich weder damals noch später eingestellt. Gesprochen wurde und wird achtungsvoll vom Kulturplenum.

Es wurde gesagt, »daß die Künste im geistigen Leben unserer Gesellschaft unentbehrlich und unersetzbar sind« und daß wir »weder auf die Entdeckungen der Wissenschaften noch auf die Entdeckungen der Künste verzichten« können. Neben dem hoch zu schätzenden weltanschaulichen Gehalt und Erkenntniswert der Künste kamen auch andere Vorzüge zur Sprache: »Als elementare Lebensäußerung, als schöpferisches, produktives Verhältnis zur Wirklichkeit bedeutet Kunst auch Gestaltungswillen, Formempfinden, Entdeckung von bisher verborgenen Schönheiten und vieles andere.« Unsere Gesellschaft brauche und achte »die Kunst in ihrer vollen ästhetischen Eigenart und ihrer besonderen persönlichkeitsbildenden Wirkungsweise«. Künstlerische Tätigkeit sei »wie jede andere schöpferische Tätigkeit ernst zu nehmende schwere Arbeit«. Und: »Bedeutende Kunstwerke entstehen nicht auf Anordnung, nicht durch bloßes Anmelden von Wünschen«. Nötig wäre ein »Klima der gesellschaftlichen Erwartung, des starken Gebrauchtwerdens«. Außer Parteilichkeit und Volksverbundenheit wurden Themenvielfalt, Inhalte, Stile, Formen und Gestaltungsweisen als Voraussetzungen dafür angesehen, die ganze Spannweite aller schöpferischen Möglichkeiten sozialistischer Kunst zu erschließen. »Nicht einen Klang, nicht eine Farbe, nicht einen Lebensbereich wollen wir dabei außer Acht lassen.«

Auch Philosophisches wurde erörtert. In Kreisen engstirniger Dogmatiker bei uns gab es die Erwartung, Kunst habe fotografieähnlich wiederzugeben, was in der Wirklichkeit zu sehen ist. Gleichzeitig ergingen sich Praktiker und Theoretiker einer bestimmten Richtung des bürgerlichen Kunstbetriebs, die sich als »neue Realisten« empfanden, in einem Kult von Kunst als Wirklichkeitsabklatsch. Im Gegensatz zu beiden bezog das 6. Plenum diese Position: »Realistische Kunst, gerade weil sie auf die Erkenntnis der Wahrheit des Lebens gerichtet ist, wird niemals eine bloße Kopie, eine mechanische, tote, spiegelhafte Reflexion des Wirklichen sein.« Gezielt wurde auf das Aufdecken des Möglichen in der Wirklichkeit. Zum Philosophischen gehört auch der Umgang mit der Kategorie des Widerspruchs. Im Parteiprogramm kam sie im Zusammenhang mit Sozialistischem nicht vor. Auf dem 6. Plenum wurde feststellend behauptet, was fordernd gemeint war: Wir wüßten, »daß Widersprüche kein Makel der gesellschaftlichen Entwicklung sind«, sondern »ein Motor jeder gesellschaftlichen Vorwärtsbewegung«.[5]

Wer sich der beschränkten Sichten erinnert, die bei vielen Menschen in der DDR, auch in einflußreichen Positionen, den Umgang mit der Kunst beeinträchtigt haben, wird angesichts der hier notierten Exzerpte aus einem offiziellen Text von 1972 gewahr werden, daß damals versucht wurde, ein aufgeschlosseneres Kunstverständnis durchzusetzen und neue Züge von Kultur- und Kunstpolitik in Gang zu setzen.

Eingebettet war das in einen weiten Begriff von Kultur, der sich der Anfänge von 1945/46 besann. Also nicht eingeschränkt auf die Künste, sondern als Gesamtheit der Lebensbedingungen, der materiellen und geistigen Werte, wobei besondere Aufmerksamkeit der Tatsache galt, daß die Bedürfnisse gerade auf kulturellem Gebiet »außerordentlich differenziert und vielgestaltig« sind. Kultur und Arbeit, Umwelt, sinnvolle Gestaltung der Freizeit, ästhetische Bildung wurden als erstrangige Faktoren jeglicher Kulturentwicklung behandelt.

In Vorbereitung der 6. ZK-Tagung wurde auch eine schonungslose Analyse der wirklichen materiellen Situation im Kulturbereich begonnen und dann vorgelegt. Die Analyse konzentrierte sich auf zwei Kritikpunkte: Verschleiß von Bauten und Einrichtungen; ungenügende Ausstattung einer Vielzahl von Objekten. Nachgewiesen wurde: 590 Millionen Mark würden für die Erhaltung des Denkmalwerts sowie des Nutzwerts und die Modernisierung der genutzten Räume jährlich notwendig sein. Zur Verfügung gestellt aber wurden damals nur sieben bis acht Millionen jährlich.

Daraus ergab sich ein zähes Ringen – ständig und mit Jahr für Jahr neuen Komplikationen. Das betrifft auch den Bereich, in welchem ich ab März 1973 ministerielle Verantwortung übertragen bekam. Da ging es um die Papiermengen für den Druck und die Auseinandersetzung mit wirklichkeitsfremden Sparvorschlägen, die einmal während einer Planberatung in der Staatlichen Plankommission zu einem Dialog mit Gerhard Schürer führte, in welchem ich mich spöttisch erkundigte, ob eine Technologie des Druckens auf der Luft neben dem Rand der Buchseiten erfunden werden solle [...] Zu den materiellen Mißständen im Verlagswesen gehörten ferner das weit außerhalb Leipzigs liegende Buchauslieferungslager Pötzschau bei Espenhain und generell die ungenügende Ausstattung der Verlage.

2. Das Doppelgesicht eines Arbeitsplatzwechsels: Jochen Hoffmanns Berufung zum Kulturminister

Für die Kennzeichnung des Vorgangs von Jochen Hoffmanns Antritt als Minister für Kultur eignet sich ganz gut das Wort »Umsetzung« – in des Wortes doppeltem Sinn. Einerseits erschien es einleuchtend, dem Mann, der das ZK-Plenum zu Fragen der Kulturpolitik so erfolgreich vorbereitet hatte, vertrauensvoll die Leitung jenes staatlichen Organs zu übertragen, das für die Verwirklichung der Beschlüsse – auch »Umsetzung« genannt – nicht zuletzt zuständig war. Ihn also aus dem ZK-Apparat an die Spitze des Kulturministeriums zu setzen und zum DDR-Kulturminister zu machen.

Über das »Andererseits« berichtete mir Jochen Hoffmann sehr bald, nach dem Plenum – im August oder September 1972. Er schilderte, wie diese Ministerberufung im Hause des ZK betrieben wurde. Die darin liegende Chance sah er natürlich. Es bewegte und beunruhigte ihn aber auch, daß in dieser Berufung zugleich ein Akt seiner Entfernung von der Funktion eines Abteilungsleiters des ZK liegen würde.

3. Der November 1976 oder Das Rücktorkeln in geistige Gängelei

Was die krisenhaften Erscheinungen vom Herbst 1976 angeht, zunächst ein paar Hinweise auf deren Vorgeschichte im weiteren Sinne:

Weder auf dem 5. Plenum (1951) noch – und schon gar nicht – auf dem 11. Plenum (1965) kam es zu geistig anregenden Vorschlägen. Statt dessen erging man sich in Vorwürfen und Selbstvorwürfen, in Schelte gegen Kunst und Künstler, was nachhaltige negative Wirkungen zeitigte.

Kunstwerke des Formalismus zu bezichtigen, war das »Bleibende« 1951. Kritische Sichten auf gesellschaftliche Entwicklungen im Sozialismus als sozialismusfeindlich hinzustellen, das Signal von 1965. Ich arbeitete damals in der Kulturredaktion des *ND* und erlebte jene Tage der Verunsicherung auf eine Weise, die zu erheblicher Aufregung auch um meine Person führte. Es ging dabei um Wolf Biermann und seine öffentlichen Auftritte als Liedermacher. Ich hatte während meiner Leipziger FDJ-Zeit viel zu tun gehabt mit Lyrikabenden und Lyriklesungen; man sprach damals von einer regelrechten Lyrikwelle, und deshalb interessierten mich jetzt natürlich auch entsprechende Berliner Veranstaltungen, ich besuchte also auch eine mit Biermann und widmete ihr einen sehr persönlich gehaltenen Kommentar. Der nicht veröffentlicht wurde, mir aber eine Portion Ärger einbrachte. Man setzte sich, wie man so sagt, auseinander mit mir. Ich wurde aufgefordert, zu den Biermannschen Publikationen doch gründlicher Stellung zu nehmen, in einem etwas längeren Artikel. Der geriet schon in seiner Urfassung recht kritisch und polemisch, jedoch für manche Leute noch immer nicht genug. Jedenfalls wurde mir in den Text hineinredigiert und an ihm herumgebastelt, vor allem an dessen erstem Teil, der dann auf eine überaus gespreizte Weise, die zum Rest stilistisch nicht paßte, die hehren Seiten unserer Entwicklung usw. pries.

Als ich darüber 1989/90 in einem Interview, das Jean Villain mit mir führte, sprach, fragte Villain: »Wer war der Bastler? Etwa Hermann Axen?« Antwort: Ja, er als damaliger Chefredakteur des *ND* in Person. Ich versuchte dann zwar noch, den dicksten Schwulst wieder herauszukriegen, aber das gelang nur unzureichend, und so kam es, daß mich später in der Bundesrepublik ein Stilanalytiker auf dieses eigenartige Gebilde ansprach und mir auf den Kopf zu sagte, daß es nur etwa zur Hälfte meiner Art zu schreiben entspräche. Was die heftige Polemik betreffe, die offensichtlich aus meiner Feder stamme, wolle er über deren Gültigkeit mit mir nicht rechten, doch was davor stünde, das komme ihm schon recht befremdlich vor ... Ich ließ das seinerzeit auf sich beruhen. Welche Bewandtnis es damit wirklich hatte, erzählte ich zum ersten Mal in diesem Interview Villains, der seinerzeit 1965 heftig gegen meinen Artikel polemisiert hatte, im Schweizer *Vorwärts*, als dessen Korrespondent er in Berlin arbeitete.[6]

Weil ich meinen Artikel kürzlich noch einmal gelesen habe, möchte ich zweierlei deutlich machen: erstens, daß ich auch »meinen« Teil heute anders lese als damals. Die der Polemik zugrunde gelegten Deutungen sind nur zum Teil gerechtfertigt. Andererseits enthielt dieser Artikel eine ganze Reihe vernünftiger Aussagen, so in der Verteidigung Volker Brauns und der Kirschs gegen den Anwurf der *Frankfurter Allgemeinen Zeitung* vom 23. November 1965, bei ihren Gedichten handele es sich um »Rabiatenlyrik der SED-Protegés«, um eine »mit dem Air jugendlichen Ungestüms geputzte Masche«, während die FAZ Biermann Plattheiten bedenkenlos abnahm, besonders im Aufstacheln jüngerer gegen ältere Genossen. Der Hinweis auf Erhards Pinscher-Tiraden gegen Rolf Hochhuth in jenem Jahr und auf die Angriffe der Springer-Presse gegen Cramer, Enzensberger, Walser, Weiss, den Suhrkamp-Verleger Unseld wegen ihrer Verurteilung des Vietnamkriegs der USA braucht ebenfalls heutzutage keineswegs als fragwürdig hingestellt zu werden. Übrigens verschwieg ich auch nicht frühere Gedichte und Lieder Biermanns, die ich schätzte und schätze wie die Ballade von dem Briefträger William L. Moore aus Baltimore und die ergreifenden Verse vom Tod des Genossen Grimau.

Zweitens ist darauf hinzuweisen, daß bestimmte Dinge, die von manchen Zeitgenossen später in den Artikel hineinprojiziert wurden, falsch sind. So legte mir beispielsweise eine Münchner Publizistin die Drohung in den Mund, Biermann solle mal zusehen, daß nicht statt des Milchmanns eines Morgens jemand anders vor der Tür stehe. Und Raddatz gar verbreitete in der *Zeit*, ich hätte Biermann als einen Verbrecher bezeichnet. Davon ist selbst zwischen den Zeilen nicht die geringste Spur zu finden. Unfug ist es auch, aus diesem Artikel von 1965 zu folgern, ich sei an der elf Jahre später 1976 verfügten Ausweisung Biermanns beteiligt gewesen.

Während der inzwischen vergangenen Jahrzehnte hat Biermann allerdings zu weitergehender Kritik herausgefordert. Er befürwortet die 2003 in Gang gesetzte völkerrechtswidrige USA-Aggression gegen Irak und die anhaltende terroristische Okkupation des Landes. Und im *Spiegel* (39/1992, Seiten 81-92) trieb er eine Vision des Aufhängens einstiger DDR-Verantwortungsträger so sehr ins Äußerste, daß er seine Fantasien am Ende selbst haßdumm fand. Er erging sich im Verherrlichen von Kriegsverbrechen. Er kokettierte mit Lynchjustiz. Damit stand und steht er in striktem Gegensatz zu der Mehrheit der Demonstrantinnen und Demonstranten im Herbst '89. Die nahmen eine der Hauptlosungen ihres Agierens – »Keine Gewalt!« – ernst wie ihre Partner auf staatlicher Seite.

Bei der Beurteilung der Vorgänge im Herbst 1976 gehe ich zunächst von der Feststellung aus, daß in den Spitzen unserer Partei und unseres Staates politische Komplikationen befürchtet wurden, die zur Destabilisierung der DDR beitragen könnten, wenn Biermann nach seinem Kölner Konzert bei Auftritten in Magdeburg und in anderen Orten der DDR Stimmung machen würde. Man hatte vor allem die Konfliktfelder Kirche, künstlerische Intelligenz und Jugend vor Augen und »im Auge« und sah das im Zusammenhang mit Schwierigkeiten, die aufgrund von Ernteproblemen auf uns zukommen und die Positionen unseres Staates, seine Handlungsfähigkeit schwächen könnten.

Aus solchen Befürchtungen – inwieweit sie stichhaltig waren, wäre gesondert zu untersuchen – die Verfügung zu folgern, Biermann die Rückkehr in die DDR zu verweigern, war eine dreifache schwere politische Fehlentscheidung: Erstens verstößt Ausbürgerung generell und zumal in einem deutschen Staat gegen die grundlegenden Menschenrechte; zweitens bewirkte die Ausbürgerung erheblichen Ansehensverlust für die DDR im Inland und im Ausland, das hatte die Folge, daß der Destabilisierung nicht etwa Einhalt geboten wurde, sie erhielt im Gegenteil vielmehr unerhörten Auftrieb; drittens beeinträchtigte der selbstherrliche Entschluß weniger »Führungs«-Personen ohne Konsultation der im kulturellen Bereich tätigen Genossinnen und Genossen sowie Kolleginnen und Kollegen deren Bereitschaft zu Zusammenarbeit mit blindwütig agierender Obrigkeit.

Was folgte, waren: die Petition von Stephan Hermlin und anderen Schriftstellern und Künstlern um Rücknahme der Entscheidung und die Sammlung von Unterschriften für die Petition; Gegenunterschriften; eine Diskussionsrunde mit Werner Lamberz im Haus Manfred Krugs, die letzterer später publik machte; im Bereich von Verlagen und Buchhandel Bemühungen um »Schadensbegrenzung«.

Als dauerhaft herausragend erwies sich Peter Hacks' polemische Publizistik in der *Weltbühne* unter der Überschrift »Neues von Biermann«.[7] In diesem Aufsatz schrieb Hacks, die SED »müßte, wollte sie Biermann folgen, in der DDR eine imperialistische Wirtschaft und Herrschaft einsetzen und zu der in ein aufständisches Verhältnis treten«. In Anspielung auf die Petitionsinitiatoren polemisierte Hacks gegen »das Recht auf Unbildung« und schrieb: »Gewiß ist die Vorstellung, man könne die Vorzüge des Sozialismus mit ein paar noch übrigen Vorzügen des Imperialismus verbinden, angenehm. Aber sie ist, zur gegenwärtigen Zeit, eine ungebildete Vorstellung. Es ist der Wunsch nach einem schokoladenen Leninismus, und ein Lenin, der aus Schokolade wäre, würde schnell schmelzen.«

Im Kampf zwischen unserem Bemühen, den Aufbruch des Anfangs der 70er Jahre wieder aufzunehmen, weiterzuführen, durchzubringen, und dem entgegengesetzten Bemühen, bei Reinredepraktiken in alte Gewohnheiten zurückzufallen, ja sie auszubauen, gab es Widerständen zum Trotz gelegentlich Erfolge. Strukturell aber prägten für etwa ein Jahrzehnt lang verschärfte Kontroll-, Einspruchs-, Ablehnungspraktiken die kulturpolitischen Entscheidungswege. Das betraf sowohl

a) Themenpläne, Spielpläne, Repertoires, Ausstellungsvorhaben als auch

b) Manuskripte, Texte, Szenarien, Konzepte.

Beispiele für Gelingen (»Durchbringen«): Wie Anfang der 70er Jahre Ulrich Plenzdorfs »Die neuen Leiden des jungen W.« Ende der 80er Jahre Alfred Wellms »Morisco«, Landolf Scherzers »Der Erste«, Christa Koziks »Der Engel mit dem goldenen Schnurrbart«. Daneben gab es Mißlingen: »Kalter Winter« von Klaus Schlesinger (wegen einer Trotzki-Stelle), das »Werder-Buch« von Gabriele Eckart (wegen Auslandssehnsüchten der Befragten). Verbreiteter war: Die Bücher erschienen, aber die vorm Erscheinen durchzustehenden Querelen riefen politisch-psychologischen Schaden für die Autoren hervor. Das betraf Erik Neutsch (wegen »Auf der Suche nach Gatt«), Erwin Strittmatter (wegen »Der Wundertäter«, Band III), Günter de Bruyn (wegen »Neue Herrlichkeit«), Christoph Hein (wegen »Horns Ende«), Christa Wolf (wegen einer der »Kassandra«-Aufsätze-Passagen), Volker Braun (wegen des »Hinze-Kunze-Romans«), Hermann Kant (wegen »Bronzezeit«) ... Bei Stefan Heym sah es so aus: Nach der Korrektur der Haltung zum »König-David-Bericht«, zum »Lassalle«-Roman und zur »Schmähschrift«, die dann erschienen, gab es bis zuletzt Trouble wegen des »Tag X«-Romans »Fünf Tage im Juni«.

Zum Unguten im Kampf zwischen Aufbruch und Drosselung gehörte, daß auf der Kulturkonferenz der FDJ am 21. Oktober 1982 Heiner Müller wegen »Macbeth« und Volker Braun wegen »Schmitten« abgekanzelt wurden – im Referat. Mir war – sozusagen in alter freundschaftlicher Verbundenheit zwischen früheren und jetzigen FDJ-Funktionären – der Referatstext im Manuskript zu lesen gegeben worden, und ich hatte geraten, die Braun und Müller betreffenden Absätze zu streichen. Dem Rat wurde nicht entsprochen. Ursprünglich hatte es im Redeentwurf auch noch einen Angriff auf Stefan Heym gegeben; meinen Vorschlag, den zu unterlassen, fand ich beim Hören »berücksichtigt«. Aber warum? Er stimmte mit einem entsprechenden Vorschlag Erich Honeckers, dem das Manuskript zur gleichen Zeit wie mir übermittelt worden war, überein. Die anderen beiden von mir monierten Stellen hatte E. H. unbeanstandet gelassen; so blieben sie drin. Wie sinnvoll es gewesen wäre, auf diese Absätze zu verzichten, wird einem umso mehr bewußt, wenn man sie sich heute nochmals vergegenwärtigt[8]: »Aber nicht alles, was sich da ›modern‹ oder ›avantgardistisch‹ gibt, kann sich unserer sozialistischen Ideenwelt zurechnen. Denken wir an Heiner Müllers ›Macbeth‹-Peinlichkeit in der Volksbühne. Die Presse schrieb von ›Beharren auf absoluter Dissonanz und Unvereinbarkeit von menschlichen Haltungen und objektiven Machtstrukturen‹, die dem Fatalistischen fröne, von erlesenem ›Zelebrieren einer schwarzen Messe‹, von ›Ausverkauf theatralischer Mittel‹ und ›Befremdung‹. In der Tat geht hier nicht nur die historische Perspektive verloren, sondern auch der Glaube an die Humanität.«

»Manchmal geraten Arbeiterporträts, die Anspruch auf Verallgemeinerung erheben, deshalb statisch und unwirklich, weil sie eine ignorante Position zum tatsächlichen Leben der Arbeiterklasse einnehmen. In der Theaterlandschaft liefert Volker Brauns Stück ›Schmitten‹ dafür ein trauriges Beispiel. Wenn man einem lesenden Arbeiter den Namen ›Schmitten‹ zuruft, wetten, daß er sich an die ganz andere ›Schmitten‹, an die von Brecht erinnert, die bekanntlich gegen Dreck war. Möge Brechts ›Schmitten‹ ihr Pendant ruhig in den Zuber stecken und ein bißchen Wäsche machen. Und dabei fällt einem auch der andere Volker Braun ein, der mit seinem Gedichtband ›Provokation für mich‹ einen Weg parteilicher Wahrheitssuche betreten hatte, den er nicht preisgeben sollte.«

4 Wie es 1988 zum Ende der Buchzensur in der DDR kam

Kann man sagen, im Kampf zwischen Aufbruch und Drosselung während der zweiten Hälfte der 70er und des Jahrzehnts der 80er Jahre sei durch die Abschaffung der Buchzensur in der DDR, verkündet am 12. Oktober 1988, also zwölf Jahre nach dem Einbruch von 1976, in gewisser Weise der »Kreis geschlossen« worden? Aufregend und einschneidend ist der Vorgang gewesen, zweifellos. Er betraf einen wichtigen kritikwürdigen und kritisierten Teilaspekt. Er offenbarte gesamtgesellschaftliche Änderungsabsichten. In seinen tatsächlichen Wirkungen aber blieb er eingeschränkt.

Der Kern der Druckgenehmigungspraktiken, der sie zur Zensur machte, war die Einreichung von Manuskripten an eine zentrale staatliche Stelle. Auf welche Weise wurde damit im Buchverlagswesen der DDR Ende der 80er Jahre Schluß gemacht? In aller Kürze ließe sich das so skizzieren:

Im November 1987 hatte der X. Schriftstellerkongreß getagt. Die auf ihm geäußerten Ansichten zum Druckgenehmigungsverfahren waren unterschiedlich. Sie reichten von Einverständnis mit der bisher geübten Praxis, wie sie Joachim Wohlgemuth äußerte, über kritisch differenzierendes Verständnis für die Notwendigkeit von Fachgutachten bei Hedda Zinner, die Unzufriedenheit wegen zeitlich aufwendigen bürokratischen Aufwands in der Rede von Hermann Kant und im Diskussionsbeitrag von Ruth Werner bis zur Klage über anonyme Expertisen, zum Vorschlag der Reformierung bzw. allmählichen Abschaffung der Druckgenehmigung, so von Günter de Bruyn gefordert, und schließlich bis zur scharfen Verdammung der Druckgenehmigungsvorgänge als einer ungesetzlichen Zensur durch Christoph Hein in seinem Beitrag in der Arbeitsgruppe IV des Kongresses. Er nannte sie – wie erinnerlich – überlebt, nutzlos, paradox, menschen- und volksfeindlich sowie ungesetzlich und strafbar.[9]

Zur Beratung über die Problematik kam ich mit einigen in diesem Stoff besonders erfahrenen Verlagsdirektoren und Mitarbeitern unserer Belletristik-Abteilung ab Januar 1988 mehrfach zusammen. Im Laufe des Jahres ging es anfänglich zügig voran auf eine Neuregelung zu, dann jedoch gab es ein Abbremsen der Initiative, Zögerlichkeit gewann Boden, bei einigen nahm die Neigung zum Beharren im Hergebrachten wieder zu. Unter Berufung auch auf nicht einfach vom Tisch zu wischende Bedenken. Zum Beispiel befürchteten Lyriker sowie Vertreter anderer Genres, es könnte dazu kommen, daß ihre Arbeiten vernachlässigt würden, wenn – wie sie sagten – ein Verlag »ohne einen anderen gesellschaftlichen Partner entscheidet«. Man dachte dabei an rein ökonomisch-finanzielle Erwägungen und in ihnen begründete Vorurteile gegenüber Werken mit kleinerem Publikum. Des weiteren wurde auf vielfach anerkannte Verbesserungen vertrauensvoller und effektiver werdender Zusammenarbeit hingewiesen. Das führte in einer Zwischenbilanz Ende August 1988 zu dem Schluß, »von bewährten und von allen Beteiligten verantwortungsvoll genutzten demokratischen Verfahren nicht rigoros und sofort abzugehen«.

Demgegenüber bestanden einige Genossen darauf, den als notwendig erkannten Schnitt nicht erneut hinauszuschieben. Wenn das Verfahren nicht grundsätzlich geändert werde, argumentierten wir, werde dem Begehren Vorschub geleistet, bei allen Versicherungen gegenteiliger Absichten doch wieder und wieder interne Debatten unter Manuskriptkennern vor dem Erscheinen eines Buches zu dessen Veränderung oder sogar Verhinderung vom Zaun zu brechen statt an der notwendigen öffentlichen Debatte nach der Herausgabe teilzunehmen.

In diesem Geiste bereiteten wir uns auf die Sitzung des Vorstands des Schriftstellerverbandes vor, die am 12. Oktober 1988 stattfand.

Zum Druckgenehmigungsverfahren führte ich auf dieser Tagung aus: »Auf Grund der Hinweise des Schriftstellerkongresses und der praktischen Erfahrungen im Verlagswesen wird das Ministerium für Kultur das Druckgenehmigungsverfahren künftig so handhaben, daß

a) der bestätigte Themenplan,
b) eine Begründung des Verlages für die Veröffentlichung des betreffenden Titels und
c) die Einreichung eines Formblattes (Druckgenehmigungsantrag) ausreicht.

Das heißt, das Ministerium für Kultur geht davon aus, daß die Verlage die Verantwortung für die Herausgabe von Manuskripten übernehmen, die im Themenplan vorgesehen sind; es will eine Erhöhung der Verantwortung der Verlagsleiter und Lektoren erreichen. In Zweifelsfragen kann mit den Verlagen auf deren Wunsch oder auf Wunsch der HV eine Konsultation zum Manuskript vorgenommen werden. Grundbedingung dieses Verfahrens ist selbstverständlich, daß keine den Grundsätzen unseres Staates und unserer Gesellschaft widersprechende Literatur veröffentlicht wird. Weiter meinen wir, daß die Verlage durchaus berechtigt sind, Außengutachten einzuholen, wenn sie es für erforderlich halten. Aber alle Gutachten, die zu einem Manuskript angefertigt werden, dürfen nicht anonym sein und müssen dem Autor zur Kenntnis gegeben werden, damit er evtl. Hinweise noch beachten kann.

Mit diesen Vereinfachungen, die eine Beschleunigung des Verfahrens zur Folge haben, wird die eigene Verantwortung der Verlage bei der Herausgabe von Literatur erhöht und gestärkt. Gestärkt und erhöht wird auch die Verantwortung aller für die Planung, Vorbereitung, Herausgabe, Auflagenfestsetzung von Literatur demokratisch mitwirkenden Beratungsgremien. Das betrifft Verlagsbeiräte, Absatzbeiräte, Testbuchhandlungen wie auch Literaturarbeitsgemeinschaften und Beiräte bei der HV Verlage und Buchhandel des Ministeriums für Kultur sowie die Beratung der Themenpläne im Präsidium des Schriftstellerverbandes.«

So der Wortlaut der betreffenden Passage meines Vortrags in der Fassung, wie sie mir aus dem »Großen Haus« am 11. Oktober 1988, also einen Tag vor der Vorstandssitzung des Schriftstellerverbandes, bestätigt worden war. Sie entsprach in ihren wesentlichen Zügen dem, was ich eingereicht hatte. In meinem ursprünglichen Text stand allerdings ein Satz nicht, nämlich der, daß »keine den Grundsätzen unseres Staates und unserer Gesellschaft widersprechende Literatur veröffentlicht wird« – als »Grundbedingung«. Ich sah darin einen Einengungsansatz. Weitere Bedenken hatte ich nicht, obwohl von mir einiges ursprünglich entschiedener formuliert worden war.

Das Unbefriedigende der gefundenen Lösung, das wir seinerzeit schon empfunden haben, wird einem beim Wiederlesen der damals gewählten Formulierungen heute noch stärker bewußt. Insbesondere der Hinweis darauf, in Zweifelsfragen könne mit den Verlagen »auf deren Wunsch oder auf Wunsch der HV« eine Konsultation zum Manuskript vorgenommen werden, ließ zu viele Türen zum Rückfall in gehabte Praktiken offen.[10]

Dennoch war ein wichtiger Schritt getan. Neben den Betroffenen und Befaßten hier begriffen das auch unsere Partner in Westdeutschland, wie wir aus Gesprächen wissen. Ins Öffentlichkeitsbewußtsein in der DDR aber drang diese Veränderung kaum ein. So kam es dazu, daß auf den Transparenten zur Kundgebung am 4. November 1989 auf dem Alex Zensur einen wesentlichen Kritikpunkt bildete.

Wenn später vom Mitarbeiter der Gauck-/Birthler-Behörde Joachim Walther zu bestreiten versucht wurde, daß die Abschaffung der Buchzensur in der DDR ein Jahr vor dem 89er Herbst beraten, beschlossen und in Kraft gesetzt wurde, so zeugt das von gestörtem Umgang mit Tatsachen.

Als wichtigste gedankliche Stellungnahme zur Zensurproblematik bei uns betrachte ich den Beitrag, den Stephan Hermlin im Dezember 1985, also drei Jahre vor dem Akt der Abschaffung der Buchzensur in der DDR, auf dem Budapester Kulturforum der OSZE-Staaten vorgetragen hat. Seine Worte seien hier vollständig wiedergegeben: »Mein eigenes Exemplar eines der literarischen Hauptwerke dieses Jahrhunderts, ich meine den ›Ulysses‹ von James Joyce, ist schon alt und befindet sich aus diesem Grunde in einem ziemlich unordentlichen Zustand. Es wurde vor mehr als fünfzig Jahren bei der Odyssey Press in Hamburg, Paris und Bologna verlegt. Warum erschien das Original eines englisch geschriebenen Werkes in drei Städten des Kontinents? Wenn man die Titelrückseite des ersten Bandes aufschlägt, erhält man die Antwort. Die erste Auflage des Buches erschien im Februar 1922 bei Shakespeare and Company in Paris, sie zählte gerade tausend Exemplare, die zweite kam einige Monate später in London heraus. Das Impressum meldet zweitausend Exemplare mit dem Zusatz: ›500 copies burned by New York Post-office Authorities‹. Die dritte Auflage bestand aus 500 Exemplaren, von denen, wie mitgeteilt wird, 499 von den Zollbehörden in Folkestone beschlagnahmt wurden. Die folgenden sieben Auflagen erschienen wieder in Paris, im Dezember 1932 landet der ›Ulysses‹ schließlich bei der erwähnten und zum Zweck seiner Herausgabe gegründeten Odyssey Press und bleibt dort, bis er nach dem Ende des Zweiten Weltkriegs, lange nach seiner ersten Drucklegung, ungehindert in England erscheinen kann. Bücher haben bekanntlich ihre Schicksale.

Dies ist nur ein Kapitel aus der jahrhundertealten Geschichte der Zensur, das freilich besonders zum Nachdenken anregt, weil es ein epochales Werk betrifft und in unserer eigenen Zeit angesiedelt ist. Es fällt uns schwer, ohne Zorn und Eifer über Zensur zu reden, obwohl ein Nachsinnen über Geschichte uns schnell ins Bewußtsein ruft, daß die Mehrzahl der Meisterwerke der Weltkunst unter Bedingungen der Zensur entstanden ist. Wenn wir ein vor dem Jahre 1806 gedrucktes deutsches Buch aufschlagen, finden wir auf der Titelseite den Vermerk ›Mit kaiserlichem Privileg‹, was bedeutet, daß Zensur in Wien ausgeübt worden war, und der Zar Nikolaus I. teilte Alexander Puschkin als Zeichen besonderer Gunst mit, er wolle von nun an sein einziger Zensor sein. Der Strom der Literatur hatte sich von jeher sein Bett durch die Hindernisse zu graben, die die Zensur gegen ihn auftürmte.

Ich spreche als Bürger der Deutschen Demokratischen Republik, als Deutscher. Deutsche sollten im Hinblick auf Zensur ein geschärftes Bewußtsein haben, sie sollten den Begriff nicht leichtfertig gebrauchen, auch nicht über Differenzierungen und Entwicklungen hinwegsehen, geschah es doch in unserem Jahrhundert, daß Deutsche bemüht waren, eine Prophezeiung Heinrich Heines wahr zu machen, indem sie zu den höchsten Formen von Zensur griffen und Bücher verbrannten, bevor sie zum Verbrennen von Menschen übergingen. Es sind seither fünfzig Jahre verstrichen, und wenn wir heute Bücherverbrennungen wahrnehmen, so ereignen sie sich weder in West- noch in Osteuropa, sondern auf einem anderen Kontinent. Vor wenigen Tagen hatte ich einige Lesungen in Norwegen zu absolvieren, und an der Universität in Oslo sagte mir eine Dozentin in der Diskussion, wir in der DDR hätten ein Defizit an Freiheiten. Ich antwortete, ich würde das nicht einfach bestreiten, nur sollte sie folgendes bedenken: Eine neue Gesellschaft brauche Zeit bis zur vollen Erkenntnis, daß sie früher geschaffene Freiheiten als ihre eigene Sache zu betrachten, daß sie diese Freiheiten zu erhalten und ihnen ihre von ihr selbst geschaffene neue Freiheit, nämlich die Beseitigung der Ausbeutung des Menschen durch den Menschen, zuzuordnen habe. Ferner sollte sie sich erinnern, wo denn die Freiheiten der westeuropäischen Demokratien ihren Ursprung gehabt hätten, in der ersten Erklärung der Menschenrechte nämlich, in der Französischen Revolution des Jahres 1789, und die sei eine ziemlich unbehagliche Sache gewesen, wie alle wirklichen Revolutionen. Damals sei es nicht um das Verbot dieses oder jenes Buches gegangen – man habe die Autoren selbst ohne lange Umstände auf die Guillotine gebracht. Was ich sagen will, ist: Wir alle haben Defizite an Freiheiten, wir alle waren oder sind in Vergangenheit oder Gegenwart nicht frei von restriktiven Maßnahmen gegenüber der Literatur. Und man sollte den Vorwurf der Zensur nicht als Waffe gebrauchen gegen ein bestimmtes Gesellschaftssystem oder nach einer bestimmten Himmelsrichtung hin. Auch die Frage von Zensur und Nichtzensur ist eng verbunden mit den Fragen der Verständigung, des Dialogs.

Ich habe in den letzten zehn bis zwölf Jahren in meinem Lande, was die Verbreitung großer Literatur betrifft, erstaunliche, ermutigende Erfahrungen gemacht. Der Kalte Krieg liegt hinter uns, aber auch heute noch können manche von liebgewordenen Praktiken nicht lassen. Wenn ich bei einem bekannten Kritiker der Bundesrepublik lese, daß die Deutsche Demokratische Republik einem kulturellen Austrocknungsprozeß unterliege, sage ich mir, daß dieser Mann Augen und Ohren schon sehr fest verschließen muß, um diesen Satz hinschreiben zu können. Der gleiche Mann schreibt einen umfangreichen Artikel über die Tatsache, das Buch eines der wesentlichen Schriftsteller der DDR sei nicht erschienen, was zutrifft, nur vergißt er ein halbes Jahr darauf auch nur mit einem Wort zu erwähnen, daß das Buch mittlerweile erschienen ist.

Ich verfolge das Erscheinen großer, oft umstrittener Werke bei uns mit [...] Aufmerksamkeit, weil ich davon überzeugt bin, daß diese Werke nicht nur um ihrer selbst willen notwendig sind, sondern weil sie für unsere eigene, eigenständige Literatur, für die jungen Schriftsteller der DDR, sofern es sich um wirkliche Talente handelt, eine Art Pilotfunktion übernehmen.

[...] es gehört zu den Genugtuungen meines Lebens, daß in den letzten Jahren so viele große Autoren dieses Jahrhunderts – denn von früheren brauche ich nicht zu reden ..., Autoren, über die wir uns die Köpfe heiß geredet haben oder über die beredt geschwiegen wurde, zu Schriftstellern wurden, die bei uns erhältlich sind: Wir fuhren fort, Majakowski und Scholochow zu lesen, aber wir besaßen nun auch Pasternak, Anna Achmatowa, Marina Zwetajewa und Ossip Mandelstam, wir druckten die französische Literatur des Jahrhunderts von Proust bis Jean Genet und Michel Tournier, eine erweiterte Literatur wurde uns zugänglich in unserer eigenen Sprache, von Franz Kafka und Robert Musil bis zu Wolfgang Koeppen, Arno Schmidt und Günter Grass. Wir lasen die Dichtungen von T. S. Eliot, Auden, Dylan Thomas und die zeitgenössischen Amerikaner von Faulkner bis Norman Mailer. Ich halte die Lektüre von Marx, Engels und Lenin für unentbehrlich für wache und gebildete Menschen, aber ich halte auch Walter Benjamin, Ernst Bloch und Georg Lukács für äußerst lesenswert; es gibt sie in der DDR. Und ich freue mich, die ersten in der DDR verlegten Bände des großen Denkers und Entdeckers Sigmund Freud unter meinen Büchern zu haben.

Mein Land ist auf literarischem Gebiet und auf dem Gebiet der Verbreitung bedeutender Literatur energisch vorwärts gegangen. Es hat sich in dieser Hinsicht nicht kleinlich und beschränkt gezeigt, es ist dabei, die Kinderkrankheit des Dogmatismus zu überwinden. Ich hoffe und wünsche, daß es auf diesem Wege beharren wird, und ich möchte Sie alle einladen, die kulturellen Bemühungen unserer Republik mit wachen Augen zu verfolgen.«[11]

Fazit: Drei Sätze über Bedenkenswertes für demokratische Sozialistinnen und Sozialisten aus DDR-Kultur- und Kunsterfahrungen in »ruhigen« sowie konfliktreichen Situationen

1. Künstlerische Arbeiten sehen, hören, lesen und die Künstler achten, ihnen mit Verständnis begegnen, ja, sie für ihre uns geistig bereichernde Arbeit lieben.

2. In gesellschaftlichen Aufbrüchen, aber auch in Niederlagen deren künstlerischen Ausdruck erfassen, aufgreifen, mit den politischen Kämpfen in Verbindung bringen, aber sie nicht instrumentalisieren, die Künstler weder mit »Vorgaben« noch mit kunstfremden Urteilen traktieren: Kunst und Politik gehören zusammen in jeder aufklärerischen Bewegung, aber Kunst ist kein (pures) Politikum.

3. Die ermunternden Sätze für offenherzigen Meinungsstreit und die Ansicht, es solle keine Tabus geben, könnte eine jede und ein jeder von uns als Kunst-Maxime und als Politik-Maxime sich zu eigen machen.

1 Siehe: Dokumente zur Kunst-, Literatur- und Kulturpolitik der SED 1971-1974. Herausgegeben von Gisela Rüß, Seewald Verlag Stuttgart 1976, Seiten 50-53
2 Vgl. *Neues Deutschland*, 16. Oktober 1971: Warum offenherzig?
3 Vgl. *Neues Deutschland*, 2. Mai 1971: Überflüssige Fremdwörter
4 Erich Honecker: Die Hauptaufgabe umfaßt auch die weitere Erhöhung des kulturellen Niveaus (Abschnitt im Schlußwort auf der 4. Tagung des ZK der SED am 17. Dezember 1971 zu aktuellen Fragen bei der Verwirklichung der Beschlüsse des VIII. Parteitages), in: Reden und Aufsätze, Band 1, Dietz Verlag Berlin 1975, Seite 427
5 Kurt Hager: Zu Fragen der Kulturpolitik der SED, Referat auf der 6. Tagung des Zentralkomitees 6./7.7.1972, Dietz Verlag Berlin 1972, Seiten 30 ff, 40 ff
6 Den 65er Artikel und das 89-/90er Interview siehe in: Robert Allertz (Herausgeber), Sänger & Souffleur. Biermann, Havemann und die DDR, Verlag Das Neue Berlin 2006, Seiten 140-149
7 Ebenda, Seiten 121-125
8 Vgl. »Dokumente zur Kultur- und Kunstpolitik der SED 1971-1986«, Dietz Verlag Berlin 1986, Seiten 130 und 136
9 Siehe: X. Schriftstellerkongreß der Deuteschen Demokratischen Republik, 24.-26. November 1987, Aufbau-Verlag Berlin und Weimar 1988, Bd. 1(Plenum), Seiten 21 ff, 64, 78, 128 ff, und Bd. 2 (Arbeitsgruppen), Seiten 224-247
10 Ausführlicher zum Ende der Buchzensur in der DDR siehe in: Klaus Höpcke: »Geordnete Verhältnisse?«, GNN Verlag 1996, Seiten 203-216
11 Siehe: BUDAPESTER KULTURFORUM; Diskussionsbeiträge von Mitgliedern der DDR-Delegation, Dietz Verlag Berlin 1986, Seiten155-157

Beitrag in der Konferenzreihe der »Hellen Panke e. V.« zu historischen Knotenpunkten. Hier: »Die SED in Konfliktsituationen. Die siebziger Jahre«, veröffentlicht in: hefte zur ddr-geschichte, Heft 109, o. J.

1989/90: Restaurations*un*wille überrollt

Charakter und Konsequenzen der Umbrüche

»Es bildet ein Talent sich in der Stille, / Sich ein Charakter in dem Strom der Welt«, heißt es bei Goethe im »Torquato Tasso«. Der Satz bezieht sich auf Personen. Uns interessiert heute hier der Charakter von Ereignissen. Der bildet sich erst recht im »Strom der Welt«, im Gerangel verschiedenartiger Kräfte. Objektive Umstände und subjektive Voraussetzungen üben da ihren Einfluß aus. Mal in schwächerem, mal in stärkerem Maße wird der Charakter der Ereignisse von den Charakteren der in ihnen agierenden Personen und Menschengruppen, der an ihnen beteiligten Akteure bestimmt, zumindest mitbestimmt.

Davon ausgehend, werde ich, bevor ich auf Begriffliches in Bezug auf die Ereignisse im Herbst 1989 in der DDR zu sprechen komme, einiges von diesen Ereignissen selbst in Erinnerung rufen. Dabei äußere ich mich weniger als ein in der Distanz von anderthalb Jahrzehnten analysierender Historiker und mehr als ein damals wie jetzt beteiligter Zeitzeuge, der sich vor allem auf Vorgänge bezieht, die er – das Wort Zeitzeuge buchstäblich und ganz ernst nehmend – selber bezeugen kann.

Am 18. September ist es 15 Jahre her, daß ich an der Kunsthochschule Berlin-Weißensee geredet habe. Offen zur Sprache gebracht habe ich da einige Faktoren, die einen wesentlichen Anteil daran hatten, daß es zu dem kommen konnte, was später oft – und so auch im Titel dieses Vortrags – als »Ereignisse im Herbst 1989 in der DDR« bezeichnet wurde. Die *Junge Welt* veröffentlichte das von mir Gesagte am 21. September 1989, und am Abend zuvor rief mich der Chefredakteur, Hans-Dieter Schütt, an und sagte: »Morgen steht die Wiedergabe Deiner Rede im Blatt. Ob wir morgen Abend noch das sind, was wir jetzt sind, wissen wir nicht.«

Weder Rüffel noch Rückhalt

Dieser Beitrag hat mich seinerzeit in eine ungeheuer gespannte Situation gebracht: Einerseits viel Zustimmung aus Betrieben, Universitäten, Schulen, aus Partei- und FDJ-Organisationen, von Schriftstellern und anderen Kunstschaffenden. Der Artikel wurde xerographiert, an Wandzeitungen ausgehängt, diskutiert. – Andererseits damals, immerhin schon Ende September: das immer noch anhaltende wochenlange Schweigen der Führung. Zu den Problemen. Und auch zu deren Erörterung, wie durch mich geschehen. Aus dem »Großen Haus« (dem Sitz des SED-Zentralkomitees am Werderschen Markt) ertönte nicht der Ruf: »Löst sie ab, die oppositionsbegünstigenden Nestbeschmutzer!« Aber zu hören war auch nicht, und sei es im Flüsterton: »Habt ja recht, ist ja wahr, muß endlich gesagt werden.« Nein. Es gab von dort weder Rüffel noch Rückhalt.

Später, in seinem 1999 im Verlag Neues Leben erschienenen Buch »Herbst 89«, allerdings bezieht sich Egon Krenz im Zusammenhang mit von ihm ausgearbeiteten Notizen für Veränderungen in einer souveränen sozialistischen DDR auf diesen Text. Er schreibt: »Ich weiß, daß viele in der DDR ähnlich denken. Am 21. September zum Beispiel veröffentlicht die Tageszeitung *Junge Welt* Auszüge aus einer Rede von Klaus Höpcke, die er vor Hochschullehrern und Studenten der Kunsthochschule Berlin-Weißensee gehalten hatte. Er fordert zum Nachdenken auf, ›welche Umstände des Lebens bei uns in diesem oder jenem überhaupt den Wunsch entstehen lassen, das Land zu verlassen beziehungsweise der Verlockung zu unterliegen, wenn in leuchtenden Farben betörende Lebensmöglichkeiten anderswo ausgemacht werden‹.« Dazu Krenz: »Soweit ich weiß, ist die *Junge Welt* die erste Zeitung und Klaus Höpcke der erste Autor aus den Reihen der SED, die das Thema Ausreise und ihre Ursachen öffentlich ansprechen. Niemand wird jetzt mehr in der Lage sein, es unter den Teppich zu kehren.«

Daß sich auf diese Weise erstmals ein höherer SED-Funktionär öffentlich äußerte, bemerkte übrigens am 22. September 1989 auch die *Frankfurter Allgemeine Zeitung*.

Der Punkt »Fluchtgründe« war in dem hier in Rede stehenden Vortrags- bzw. Artikeltext nicht isoliert betrachtet, sondern im Zusammenhang mit umfassenderen Problemen unserer inneren Gesellschaftsentwicklung, in denen Wesentliches zu ändern anstand, behandelt worden. Einige seien stichpunktartig genannt:

- Wer Spitzenleistungen vollbringt, muß Spitzenbedürfnisse befriedigen können.
- Das Verhältnis zwischen hoher Bildung, die die meisten bei uns erworben haben, und ihrer zu geringen Beteiligung am Finden von Entscheidungen.
- Die Neigung, andere zu gängeln und zu bevormunden, von der einige Leiter sich gründlich verabschieden müßten.
- Der Blick auf viele unserer Bahnhöfe und auf den Zustand alter Häuser, der bewußt macht, was vernachlässigt wurde und um so nachdrücklichere Aufmerksamkeit erfordert.
- Zu den Erwartungen, die nicht nur mir besonders wichtig erscheinen, gehört, sagte und schrieb ich des weiteren: daß wir offen aussprechen, was bei uns Sache ist.
- Zu diskutieren lohne sich auch, wie aufgeschlossen wir für Neuerergeist, für Innovationen sind – im Leben und in den Künsten.
- Ferner: Wie stehe es um den Umgang von Behörden mit den Bürgern, die sich an sie wenden? Es dürfe nicht um das »Erledigen« von Vorgängen gehen, sondern es gelte, immer herauszubekommen, worin das Notwendige und im Notwendigen das real Mögliche besteht, und zu erwirken, daß das Mögliche geschieht.
- Nicht zuletzt sprach ich mich dafür aus, daß die Information über die Situation in anderen Ländern verbessert wird.

Solch starke Betonung innerer Faktoren bedeutete nicht, Einwirkungen von außerhalb aus den Augen zu verlieren. Vielmehr wurde den Drahtziehern der damals auf Hochtouren gebrachten Kampagne gegen die DDR angelastet, sie handelten bei ihrer »Feindbildproduktion im System psychologischer Kriegsführung« auch aus ökonomischem Egoismus. Im Interesse einer »eigennützigen Umverteilung von Wirtschaftskraft« legten sie es darauf an, »Arbeitskräfte aus anderen Ländern zu erübrigen und die entsprechenden Tätigkeiten von ehemaligen DDR-Bürgern ausführen zu lassen«. Mit den hinzugewonnenen, vielfach willfährigen Leuten wollten sie Druck auf Einwohner der BRD ausüben. Zugleich übten sie Druck auf die

Eingereisten selbst aus: »War zunächst eingestanden worden, man habe es oft mit Menschen einer hohen Qualifikation zu tun, redete man bald immer öfter von ›geringer Qualifikation‹, was natürlich wegen des damit verbundenen geringeren Einkommensanspruchs gesagt wird. So findet Diebstahl im gesamtgesellschaftlichen Maßstab und per Qualifikationsmanipulierung auch gegen viele persönlich statt.«

Worauf die antisozialistischen Kampagnenführer mit ihren reformerischen Heuchelsprüchen in Wahrheit hinauswollen, das sah ich unter anderem durch den *Rheinischen Merkur* enthüllt, der damals die Forderung nach »asymmetrischer Konvergenz« erhob. Das sei ein Eingeständnis der Tatsache, daß sie uns ihr System aufdrücken wollen. So zeige sich: Es gibt außer nationalem einen sozialen, politischen Revanchismus. Seine Sprecher rufen uns zur Reform auf und sie meinen return im transitiven und im intransitiven Verständnis des Wortes: Wir sollen zurück geben und zurückgehen – »zurück« an die Kapitalisten, zurück in den Kapitalismus. Sie schimpfen über Reformunwilligkeit und beklagen damit in Wahrheit unseren Restaurationsunwillen.

Zu erwägen gab ich auch noch etwas, das vielleicht heute, da wir uns für alle denkbaren Motive menschlichen Verhaltens und Handelns einschließlich anthropologischer Seiten lebhafter interessieren als das damals der Fall war, mehr Aufmerksamkeit findet. Wie ich gehört hatte, sehen führende Persönlichkeiten des Kampfes gegen den Drogenrausch im Westen eine der Ursachen für die Anfälligkeit junger Leute für diese Sucht in einer Erscheinung, die sie »Nowismus« nennen, vom englischen Wort »now« abgeleitet: im Bestreben, alles gleich und jetzt und sofort haben zu wollen.

Kann es sein, fragte ich, daß wir es bei den Auseinandersetzungen, die wir jetzt führen, auch mit einer Nowismus-Spielart unter anderen Bedingungen zu tun haben? Auf jeden Fall wäre es sinnvoll, über das Verhältnis von kurzlebigen Genüssen und einem langandauernden spannungsvollen Lebensgenuß nachzudenken und miteinander zu sprechen.

Über weitere Wortmeldungen, die Egon Krenz damals aufgefallen sind, und darüber, wie das Politbüro sich zu ihnen verhielt, schreibt er in seinem Buch: »Inzwischen sind neue politische Bewegungen und Gruppierungen entstanden. Sie fordern die in der DDR-Verfassung garantierten Bürgerrechte ein. Sie gehen in ihren Programmen von einem gesellschaftlichen Konsens aus: die DDR und den Sozialismus zu reformieren. Pfarrer Friedrich Schorlemmer formuliert: Es geht nicht um die ›Emeritierung des Sozialismus, sondern um seine Erneuerung‹. Entweder ist ›der Sozialismus von Peking bis Berlin reformfähig, oder er verschwindet erst mal‹. (*taz* vom 9. September 1989) Im Gründungsaufruf der Bürgerbewegung *Demokratie jetzt* heißt es: ›Der Sozialismus muß nun seine eigentliche, demokratische Gestalt finden, wenn er nicht geschichtlich verlorengehen soll. Er darf nicht verlorengehen, weil die bedrohte Menschheit auf der Suche nach überlebensfähigen Formen menschlichen Zusammenlebens Alternativen zur westlichen Konsumgesellschaft braucht, deren Wohlstand die übrige Welt bezahlen muß.‹ Das *Neue Forum*, das am 11. September 1989 zum ›Aufbruch jetzt‹ rief, will: ›... Spielraum für wirtschaftliche Initiative, aber keine Entartung in eine Ellenbogengesellschaft‹. Es will, ›das Bewährte erhalten und doch Platz für Erneuerung schaffen ...‹ (*taz* vom 13. September 1989) Pfarrer Edelbert Richter aus Erfurt ist sicher, daß ›nicht nur das Wort sozialistisch, sondern auch bestimmte gesellschaftliche Prinzipien des Sozialismus‹ für uns weiter einen guten Klang haben müssen. (*taz* vom 16. September 1989) Am 19. September 1989 faßt die Synode des DDR-Kirchenbundes einen Beschluß, in dem sie diejenigen, die unser Land verlassen wollen, aufruft: ›So bitten wir Sie, hier zu leben und einen Beitrag für eine gute gemeinsame Zukunft in unserem Land zu leisten.‹ (Beschluß der Synode des Evangelischen Kirchenbundes der DDR vom 19. September 1989 in Eisenach).«

Egon Krenz überlegte, wie er schreibt: »Ob alle von ihnen in ihrem Innersten wirklich einen reformierten Sozialismus wollen? Wer kann schon in alle Herzen und Hirne schauen?« Das Politbüro stelle sich nicht einmal diese Frage, bemerkt er und fährt fort: »Wir sitzen weiter auf dem hohen Roß. Statt mit den kritischen Geistern zu reden, beharren wir auf Dogmen, die das Leben überholt hat. Das SED-Politbüro schweigt weiter. Aber an der Parteibasis brodelt es. Die Unzufriedenheit in der Bevölkerung nimmt zu. Unruhe und Unsicherheit breiten sich aus. Demonstrationen setzen ein, deren Teilnehmer für Veränderungen in der sozialistischen Gesellschaft eintreten. Ihre Worte ›Wir bleiben hier‹ sind zunächst ihre Antwort auf ›Wir wollen raus‹. Schon kurze Zeit später entsteht eine umfassende Protestbewegung gegen die gegenwärtige Politik der DDR-Führung unter dem Motto ›Wir sind das Volk‹.«

In diesem Zusammenhang sind auch Initiativen wie der »Brief aus Weimar« von Christine Lieberknecht, Dr. Gottfried Müller und anderen zur Erneuerung der CDU sowie eine deutlich kritische Rede des LDPD-Vorsitzenden Manfred Gerlach zu sehen.

Demokratisierungs-Anstöße sozialistischer Wissenschaftler und Hermann Kants Satz über das Schlechteste an der DDR 1989: »Daß es sie so wie derzeit gibt.«

Wissenschaftlich fundierte Anregungen aus der Feder von Mitgliedern der SED kamen aus der Forschungsgruppe »Moderne Sozialismustheorie« an der Berliner Humboldt-Universität mit den Autoren Michael Brie, Dieter Klein, Rainer Land, Dieter Segert zu Problemen wie Öffentlichkeit, Demokratie, Persönlichkeitsentwicklung. Uwe-Jens Heuer, der den DDR-Herbst 1989 aus dem fernen Berkeley betrachtete, hatte in den Vorjahren im Streit um sein Manuskript, das dann doch noch zum Buch wurde – »Marxismus und Demokratie« –, wichtige Anstöße für den entschiedenen Ausbau demokratischer Elemente im Sozialismus gegeben.

Starken unmittelbaren Widerhall hatte ein am 9. Oktober 1989 in der *Jungen Welt* veröffentlichter Offener Brief von Hermann Kant. »Vor vielen Wochen habt auch Ihr«, schrieb Kant der Redaktion, »eine Umfrage gemacht. In einem Satz sollte man sagen, was man als das Beste an der DDR empfinde. Ich weiß meine Antwort auf Eure Frage nach dem Besten der DDR noch genau, zumal ich sie in einem nicht sehr korrekten, dafür aber kaum verkürzbaren Satz geliefert habe. – ›Daß es sie gibt‹, sagte ich. Fragt man mich jetzt nach dem Schlechtesten an ihr, müßte ich wohl sagen: Daß es sie so wie derzeit gibt.«

Daß im Strom der Aktivitäten weiter Kreise der Bevölkerung Äußerungen von einzelnen sowie von sich bildenden Gruppen eine bestimmte Rolle spielen konnten – als persönliche Anteile, in aller Bescheidenheit –, war anzunehmen. Und so ist es auch gewesen. Sie wirkten allerdings in sehr unterschiedlichem Maße.

Und: zum Teil in entgegengesetzten Richtungen. Rainer Eppelmann z. B. sprach vom Sozialismusbewahren nur, weil es die UdSSR noch gab, die Truppen auf deutschem Boden unterhielt. Edelbert Richter hingegen sprach über Sozialistisches in einem anderen Geist.

Was nun die nach Krenz' Beobachtung im September 1989 noch immer auf »hohem Roß« befindlichen Menschen im Politbüro angeht, so gerieten sie dann doch in Bewegung. Aber weniger planvoll und zielstrebig, als in den Strudel der Ereignisse hineingerissen und auf Schadensbegrenzung bedacht, immerhin.

Es kam, wie bekannt, im Gefolge der zunehmenden Proteste im Lande, darunter mit an erster Stelle der Leipziger Montagsdemonstrationen, zur Absetzung Erich Honeckers Mitte Oktober. Der Ausschluß von Gewalttätigkeiten bei diesen Demonstrationen gehörte zu ihren Grundbedingungen. Wie die Einziehung der Pistolen von persönlichen Waffenträgern und der Befehl zum Nichteinsatz von Militär gegen Demonstranten waren die Bemühungen von Persönlichkeiten wie Pfarrer Christian Führer und Generalmusikdirektor Kurt Masur um die Wahrung von Gewaltfreiheit auch durch die Demonstrierenden von erheblichem Gewicht. Am Vorabend des 7. Oktober kamen Kurt Masur und der Sekretär der SED-Bezirksleitung Kurt Meyer überein, gemeinsam mit einigen weiteren Persönlichkeiten eindringlich für friedliche Veränderungen einzutreten. Es bildete sich die Gruppe der Sechs, zu der außer den beiden Initiatoren der Kabarettist Bernd-Lutz Lange, der Studentenpfarrer Peter Zimmermann sowie zwei weitere Sekretäre der SED-Bezirksleitung gehörten: Roland Wötzel und Jochen Pommert. Im Geiste solchen Zusammenwirkens, das er unterstützte, hat Superintendent Magirius von Leipzig-Ost, zu dem die Nikolai-Kirche gehört, später fair und feinfühlig am Runden Tisch agiert.

Der gesellschaftliche Druck, der von Hunderttausenden mit politischen Forderungen auf die Straße gehenden Menschen ausgeübt wird, ist natürlich ein Akt dessen, was man neben der legislativen Gewalt, der exekutiven Gewalt und der justitiellen Gewalt (sowie der nicht deklarierten, aber mächtig existierenden Mediengewalt) als appellative politische Gewalt unmittelbar wahrgenommener demokratischer Rechte bezeichnen kann. Gelegentlich wird darauf nicht deswegen hingewiesen, um diesem politologisch geläufigen Tatbestand Rechnung zu tragen, sondern in der Absicht, die Losung »Keine Gewalt« in Mißkredit zu bringen – im Sinne von: »Ist doch Unfug.« Solche Sicht blickt vorbei an den realen Umständen des historischen Augenblicks, an den in ihm liegenden Gefährdungen. Daß die Ereignisse des Herbstes 1989 in der DDR ohne Einsatz von Gewalt im Sinne von Waffengewalt vor sich gegangen sind, war aus drei Gründen notwendig: 1. So wurde Provokationen vorgebeugt, die eine Konfrontation zwischen Truppen der NATO und des Warschauer Vertrages hätten zur Folge haben können. 2. So wurde anschaulich, beweiskräftig die Absage an ein von nicht wenigen traumatisch befürchtetes Vorgehen à la Platz des Himmlischen Friedens unterstrichen. 3. Um es mit den Worten zu sagen, die Friedrich Schorlemmer gebrauchte, als er einer Runde bürgerlicher Politik-Repräsentanten, mit denen wir beide Mitte der 90er Jahre an einem Tisch in Frankfurt am Main zur Buchmesse zu sitzen kamen, mit einiger Drastik deutlich zu machen versuchte, wie sie sich das Verhältnis zwischen einem DDR-Staatsvertreter wie mir und einem DDR-Oppositionellen wie ihm in der Umbruchsituation erklären könnten: »Sie haben nicht auf uns geschossen. Wir haben sie nicht aufgehängt.« – »Die einen wie die anderen haben sich«, fügte ich hinzu, »darauf eingelassen, miteinander zu ringen, zu streiten – bei lebendigem Leibe.«

Die Tatsache, daß in zeitgeschichtlichen Publikationen westlichen Ursprungs geprahlt wird, die USA hätten ohne Schußwaffeneinsatz Ergebnisse erreichen können, wie das sonst nur im Gefolge großer Kriege möglich ist, sollte – meine ich – niemanden auf unserer Seite veranlassen, das Praktizieren der Losung »Keine Gewalt« nachträglich in Frage zu stellen. Es kam zu punktueller Interessenübereinstimmung aus gegensätzlichen Antrieben. So etwas kommt vor in der Geschichte. Mörderisches Blutvergießen zu vermeiden, lag in unserem Interesse. Habe ich die Verdienste Leipziger Persönlichkeiten daran hervorgehoben, so seien die nicht minderen von Egon Krenz, Heinz Keßler und Fritz Streletz an dieser Stelle hinzugefügt.

Trotz Honeckers Absetzung ließen die Proteste nicht nach. Einen Höhepunkt der anhaltenden Demonstrationen bildete die Kundgebung von annähernd 500.000 Menschen auf dem

Berliner Alexanderplatz am 4. November 1989. An deren Organisierung hatten Theaterleute und andere Kulturschaffende besonderen Anteil. Das fand auch in Aussagen und Gestaltung von Transparenten seinen Ausdruck. Aspekte der Meinungsfreiheit wurden häufiger als sonst betont. Die Reden – so von Steffi Spira, Johanna Schall, Gregor Gysi, Jens Reich, Stefan Heym, Christa Wolf, Heiner Müller, Friedrich Schorlemmer, Lothar Bisky, Christoph Hein – waren in großer Schärfe kritisch gegen Verwerfungen in der DDR-Politik und zugleich besonnen im Hinblick auf ein Handeln im Geiste des Aufrufs »Für unser Land«. Das galt auch für die Auftritte von Manfred Gerlach, Günter Schabowski und Markus Wolf, die aber positiven Widerhall nicht fanden und wohl auch nicht finden konnten.

Am Tag nach dem 4., am 5. November 1989 forderte im »Gespräch am Karl-Marx-Platz« im Leipziger Gewandhaus, zu dem Kurt Masur eingeladen hatte, Kulturminister Jochen Hoffmann den Rücktritt der Regierung und des Politbüros.

Signale aus den Etagen bisheriger Führung wurden am 8./9./10. November durch die Umbildung des Politbüros, in dem nun neben Krenz und Schabowski Wolfgang Herger und Siegfried Lorenz maßgebliche Arbeit leisteten, und am 16./17. November durch den Amtsantritt der Regierung Modrow gesetzt. Dazwischen lag die Maueröffnung, die – auch ohne Schabowskis laxe Bekanntgabe auf einer Pressekonferenz – das Aufgeben von Eigenständigkeit bezeugte und beschleunigte.

Die Vorgänge sind häufig und weitgehend behandelt. Statt mich in Wiederholungen dazu zu ergehen, möchte ich den Eindruck bekräftigen, daß es der von Hans Modrow geleiteten Regierung gelang, einer gewissen Stabilisierung der Lage im Lande dienende Schritte einzuleiten. Wichtig war, daß er mit Christa Luft eine angesehene und hochkompetente Wirtschaftswissenschaftlerin an seiner Seite hatte. Als für die Kirchen zuständigen Minister hatte Modrow Lothar de Maizière für sein Kabinett gewonnen. Trotz vielfältigen Konfliktstoffs kam es zu fruchtbaren Wechselbeziehungen zwischen Kabinettsarbeit und Beratungen am Runden Tisch. Das wirkte sich günstig auf die spätere – ab 5. Februar 1990 – Regierungsbeteiligung von Vertretern der Bürgerrechtsbewegungen wie Wolfgang Ullmann aus.

Was die leitenden Gremien der SED betrifft, so ist belegbar, daß im Hin und Her zwischen sinnvollen Aktionsentschlüssen und sich ausbreitenden Erscheinungen von Aktionsunfähigkeit letztere mehr und mehr überwogen. Sinnvoll war die Arbeit an einem Aktionsprogramm; dessen Text verdient eine gesonderte Betrachtung. Hingegen sah – und sehe – ich Zeichen arg verminderter Handlungsfähigkeit darin, daß auch das umgebildete Politbüro es mehrheitlich ablehnte, eigenständige Untersuchungen zu den bei den Wahlen im Frühjahr 1989 verbreitet vorgekommenen Ergebnisfälschungen zu veranlassen. Ausgewichen wurde auch der Beschäftigung mit den gerüchteumwitterten Praktiken der »Kommerzielle Koordinierung« (Koko) genannten Außenhandelsorgane unter der Leitung von Alexander Schalck-Golodkowski. Rückgang an Handlungsfähigkeit zeigte sich nicht zuletzt, ja besonders daran, wie zögerlich und schwankend seitens des Politbüros auf die Forderungen der Parteibasis reagiert wurde, statt einer Parteikonferenz (der statutengemäß das Recht gefehlt hätte, eine neue Führung zu wählen) einen mit Wahl-Rechten ausgestatteten außerordentlichen oder Sonder-Parteitag einzuberufen. In der Sitzung des Politbüros am 1. Dezember 1989 regte Egon Krenz an, schnellstens – und zwar, wie er vorschlug, zum 3. Dezember, 17 Uhr – die nächste Tagung des ZK der SED zur Vorbereitung des außerordentlichen Parteitags einzuberufen. Denn »der Hauptpunkt der Kritik am gegenwärtigen Politbüro« besage, daß ungenügend sei, was für die Parteitagsvorbereitung getan werde. Es gebe deswegen Aufrufe – so von Genossen aus dem Werk für Fernsehelektronik (WF) und der Parteiorganisation der Humboldt-Universität –, am 10. Dezember 1989 zu einer gesonderten Parteitags-Delegierten-Zusammenkunft zusammenzukommen. In solchen Aktionen könne die Gefahr einer Spaltung der Partei liegen.

Aufgrund von Initiativen sowohl aus dem umgebildeten Politbüro als auch von 1. Bezirkssekretären, unter denen Roland Wötzel besonders gründlich die Lage im Lande und die Erwartung vieler Menschen analysierte, kam es am 3. Dezember zur Bildung eines Arbeitsausschusses zur Vorbereitung des Außerordentlichen Parteitags. Der Vorschlag, daß Herbert Kroker, Erfurt, den Ausschuß leiten könnte, fand Zustimmung. Vorausgegangen war der Politbüro-Rücktritt, zu welchem sich die Mitglieder des umgebildeten Politbüros entschlossen hatten. Hinzu kam der Rücktritt des ZK, der von einigen Bezirkssekretären – so von Bernd Meier (Frankfurt/Oder), Roland Claus (Halle), Heinz Vietze (Potsdam), Erich Postler (Gera) – gefordert worden war und den als Punkt 3 ein der zwölften Tagung des ZK unterbreiteter Beschlußentwurf enthielt; er wurde bestätigt – in einer von Aufgeregtheit, Wut, Empörung, Ratlosigkeit und Zerfahrenheit bestimmten Atmosphäre.

Auf dem Parteitag, der am 8./9. und 16./17. Dezember in Berlin stattfand, sprach als erster Herbert Kroker. Er begründete den Entschluß, einen Außerordentlichen Parteitag einzuberufen, vor allem damit, daß es »lebensnotwendig für unsere Partei« war, »handlungsfähige Leitungsgremien zu wählen, die durch die Parteibasis legitimiert sind«. »Nur so«, fügte er hinzu, »können wir mithelfen, die Krise des administrativ-zentralistischen Sozialismus in unserem Lande zu überwinden und unsere Vorstellungen in einen neuen Entwicklungsweg unserer Deutschen Demokratischen Republik einzubringen.« (S. 37 des Protokollbandes)

Wie Krokers Einleitungsbemerkungen, werden auch andere »Hauptsätze« dieses Parteitags im Gedächtnis wieder lebendig. So von Hans Modrow, der zur »Lage im Land« sprach und die Delegierten aufrief: »... laßt diese Partei nicht zerbrechen, nicht untergehen, sondern macht sie sauber und stark ...« (S. 38) und von Gregor Gysi, der in seinem Referat »Zur Formierung einer modernen Partei des demokratischen Sozialismus« betonte: »Wir brauchen einen vollständigen Bruch mit dem gescheiterten stalinistischen, das heißt administrativ-zentralistischen Sozialismus in unserem Lande.« (S. 51) Was Modrows zweite Rede angeht, die er in der nächtlichen, nichtöffentlichen Sitzung hielt, so ist Kennern der Materie längst bekannt, was auch das Protokoll (S. 93-96) belegt. »Nichts Geheimes gibt's da nicht«, ist man geneigt zu spötteln. Im Ernst: Modrow begründete, daß Parteiauflösung seine Arbeit als Ministerpräsident gefährden und die Destabilisierung verschärfen würde.

Von besonderem Gewicht war der von den Delegierten des Parteitags bei nur einer Gegenstimme und sechs Stimmenthaltungen angenommene Bericht der Redaktionskommission, den Lothar Bisky erstattete. Er begann mit folgenden drei Sätzen:

»Die Delegierten des Sonderparteitags sehen es als ihre Pflicht an, sich im Namen der Partei gegenüber dem Volk aufrichtig dafür zu entschuldigen, daß die ehemalige Führung der SED unser Land in diese existenzgefährdende Krise geführt hat. Wir sind willens, diese Schuld abzutragen. Wir danken aufrichtig den mündigen Bürgern unseres Landes, die die radikale Wende durch ihren mutigen, gewaltlosen Kampf erzwungen und uns damit auch die Chance zur revolutionären Erneuerung unserer Partei gegeben haben.« (S. 154)

Zu den »Pflöcken«, mit denen der Parteitag die weitere PDS-Entwicklung maßgeblich beeinflußt hat, gehört, was *Neues Deutschland* zum Ausdruck brachte, als es seiner Wiedergabe von Michael Schumanns Referat »Zur Krise in der Gesellschaft und zu ihren Ursachen, zur Verantwortung der SED« (S. 178-192) die Überschrift gab: »Wir brechen unwiderruflich mit dem Stalinismus als System!«

Das meines Erachtens Aufregendste auf dem 1989er Parteitag erlebten wir im Hin und Her um Rudolf Bahros Diskussionsrede (ab S. 239). Die einen wollten, daß er redet, andere meinten, weil er nicht Delegierter, sondern Gast sei, solle er lieber nicht reden. Manche plädierten für eine zehnminütige Redezeit, ihnen widersprachen Genossen, die es für richtig hielten, ihn dreißig Minuten sprechen zu lassen. Er erhielt schließlich nach der Entscheidung der Mehrheit der Delegierten das Wort für dreißig Minuten.

Und nun seine Rede. Und ihre Aufnahme. Wer aus unseren Reihen das heute im Protokollband nachliest und von selbstkritischer Beschämung frei bleibt, bei der oder dem – behaupte ich – stimmt etwas nicht im Hinblick auf die Selbstbewertung, demokratische Sozialistin/demokratischer Sozialist zu sein. Denn das ist doch unerhört: Der einzige gründlich gorbatschowkritische Redner des ganzen Parteitags wird durch Zurufe mehrfach unfair attackiert!

Bahro kündigte an, was er anzubieten habe, komme einem Korreferat zu den Ausführungen Dieter Kleins gleich, der »Über die Neuformierung einer modernen sozialistischen Partei und ihren Beitrag für eine neue sozialistische Gesellschaft« referiert hatte (S. 225-239), sowie einer kameradschaftlichen Auseinandersetzung mit Auffassungen, die Hans Modrow eine Woche zuvor im Kreise von Generaldirektoren geäußert hatte. Er bat die Delegierten, sich doch zu seiner Meinung so zu stellen, »daß es vielleicht ohne Beifall und ohne Pfeifen geht«. Es sei einfach ein »Denkstück«, das er vortrage, »hinter dem aber eine ganze Menge theoretischer Arbeit steht« (S. 248). Dennoch ging es ohne ungeduldige Zurufe (»Konkret!«, »Vorschläge!«), Unmutsäußerungen, höhnische Heiterkeit, Pfiffe und im Protokoll neutral als »Bewegung im Saal« bezeichnete Unruhe nicht ab. Für ungewohntes Denken, für das angebotene »Denkstück« mangelte es bei diesem ersten größeren Versuch, Toleranz zu üben, an eben dieser Toleranz doch (noch?) sehr – der Aufforderung des Versammlungsleiters Wolfgang Berghofer zum Trotz, der den Genossen in einer Zwischenbemerkung während Bahros Rede ermahnend zu verstehen gegeben hatte: »Wollen wir zeigen, daß wir auch zuhören können, wenn wir anderer Meinung sind!« (S. 252)

Von dem, was Bahro »zur Sache« sagte, reicht es, an dieser Stelle stichwortartig an einige Fragen, Sätze und Halbsätze zu erinnern, um sich die Brisanz seines Auftritts wieder vor Augen zu führen. Er kritisierte, daß wir »unsere Wirtschaft de facto von der Devisenbeschaffung für das ökonomische Wettrüsten mit dem stets überlegenen Klassenfeind, statt von den Bedürfnissen der Bevölkerung steuern lassen«. Er fragte: »Wissen die Führungskräfte unserer Industrie, daß sie bald nur noch bessere Filialleiter sein werden, später dann auf Abruf?« Er sah, wie DDR-Kombinate und -Betriebe »längst planmäßig potentielle Brückenköpfe der anderen Gesellschaftsformation geworden« waren. Jetzt solle die Besetzung folgen. Er stellte fest: »Es liegt in der Logik aller dieser Vorgänge, daß unsere Gesellschaft Gebiet um Gebiet ihre Souveränität aus der Hand gibt.« Er griff die »welthistorische Korruption« an, der wir verfallen seien aufgrund unseres »prinzipiellen Ökonomismus«. Von den Weltmarktbedingungen her, meinte er, drehe sich alles falsch herum. Wer da nicht herauskomme, erliege der »Illusion, wir hätten nur erneut anzutreten ohne die Deformationen«. Daraus könne nichts werden. »Moskau macht einstweilen noch eine Wirtschaftspolitik weiter, bei der ein Boris Jelzin, wenn er vor Amerika auf dem Bauche liegt, keineswegs aus dem Rahmen fällt, was die Wertmuster betrifft.« Auch das ein Satz aus dieser

SED/PDS-Parteitagsrede vom Dezember 1989. Und was unser Agieren hier betrifft, so bezichtigte Bahro mehr oder minder uns alle, wir würden um der »gruppen-egoistischen Sisyphusarbeit« willen, daß man unsere Selbstdarstellung in der technokratisch-kommerziellen Olympiade auch »drüben« gelten lasse, »sozusagen Agenten der Kapitaldynamik wider Willen« sein. Innerlich wie faktisch seien wir »umgedreht worden«. Herbe Sicht – voll wie tiefer Wahrheit aber inmitten illusionsgetränkter Träume, was für Segnungen der Kapitalismus vielleicht und hoffentlich doch noch bringen würde. Dem Programmatischen in der PDS heute könnte es gut tun, das Kapitel Bahro aus dem Parteitagserbe von vor fünfzehn Jahren nicht »außen vor« zu lassen.

Mit Blick aufs Heute und Hier läßt sich beziehungsvoll und anspielungsreich auch lesen, was zum Umgang miteinander innerhalb der sich bildenden PDS gesagt wurde. Ich denke da vor allem an Wolfgang Pohls Rede »Die radikale Erneuerung der Partei verlangt zwingend ein neues Statut« (S. 242-247). Als auf der Bundeskonferenz der PDS Anfang Dezember 1999 Lothar Bisky integrative Toleranz forderte (siehe *PDS-Pressedienst* Nr. 49/99, Seite 6), da hatten wir, wie später noch häufiger, Gelegenheit, uns des Credos zu erinnern, das Pohls Statutenreferat enthalten hatte: »Wir brauchen nichts, was Angst macht, sein Inneres zu offenbaren, denn nur wer denkt, ist frei und selbständig, heißt ein Philosophenwort.« (S. 244) Daß es in unseren Reihen auch Äußerungen gibt, die auf Entgegengesetztes hinauslaufen, dagegen müssen wir immer auf der Hut sein.

In Reden auf dem Parteitag wie in Papieren, die dessen Antragskommission, die ich zu leiten hatte, zugegangen waren, traf man des öfteren auf die Formulierung, mit dieser oder jener neuen Regelung solle Gängeln, Bevormunden, zentralisiertes Reinreden usw. »ein für allemal« ausgeschlossen werden. Dazu machte ich eine Anmerkung, die hier wiederholt sei: »... ein für allemal? Strukturen, Rahmenbedingungen und andere Voraussetzungen können vieles bewirken, begünstigend in der einen und einschränkend in der anderen Richtung. Doch einfach darauf zu bauen, daß wir nun Regelungen haben werden, die allein aus sich heraus alles Böse abwenden und alles Gute erblühen lassen, das hielte ich für illusorisches Denken. Denn ob die per Programm und Statut, Verfassung und Gesetz ermöglichte Demokratie tatsächlich verwirklicht wird, darüber geben die Menschen mit ihrer Haltung den Ausschlag: Sie zu ermuntern und zu ermutigen zu selbständigem Denken und Urteilen durch unser eigenes Beispiel, darin wird sich die Wirksamkeit unseres außerordentlichen Parteitages genau so erweisen müssen wie durch seine Beschlüsse.« (S. 358f.)

Was bleibt nach alledem im Begrifflichen zum Charakter der Ereignisse zu sagen? Ich knüpfe da wiederum an eine damals versuchte Antwort an. Für einen Band »Aktuelle Stellungnahmen aus der DDR«, der unter dem Haupttitel »Träumen verboten« im Göttinger Lamuv Verlag im März 1990 erschienen ist, schrieb ich folgendes: »Eine Revolution nenne ich das, was im Herbst 1989 in der DDR begonnen hat, noch nicht. Die revolutionäre Volksbewegung hat politische Erstarrungen aufgebrochen. Wohin sie im weiteren führt, hängt von den Kämpfen ab, in die äußerst verschiedenartige Kräfte verwickelt sind. Die Auseinandersetzungen zwischen den an demokratischer Umwälzung Interessierten und ihren konservativen, restaurativen Widersachern werden inzwischen vielfach überlagert und gestört durch Repräsentanten einer anderen Art von Restauration. Es melden sich von außerhalb und aus dem Inland jene, die zum Angriff auf die Dominanz gesellschaftlichen Eigentums in der DDR-Wirtschaft angetreten sind. Sie wollen das Land in vorsozialistische Verhältnisse zurückholen oder -stoßen. Die revolutionäre Bewegung des Volkes der DDR vom Herbst 1989 hat es nach meiner Überzeugung verdient, vor derartiger Verbiegung, ja Umkehrung bewahrt zu werden.«

Ich halte diese Stellungnahme aus heutiger Sicht, 15 Jahre danach, nicht für korrekturbedürftig. Was darin über den Charakter der Ereignisse gesagt wird, hat sich als zutreffend erwiesen. Das Wörtchen »noch« im ersten Satz drückt aus, daß ich damals hoffte, es könnte zu Entwicklungen kommen, die es rechtfertigen würden, von Revolution zu sprechen. Diese Hoffnung ist nicht aufgegangen. Verdient hatte es die revolutionäre Bewegung des Volkes sehr wohl, vor der Umkehrung bewahrt zu werden, vor dem Zurückstoßen des Landes in vorsozialistische Verhältnisse. Aber eben diese Umkehrung hat stattgefunden, dieses Zurückstoßen ist mit allen Mitteln innerer und internationaler Politik durchgesetzt worden.

In den Umbrüchen des Herbstes 1989, wie ich die Ereignisse nenne, gewann nicht das Revolutionäre die Oberhand, die fortschrittliche Umwälzung einer sich erneuernden sozialistischen Gesellschaft, sondern mehr und mehr dominierte das Restaurative, die Wiederherbeiführung kapitalistischer Ausbeutungsverhältnisse. Bush der Ältere, Gorbatschow, dessen Politik dazu geführt hatte, daß die UdSSR zu jener Zeit bei der DDR mit 3,085 Milliarden Valutamark verschuldet war, und die Bonner Regierung Kohl hatten maßgeblichen Anteil daran, daß der in der Bevölkerung einschließlich der Bürgerbewegungen spürbare Restaurationsunwille überrollt wurde. Inwieweit und auf welche Weise hierbei die Geheimdienste dieser drei Mächte CIA, KGB und BND/Verfassungsschutz ihre Hände mit im Spiel hatten, darüber wird bisher, wenn überhaupt, so vor allem in Mutmaßungen, z. B. über »Lutsch«, geschrieben. Seriöse Tatsachenanalysen aufgrund von Aktenaufarbeitung und Zeitzeugenbefragung stehen noch aus.

Von den Konsequenzen nenne ich als erste die Folgen, mit denen wir es unmittelbar hier – im Gebiet der einstigen DDR – zu tun bekamen.

Die Leute hatten ungehindert reisen wollen. Die Bürger hatten gefordert, daß bei Wahlen zwischen verschiedenen Personen, Parteien und Zielsetzungen gewählt werden kann und daß dem Wählen fehlerfreies Zählen der Stimmen folgt. Und nicht zuletzt strebten alle an, unbehelligt Gegenmeinungen zur herrschenden Politik sagen und schreiben zu können. Drei ganz klar den Überbau, kaum – jedenfalls nicht vordergründig – die materielle und ökonomische Basis und die auf ihr basierenden sozialen Verhältnisse betreffende Vorstellungen.

Die wesentlichen Änderungen, die eintraten, hatten Akzente anderer Art. Sie betrafen die Basis, die ökonomische und soziale Grundstruktur der Gesellschaft sowie, was den »Überbau« betrifft, Zerschlagung politischer Institutionen und Errichtung der Medienherrschaft westdeutscher Konzerne. Das Volk wurde enteignet: Eine staatliche Behörde, die zur Tarnung den ihr in der Zeit der Modrow-Regierung gegebenen Namen »Treuhand-Anstalt« beibehielt, wütete als Fremdhand-Anstalt. Sie sorgte dafür, daß 93,5 Prozent des ostdeutschen Produktivvermögens durch Privatisierung in fremde Hände gelangten, vorwiegend von Eigentümern in Westdeutschland. Das Land hat man entindustrialisiert: Wir hatten in der DDR 158 Industriebeschäftigte auf 1.000 Einwohner, im Westen waren es 120. Seit 1989 hat man die Quote der im Osten in der Industrie Tätigen auf weniger als die Hälfte des westdeutschen Standes runtergefahren – auf 50 je 1.000 Einwohner. Im Osten Deutschlands gibt es kaum noch größere Industrieunternehmen. Während die Industrieumsätze 2003 in den sogenannten alten Ländern eine Summe von 1.236,6 Milliarden Euro erreichten, beliefen sich die Umsätze von ostdeutschen Industriebetrieben im gleichen Jahr auf nicht mehr als 111,5 Milliarden Euro im Schnitt – laut Angaben der Hamburger Wochenzeitung *Die Zeit* vom 26. August 2004.

Anderthalb Jahrzehnte lang hat man das verfehlte Wirtschaftskonzept praktiziert, Infrastrukturmaßnahmen überzubetonen, neue Industrieansiedlungen hingegen bei der Vergabe von Fördermitteln zu vernachlässigen. Zeitgemäße Re-Industrialisierung fand nicht statt. Wenn Dohnanyi das jetzt beklagt, kann er damit bestenfalls den Anspruch späten Vernünftigwerdens erheben. Rechtzeitig hätte man auf den Rat, der u.a. in Vorschlägen demokratischer Sozialistinnen und Sozialisten im Bundestag und in Landtagen steckte, hören sollen. Nun aber? Jetzt können die herbeigeführten Mißverhältnisse viel schwerer behoben werden. Und außerdem: Der Denkansatz, im Osten sei verstärkte Industrieentwicklung nötig, wird doch sogleich gebremst, wenn er einhergeht mit der Zumutung, von den zur Verfügung stehenden Mitteln künftig mehr in Richtung Westen abzuzweigen – wegen dort an einigen Stellen – z. B. in Recklinghausen – anzutreffender ostähnlicher Verhältnisse. Wer mich mutwillig mißverstehen will, wird unterstellen, so äußere sich Gleichgültigkeit gegenüber Städten und Regionen im Westen, die sich in so prekären Situationen wie Recklinghausen, Gelsenkirchen oder Duisburg befinden. Das Gegenteil ist richtig. Ich bin entschieden dafür, daß die Unterstützung strukturschwacher Städte und Regionen auch im Westen spürbar verstärkt wird. Aber sinnvoller Weise doch durch Inanspruchnahme der Reichsten und nicht durch Abknapsen bei den sowieso Benachteiligten. Mit »O Täler weit, o Höhen!« besungene schöne Landschaften wurden weiß Gott weit – kilometerweit – entstellt: verunstaltet mit häßlichen Großbaracken.

Die einstigen DDR-Bürgerinnen und -Bürger sind in großem Umfang und in hohem Maße entwürdigt worden: durch verordnete Ungleichmacherei – geringere Löhne, Gehälter und Renten, doppelte Höhe der Arbeitslosenquote (18,5 Prozent hier, 8,4 Prozent im Westen), brutale »Entsorgung« gewachsener geistiger Eliten. Ansprüche an ein reiches kulturelles Leben und auf Kunstgenuß wurden entwertet. Man denke daran, wie humanistische Bücher in Müllcontainern und auf Schutthalden landeten und wie das Repertoire der Theater durch Fusionen der verschiedensten Machart eingeschränkt wurde. Teil der kulturellen Entwertung ist die – tatsächlich so bezeichnete! – »Entwortung«, das heißt: die Zurückdrängung von Sprachgebundenem, zum Beispiel in den elektronischen Medien. Dies übrigens ist eine Tendenz, auf die im Westen schon länger hingearbeitet wurde; nun hat man sie auch bei uns eingeschleppt.

Klar: Es gibt heute im Gebiet der einstigen DDR mehr Autos und Telefone; im Häuser- und Straßenbau ist Bemerkenswertes geleistet worden. Aber das hebt die sozial und kulturell ungünstigen Existenzbedingungen für viele nicht auf. Für die Deutschen im Osten ist eben dieser Osten dennoch kein trostloses Terrain voller Jammer. Mit Widrigkeiten zu Rande zu kommen und gewisse Spielräume zu nutzen und zu erweitern, darin haben sie Übung. Auch die Fähigkeit, sich zu freuen, haben sie nicht verloren. Ihre Kreativität und Innovationskraft schöpfen sie aus Freude an Gelungenem und Kritik an Mißratenem. Wobei der Spaß an der satirischen Durchleuchtung von Unfug nicht zu kurz kommt. An Unfug, in dem Spottlust Stoff findet, mangelt es weniger, als uns lieb sein kann. Vor allem aber verfügen die Deutschen im Osten über ein ausgeprägtes Gespür für gesellschaftliche Krisenerscheinungen. Das schließt Selbstkritik ein. Denn sie haben wie unter den aus dem Westen hierher entsandten Wirtschaftsbossen, Bankern und Beamten auch in den Reihen »Hiesiger« unterscheiden gelernt zwischen unbeirrt aufrichtig und fleißig im Interesse der Bevölkerung Handelnden und solchen, deren Sinnen und Trachten egoistischen Interessen untergeordnet ist. Korrumpieren und korrumpiert werden ist ein Vorgang, der sich nicht auf Fälle beschränkt, in denen einer mal – zu Anfang – 20.000 DM über den Tisch ge schoben bekommt für die Erteilung einer Genehmigung fürs Errichten und Betreiben einer Raststätte an der Autobahn. Später folgten größere »Geschäfte« im Hunderttausender-Bereich. Beschämt gestehen manche sich ein, daß sie in der trügerischen Hoffnung, selber verschont zu bleiben, es vermieden haben, Widerstand zu leisten bzw. sich am Widerstand zu beteiligen, als in Betrieben zunächst einmal andere als die eigenen Abteilungen ausgedünnt und stillgelegt wurden, und in Universitäten andere Fakultäten. Im Protest gegen die Hartz-Maßnahmen entlädt sich jetzt mehr als das Verlangen, daß asoziale Gesetzgebungen zurückgenommen werden. Bürgerinnen und Bürgern wird zunehmend bewußt, was der Dichter Hanns Cibulka in seinem 1994 erschienenen Buch »Am Brückenwehr« so ausgedrückt hat: »Was uns in Deutschland heute begegnet, ist das Gesicht einer späten Demokratie, in das die Selbstsucht, Korruption, aber auch die politische Lüge ihre Züge eingebrannt hat. Wir erleben eine Mehrparteiendiktatur, ihre Funktionäre fürchten den Runden Tisch, die Basis-Demokratie genauso wie der Teufel das Weihwasser.« (S. 105) »Vorsicht vor dem antidemokratischen Phänomen, das Geld heißt«, warnt Cibulka (S. 71).

Die Folgen des Herbstes 1989 hatten ihrerseits zur Folge, daß von diesseits der Elbe erneut viele Menschen nach jenseits der Elbe abwanderten, flüchteten, umzogen; es handelt sich um Millionen, was in verschiedenen ostdeutschen Gebieten zur Entvölkerung führt. Und auch das gehört zu den Folgen der Folgen hier: daß ein so hoher Teil der Wahlberechtigten an den einst so ersehnten Wahlen nicht mehr teilnimmt. 15 Jahren der Enttäuschung folgt nun auch hier Enthaltung, wie man sie im Westen schon länger kennt, obwohl man jetzt so tut, als handle es sich um ein Ost-Phänomen. Die von einigen unserer auf theoretischem Gebiet arbeitenden Genossen erträumte »doppelte Modernisierung« (Nachvollzug westlicher Modernequalitäten hier und Mitvollziehen eines als bevorstehend gesehenen gesamtgesellschaftlichen Wandels im Westen) kam im Spannungsfeld zwischen Modellvorstellung und Realität nicht zum Zuge. Auf diese Vorstellungen gestützte Transformationskonzepte enthielten logischerweise viel Illusorisches. Wer ein wirklichkeitsnahes Bild ostdeutscher Zustände heute skizziert, wird schnell verdächtigt, er wolle »zurück ins Gestern«, er wolle »die DDR wiederhaben«. Eine derartige ahistorische Denkweise aber ist – und bleibe! – uns fremd. Es geht in Wahrheit um etwas anderes: Wer ohne wirklichkeitsnahes Bild ostdeutscher Zustände auszukommen trachtet, wenn er Perspektiven für Ostdeutschland entwirft, kann nicht überzeugen. Der Kampf um Politikwechsel in der Bundesrepublik kann erfolgreich nur sein, wenn wir die Situation ungeschminkt darstellen und klar sagen, daß diese Situation von Grund auf überwunden werden muß. Dazu gehört, die Herausforderung anzunehmen, die in der spürbar dichteren sozialen Nähe der verschiedenen Berufs- und Einkommensgruppen in der DDR gegenüber den jetzigen Verhältnissen besteht. Werden solche Ansätze weiter vernachlässigt oder versäumt, wird infolge anhaltenden ostdeutschen Niedergangs ganz Deutschland in ein Debakel schlimmer als fünf Flutkatastrophen gestürzt.

Besonders verwerflich sind die ewigen Litaneien über »Transfers« von West nach Ost. Warum verwerflich? Weil sie erstens doppelt verlogen sind: a) Für Autobahnbauten investierte Finanzen heißen in Bayern Bundesmittel, für die dort niemandem regionale Dankbarkeit in irgend eine Himmelsrichtung abverlangt wird; kommt es hingegen in Thüringen zum Einsatz solcher Mittel, werden diese »Tansfers« genannt. b) Es wird absichtsvoll verschwiegen, daß wegen der Ost-nach-West-Übereignungen als Ergebnis der Privatisierungstätigkeit der Fremdhand-Anstalt von Re-Transfers sprechen müßte, wer von Geldern redet, die von West nach Ost überwiesen werden, genauer: von partiellen Re-Transfers; wer das Re wegläßt, lügt. Verwerflich sind die ewigen »Transfer«-Litaneien zweitens, weil sie die deutsche Nation weiter spalten. In ihren im westlichen Teil Deutschlands siedelnden Angehörigen wird das falsche Bewußtsein genährt, sie allein seien die Fleißigen, die Arbeitsamen, die ihre im Osten lebenden Landsleute aushalten müßten, weil die weder sich richtig anstrengen könnten oder wollten noch mit Geld sinnvoll umzugehen verstünden.

Sich als Meister verantwortungslosen Umgangs mit Geld und großer Geldvernichtung hervorzutun, war Hiesigen mangels Masse – an Geld – meist nicht gegeben. Das besorgten gepriesene Unternehmer von auswärts wie Herr Pilz, der nach Albrechts bei Suhl gekommen war, um gewieft Fördergelder für eine PC-Firma zu kassieren; daß er dann, vielen Vertuschungsversuchen zum Trotz, wegen Betrugs im Knast landete, steht fälschlich auf einem anderen Blatt, während es mit auf dieses Blatt gehört. Allerdings als Begünstiger von Geld- und Wertevernichtern haben von den hier Aufgewachsenen, die nach 1989 Parlamentsmandate errangen oder in Regierungsämter gerieten, einige ziemlich viel Falsches mit üblen Auswirkungen getan. Man denke z. B. an die im Land Brandenburg in den Sand gesetzten gigantischen Großprojekte von der Art Dubai baut Chipfabrik an der Oder. Eine der schlimmsten nach 1989 begangenen Missetaten besteht darin, daß die von der CDU geführten Thüringer Landesregierungen in Bischofferode und anderswo Verrat an ökonomischen Landesinteressen geübt haben. Acht Kalischächte wurden geschlossen, per Fusion erhielt die BASF-Tochter Kali+Salz Kassel Zugriff auf die hochqualitative thüringische Kalilagerstätte, abgesegnet durch Staatsvertrag zwischen Thüringen und Hessen. Kali+Salz Kassel kam so aus einem Minus von 300 Millionen DM 1993 heraus und erreichte ein Plus von 163 Millionen DM 1998. Fakt ist, daß dieser Fakt verschwiegen wird.

Fakt ist, daß erst recht nicht offengelegt wurde und wird, wie hier massive Finanzbegünstigung stattfand – zur Bereicherung eines Firmenkonglomerats im Westen durch Umverteilung von Ost nach West. Fakt ist auch, daß nach wie vor unaufgeklärt blieb, wohin die für die einstige DDR-Kaliindustrie gedachte sogenannte »Treuhand-Milliarde« gesickert oder gesprudelt ist.

Was die weltpolitischen Konsequenzen angeht, so bereitet allen am Frieden zwischen den Völkern interessierten Menschen in der Welt die größten Sorgen die Tatsache, daß Krieg, Erpressung, Staatsterror unter dem Vorwand von Kampf gegen Terrorismus unterm Diktat der USA um sich greifen, in gefahrsteigernder Wechselwirkung mit unmenschlichen Gewalttaten tatsächlicher Terroristen. Die Zerstörung des Staates UdSSR, die spürbare Verminderung der Rolle ihrer Nachfolgestaaten, insbesondere Rußlands, als Weltmachtfaktor haben entscheidend zu diesen die Zukunft der Menschheit bedrohenden geopolitischen Veränderungen beigetragen.

Das mitbetrieben zu haben, ist eine schwere historische Schuld. Wenn es um die Jahre vor 1989 geht, sind wir nicht zimperlich, nach Irrtümern, Fehlern und Vergehen auch Verbrechen zu benennen. Die vergleichsweise starke verbale Zurückhaltung bei der Charakterisierung dessen, was den Völkern der UdSSR und der dem Warschauer Vertrag angehörenden Staaten sowie überhaupt allen Völkern Ende der 80er Jahre angetan wurde, war von Anfang an unverständlich und sollte um der Gerechtigkeit des politischen Urteils willen überwunden werden. Anders wird die Wahrheit nicht erkennbar oder sagbar, daß am Niedergang des Sozialismus Versagen, Verrat und politische Verbrechen von Angehörigen des leitenden politischen Personals ihren Anteil hatten, z. B. indem einige sich würdelosen Gehirnwäschen unterzogen.

Das festzustellen, bedeutet meines Erachtens auch, sich klarzumachen: Selbst wenn wir in der DDR eine von jederlei Privilegienanmaßung gänzlich reine und im Hinblick auf politische Begabung, Scharfsinn und Entschlußfähigkeit unübertreffbar geniale Menschengruppe an der Spitze gehabt hätten, in der Ende der 80er Jahre entstandenen und herbeigeführten internationalen Kräftekonstellation gab es für einen sozialistischen deutschen Staat kaum Chancen weiterer Entwicklung, ja Existenz. Es fehlten die objektiven und subjektiven Voraussetzungen.

Aus dieser nüchternen Hypothese würde ich aber keineswegs folgern wollen, wir könnten oder sollten wegschweigen, welche Versäumnisse und Fehler in unserem eigenen Handeln die verderblichen Entwicklungen begünstigten. Deshalb habe ich mich verpflichtet gefühlt, die widerspruchsvollen inneren Vorgänge ins Blickfeld zu rücken, aus denen von demokratischen Sozialistinnen und Sozialisten allerhand gelernt werden kann

Eine Kurzfassung dieses Textes wurde vorgetragen auf der (25.) wissenschaftlich-politischen Konferenz »Soziale und politische Konfliktpotentiale nach dem Systemwechsel 1989–1991 in europäischen Ländern und antikapitalistische Bewegung«, veranstaltet am 4./5. September 2004 in Berlin.

Umkehr: woher – und vor allem: wohin?

Zu einem Buch von Konrad H. Jarausch über »Deutsche Wandlungen 1945-1995«

Drei »Schübe« in den Wandlungen Deutscher und Deutschlands zwischen 1945 und 1995 nimmt Konrad H. Jarausch wahr: die »erzwungenen Neuorientierungen« nach dem Kriegsende 1945, die '68er »Rebellion« und die Ereignisse von 1989/90. Letztere – die meines Erachtens am treffendsten als Umbrüche zu bezeichnen sind, in denen restaurative Kräfte die Oberhand über die revolutionäre Volksbewegung gewannen, während in amtlichen Verlautbarungen bevorzugt von »friedlicher Revolution« geredet wird – figurieren bei ihm als Umbruch bzw. demokratischer Aufbruch. Wodurch er sich von der einen wie von der andren Betrachtungsweise unterscheidet. Er vermeidet euphorische politische Überhöhung. Bei Ansätzen zur Einordnung sozialpolitischer Folgen von 1989 klaffen indes Einzelbeobachtung und verallgemeinernde Wertung oft auseinander.

Jarausch spricht offen über »gravierende Fehler wie das Prinzip ›Rückgabe vor Entschädigung‹«. Er nennt den »Schock der Vereinigung«, der sich in die »Sorge um eine tiefgehende ›Vereinigungskrise‹ verwandelte« und fragt: »Brachen nicht wegen der rigorosen marktwirtschaftlichen Privatisierungspolitik der Treuhandgesellschaft überall renommierte Industriebetriebe wie das Kamerawerk Pentacon zusammen?« Er gibt zu, daß durch den »Beitritt« der DDR zur alten BRD »eine gleichberechtigte Fusion von Ost und West verhindert wurde«. Und er räumt ein, daß es zu neuen »Frustrationen über westliche Bevormundung und Kolonisierung sowie Ressentiments gegenüber der Undankbarkeit und Störrigkeit des Ostens« kam. In der Wertung gebraucht er jedoch nur verniedlichende »wäre« und »hätte«: »Zweifellos wären eine intelligentere Investitionspolitik, eine Aufnahme von funktionierenden Lösungen wie der Polikliniken und ein größerer Respekt für die Andersartigkeit ostdeutscher Biographien zu wünschen gewesen. Auch hätte etwas mehr Mut bei der Diskussion um die Reform des Grundgesetzes nichts geschadet.«

Die brisantesten Seiten kritikwürdiger Tatbestände übergeht Jarausch mit Schweigen. Etwa, daß infolge des Wirkens der »Treuhandgesellschaft« genannten Fremdhandanstalt eine riesige Enteignung des Ostens und Bereicherung übernehmender westdeutscher Firmen stattgefunden hat. Von den sowjetischen Demontagen in den 40er Jahren weiß er zu berichten, daß es sich um eine »gigantische Ausplünderung« gehandelt habe, »die das ostdeutsche Bruttoanlagevermögen auf etwa drei Viertel des Vorkriegsstandes reduzierte«. Warum sagt er nicht, auf wie viel Prozent des Vorvereinigungsstandes das ostdeutsche Bruttoanlagevermögen nach 1990 reduziert wurde? Falls es zu einer Nachauflage kommen sollte, seien dem Autor die Publikationen von Jörg Roesler und Siegfried Wenzel empfohlen.

Unter den Zwischenüberschriften zivilgesellschaftliche Herausforderungen, Aufbruch, Lernprozesse etc. zum 1989er Stoff läßt Jarausch die Leser wissen, bei civil society handle es sich um ein Modewort, mit dem eine Sphäre von unabhängigem

Juni 1989

Bürgerengagement zu bezeichnen versucht werde. Mode? Verkrustete Strukturen aufzubrechen und lebendige demokratische Entscheidungsbeteiligung der Bürger zu erweitern – dies gehörte zu den besten Initiativen der 89er Umbrüche. Was Jarausch zum Fungieren von civil society »als normatives Ziel und als Methode der Veränderung« in »vorpolitischen Zusammenschlüssen« von Dissidenten in der DDR erläutert, sieht er für die Zeit nach den März-Wahlen 1990 als erledigt an. Besorgt hat das die »Kanalisierung der bürgerrechtlichen Zivilgesellschaft in traditionelle parlamentarische Formen«, so Jarausch. Er wundert sich sodann: »Ironischerweise fanden sich die überraschend überlebende PDS und die kleine Minderheit der Bürgerbewegten auf derselben Seite der Verteidiger eines Dritten Weges der Fortführung eines reformierten Sozialismus in einer eigenständigen DDR.«

Entsetzlich sind die Erwägungen, die Jarausch über die künftige Rolle Deutschlands in der Weltpolitik zu Papier bringt. Den »Test der neuen Verantwortung« habe die erweiterte BRD »im ersten Golfkrieg gegen den Irak nicht gerade mit Bravour« bestanden, mäkelt er. Gründe: Kohl und Genscher zögerten. Erst auf massiven US-Druck haben sie Milliarden D-Mark aus Steuermitteln als Aggressoren-Unterstützungsgelder überwiesen (daß deren Höhe sich auf 17 Milliarden belief, verschweigt er). Die »verfassungsmäßige Beschränkung auf Verteidigung des eigenen Landes« und die von der Friedensbewegung geforderte »Kultur der Zurückhaltung« betrachtet er als »Hindernisse«, die überwunden werden mußten – zur Durchsetzung von so genannten »Militäreinsätzen zur Friedenssicherung«. Dies wird von ihm nicht etwa ad absurdum geführt, sondern als erforderliches »grundsätzliches Umdenken« hingestellt.

Also eine Umkehr zurück zu einem Denken und Handeln in antiquierten Gewalt- und Kriegskategorien wird nahegelegt. Eine Umkehr der Umkehr von 1945 ist das, ein Widerruf der damals ziemlich einhellig vollzogenen Abkehr vom Militarismus. Als das Schröder-Fischer-Kabinett im Wahlkampf 2002 »wirklich versuchte, eine unabhängige Politik zur Verhinderung des präventiven Irak-Krieges durchzusetzen, war der Eklat da, denn manche Kritiker beschworen das Ende der Atlantischen Gemeinschaft!« Auf einen so lapidaren Registriersatz beschränkt sich Jarauschs Kommentar.

Von der Umkehr des Jahres 1945 und der Folgejahre handelt der erste Teil des Buches: Abkehr vom Krieg, als »Abschied von der Nation« überspitzt formulierte Distanzierung vom Nationalsozialismus, alliierte und deutsche Umstrukturierungsversuche in der Wirtschaft. Dabei gelingen ein paar aufschlußreiche Skizzen über Entnazifizierung zwischen zynischen Persilscheinaktionen und aufrichtiger Überwindung faschistischen Irrglaubens. Im zweiten Teil geht der Autor auf widersprüchliche Modernisierungsschübe ein. Dazu gehört etwas, das er »Westernisierung« nennt und für besonders wichtig hält, wobei er allerdings auch auf Widersprüche der »Entdeutschung« zu sprechen kommt. Dazu gehören auch der Protest 1968 und seine Wirkungen, für die der Autor sich aufgeschlossen zeigt. Im Einzelnen behandelt er: »Wiederherstellung der Bürgerlichkeit«, antirestaurative Ansätze, kulturrevolutionäre Aufbrüche und schließlich, wie er sie nennt, »Folgen eines Fehlschlags«. Das Ganze summiert er als »Paradoxien der Moderne«.

In deren Abwandlung zum Schluß eine Paradoxie der 89er Umbrüche in der Sicht des Buchautors: »Der Abschied vom Kommunismus (ging), wie die Sozialstaatsdebatte demonstriert, nicht weit genug.« Es zeige sich eine »Diskrepanz zwischen der ideologischen Diskreditierung des Sozialismus und dem Festhalten an staatlicher Unterstützung«. Erreicht worden sei ein »Verbürgerlichungsprozeß, auch wenn sozialistische Wertorientierungen vor allem in der Arbeiterschaft nachklingen«.

Konrad Jarausch: Die Umkehr. Deutsche Wandlungen 1945-1995. DVA, 2004. 500 Seiten.
Die Rezension wurde im Neuen Deutschland *am 9. Dezember 2004 veröffentlicht*

2001: Menschliches Maß gerichtlich verfehlt – Urteil gegen Krenz

Rechtswidriger Bruch des Rückwirkungsverbots durch deutsche Justiz vom Strasbourger Europäischen Gerichtshof für Menschenrechte »abgesegnet«

Als der Europäische Gerichtshof für Menschenrechte in Strasbourg die Beschwerde von Fritz Streletz, Heinz Keßler, K.-H. W. und Egon Krenz gegen ihre Verurteilung durch bundesdeutsche Gerichte zur Behandlung angenommen hatte, fragten sich viele: Womit kann oder muß nun gerechnet werden? Kommt es zu einer europäischen Korrektur jenes Teils deutscher Rechtsprechung, in dem westdeutsche Richter Urteile über politisches Handeln in der DDR fällen – oder soll die Tatsache, daß deutsche Gerichte mit der Verletzung des Rückwirkungsverbots Recht gebrochen, Unrecht gesprochen haben, nachträglich europäisch »abgesegnet«, von Deutschlands Nachbarn und anderen Partnern gut geheissen werden?

Skeptiker befürchteten Letzteres – mit Blick auf Gewicht, Macht, Stärke der Bundesrepublik Deutschland. Ohne dem realpolitischen Gehalt solcher Skepsis einfach zu widersprechen, haben andere gehofft, die der höchsten menschenrechtlichen Instanz Europas angehörenden Richterinnen und Richter könnten ihre Verantwortung, Willkür zu verhüten bzw. einzudämmen, wahrnehmen wollen. Diese Hoffnung ist enttäuscht worden. Die Beschwerden wurden zurückgewiesen.

Über die Gründe solchen Gerichtsverhaltens haben bereits Monate vor dem Urteilsspruch vom März 2001 – nämlich im November/Dezember 2000 – Blätter wie die *Süddeutsche Zeitung* und *Der Spiegel* ahnungsvoll und ziemlich offen geschrieben. Erstens, hieß es da, habe der Vorsitzende des Gerichts, der Schweizer Luzius Wildhaber, »enge Beziehungen zur deutschen

Mit Egon Krenz und anderen *Foto: Peter Vogel*

Rechtslehre« und wisse, »wie problematisch es wäre, würde sein Gerichtshof den deutschen Gerichten den Stempel ›menschenrechtswidrig‹ aufdrücken«. Zweitens: Würde der Gerichtshof auf Verletzung des Rückwirkungsverbots durch die bundesdeutsche Justiz erkennen, geriete »die gesamte, mit der Vereinigung des Landes einhergehende juristische Vergangenheitsbewältigung [...] aus den Fugen«.

Um alles in den Fugen bundesdeutscher Juristerei zu belassen, unterließ es der Gerichtshof von Strasbourg, den Instanzen von Karlsruhe, Leipzig und Berlin Bescheid zu geben, daß ihr Umgang mit dem Rückwirkungsverbot rechtswidrig ist. Um solche Unterlassung gerechtfertigt erscheinen zu lassen, ergingen Wildhaber und Kollegen sich so weit in Uminterpretationen von DDR-Recht und -Rechtspraxis, bis eine Bezugnahme aufs Rückwirkungsverbot als überflüssig erschien, weil sie nun alle Vorwürfe als Verstöße gegen damals gültiges DDR-Recht hingestellt hatten. Dabei scheuten sie sich nicht, die Tatsachenfeststellung des Landgerichts Berlin, an die sie nach rechtsstaatlichen Regeln eigentlich gebunden sind, zum Nachteil der Beschwerdeführer abzuändern, wodurch sie sich einer angemaßten willkürlichen Kompetenzerweiterung schuldig gemacht haben.

Was mit dem die Beschwerden abweisenden Spruch angerichtet wird, geht mit Deutlichkeit daraus hervor, wie die *Frankfurter Allgemeine Zeitung* am 23. März 2001 die Nachricht aus Strasbourg titelte und kommentierte. »Verurteilung von DDR-Funktionären rechtmäßig« lautet die Überschrift der Meldung. »Zukunftsweisend« findet der Kommentator den Spruch und jubelt über den »juristischen Schlußakkord«, den die Richter »unter die justizförmige Aufarbeitung der DDR-Vergangenheit in Deutschland gesetzt« hätten: »Es ist ein schöner, voller Klang.«

Solch dröhnendes Frohlocken geht einher mit einem Schmähwortgebrauch, durch welchen die Verfasser und Herausgeber sich keineswegs als die »klugen Köpfe« erweisen, die laut Reklame hinter jedem Exemplar des Blattes stecken. Sie offenbaren vielmehr, wie ein irrationales Gemisch aus Verachtung und Haß sie historisches Augenmaß verlieren läßt.

In brenzliger Situation sagte Noske 1919, einer müsse der Bluthund sein, und er ließ morden. In brenzliger Situation sagte Krenz 1989, Blutvergießen müsse verhindert werden, und er verbot das Schießen. Der eine, der als Bluthund wütete, hat dafür nicht eine einzige Minute im Gefängnis büßen müssen. Der andre, der ein Bluthund nicht sein wollte und nicht wurde, weil ihm das Menschenrecht der Bürgerinnen und Bürger auf Leben höher ging als das Recht des von ihm repräsentierten Staates, Gewalt zur Sicherung seiner Fortexistenz einzusetzen, wird für mehrere Jahre hinter Gitter gesperrt.

Das hinzunehmen, ja zu billigen, bedeutet, ob die Richterinnen und Richter um Herrn Wildhaber das nun wahrhaben wollen oder nicht, das geschichtliche und menschliche Maß des Verhaltens und Handelns der Beteiligten gerichtlich gründlich zu verfehlen.

Veröffentlicht in: Marxistische Blätter, *Essen, Heft 3, Mai/Juni 2001*

IV. Auf der Tagesordnung einst und jetzt: Brecht und Seghers, Heym, Neutsch, Zwerenz …

Warum Anna Seghers' Mainzer Ehrenbürgerschaft 1981 für großes Aufsehen sorgte

Zeitzeugenauskünfte an Armin Thomas, Mainzer Rhein-Zeitung *am 19. November 2006, 25 Jahre nach dem »Festakt« in der Berliner Volkswohlstraße*

Wie kam der Kontakt der Mainzer nach Berlin zustande?

Als der Stadtrat der rheinland-pfälzischen Landeshauptstadt am 28. Oktober 1981 beschloss, dem in Südfrankreich ansässigen Künstler Marc Chagall und der in Berlin lebenden Schriftstellerin Anna Seghers die Mainzer Ehrenbürgerschaft zu verleihen, erwog man im Rathaus gleich, die Ehrungen in den Wohnorten der beiden Geehrten vorzunehmen – mit Rücksicht auf das hohe Alter Chagalls, der damals 94 Jahre alt war, und auf Anna Seghers' geschwächte Gesundheit.

Die Verabredungen, die dann nötig waren, dürfte Oberbürgermeister Jockel Fuchs mit dem Leiter der Ständigen Vertretung der Bundesrepublik in der DDR Klaus Bölling getroffen haben, und der wiederum hat sich, können wir annehmen, mit seinen Partnern in DDR-Behörden ins Benehmen gesetzt.

Wie stand die damalige DDR-Spitze dazu?

Positiv. Hob der Stadtrat von Mainz sich durch seine Entscheidung für Anna Seghers als Ehrenbürgerin der Stadt doch vorteilhaft ab von der durch Düsseldorfs Obrigkeit zelebrierten Verklemmtheit gegenüber dem revolutionär-demokratischen Dichter Heinrich Heine, von den Bestimmern in Oldenburg, die sich weigerten, den mutigen Antimilitaristen, Antifaschisten und radikalen Demokraten Carl von Ossietzky, einst Chefredakteur der *Weltbühne*, zu ehren, und von den Lübecker

Ratsherren, die Thomas Mann die »Buddenbrooks« fast eine Ewigkeit übelnahmen. Vor diesem Hintergrund mangelnder Achtung für Fortschrittsgeister der Vergangenheit nahm sich die Ehrenbürgerwürde für die leibhaftige sozialistische Schriftstellerin Anna Seghers bemerkenswert aus. Geehrt wurde eine Frau jüdischer Herkunft, die 1928 Mitglied der Kommunistischen Partei Deutschlands geworden war und 1947 bei ihrer Rückkehr aus der Emigration, in die sie die Nazis getrieben hatten, in Deutschland da ihren Aufenthalt nahm, wo später die DDR entstand, in der sie jahrzehntelang wirkte.

Die Debatten in Mainz darüber, daß mit Anna Seghers eine Kommunistin geehrt wurde, dürften der DDR-Führung nicht entgangen sein?

Bei uns war natürlich bemerkt worden, wie auf Mainzer Stadtrats-, Universitäts- und Medienebenen sowie – durch Einschaltung des Springer-Konzerns – auch überregional ein heftiger politischer Streit um das Verhältnis zu Anna Seghers entbrannt war. Ein erster Anlauf, die Autorin des Romans »Das siebte Kreuz« und der Erzählung »Aufstand der Fischer von St. Barbara« zur Ehrenbürgerin der Stadt zu ernennen, war 1971 gescheitert. Dann gab es – sozusagen im zeitversetzten Gegenzug – 1977 den einstimmigen Beschluß des Senats der Gutenberg-Universität, Anna Seghers die Universitäts-Ehrenbürgerschaft zu verleihen. Darauf wurde die angedeutete Kampagne inszeniert, in der man sich nicht scheute, dem Oberbürgermeister nahezulegen, die Annahme der auch ihm zugedachten Universitäts-Ehrenbürgerwürde zu verweigern, sofern nicht Anna Seghers von der Liste gestrichen würde . . .

Wie verlief das Treffen in der Wohnung von Anna Seghers?

Das Treffen fand an einem Sonntag statt, am 22. November 1981. Es wurde vor allem zu einer Stunde der Freude, die Anna Seghers in spürbarer Erregung genossen hat. Uns Gäste, die wir in ihrer Wohnung in der Volkswohlstraße in Berlin-Adlershof dicht bei dicht sitzend diese Freude miterleben durften, hat dieser Augenblick ebenfalls tief bewegt. Im Gedächtnis haften geblieben sind auch die Worte von Oberbürgermeister Jockel Fuchs. Er sprach, wie zwei Tage später in der *Frankfur-*

ter Rundschau nachzulesen war, von der großen Mainzerin und großen Dichterin, die geehrt werde. Er würdigte Weltformat und Weltgeltung ihrer schriftstellerischen Leistung. Als etwas die Deutschen in beiden Staaten Verbindendes hob er Sprache und Literatur hervor. Genauso betonte er ihre Verantwortung und Sorge um die Erhaltung des Friedens.

Welchen Eindruck hatten Sie von den Mainzern?

Die Mainzer empfanden, schien mir, Genugtuung und Erleichterung. Allen Widrigkeiten zum Trotz war ihnen die Ehrung ihrer großen Mainzerin doch noch gelungen – spät, aber immerhin. Über die Querelen (bis hin zu der Tatsache, daß die Stadtratsfraktion der CDU auch 1981 noch gegen die Ehrung stimmte), von denen Anna Seghers selbstverständlich erfahren hatte, schwieg sie wie auch die Mainzer darüber schwiegen. Der Entschluß des Stadtrats – *er* war das Ereignis.

In Gesprächen mit Jockel Fuchs und seiner Frau Hannelore sowie mit Kulturdezernent Anton Maria Kaim und Universitätspräsident Manfred Harder haben Stephan Hermlin, Hermann Kant und ich Menschen kennengelernt, die sich für die weitere Entwicklung kultureller Zusammenarbeit in hohem Maße interessierten.

Im sozialdemokratischen *Vorwärts* war im Zusammenhang mit Anna Seghers' Mainzer Ehrenbürgerschaft von Mut die Rede. Wer weiß, vielleicht wirkte der Mut ansteckend im Lande. Jedenfalls wurde ich Ende 1988 in der rheinland-pfälzischen Stadt Neuwied Zeuge einer früher kaum denkbaren umfangreichen Ehrung für den Arzt und Dramatiker Friedrich Wolf (»Cyankali«, »Professor Mamlock«), Kommunist und jüdischer Herkunft und am Aufbau der DDR beteiligt wie Anna Seghers. Er war 1888 in Neuwied geboren worden. Die Stadt ehrte ihn, der 1953 gestorben war, anläßlich seines 100. Geburtstags mit einem Internationalen Symposion, ließ eine Tafel an dem Gebäude anbringen, das sich heute an der Stelle befindet, wo einst sein Geburtshaus stand, und gab einem nahe gelegenen Platz den Namen Friedrich-Wolf-Platz.

Brecht auf der Tagesordnung

Zu Wortmeldungen von Abgeordneten verschiedener Parteien mit öffentlich gelesenen Brecht-Gedichten

Das Verhältnis des Deutschen Bundestags zu Bertolt Brecht war schlecht. Bei Lebzeiten und posthum. Man schmähte sein poetisches Werk und mißachtete seine politischen Vorschläge.

Die im Bundestag das Sagen hatten, verziehen Brecht nicht, daß er 1953 solidarisch mit dem Sozialistischen und den Sozialisten in der DDR war. Das gerät heute manchmal in Vergessenheit. Zu dem Flugblatt-Text seines Kollegen Kuba, das Volk habe das Vertrauen der Regierung verscherzt, hatte Brecht die satirische Frage gestellt, ob es nicht doch einfacher wäre, die Regierung löste das Volk auf und wählte ein anderes. Wenn der Eindruck erweckt wird, dies sei das einzige Wort des b.b. zum 17. Juni, ist das falsch. Am frühen Morgen des 17. Juni 1953 schrieb Brecht in einem Brief an Walter Ulbricht, die Geschichte werde der revolutionären Ungeduld der Sozialistischen Einheitspartei Deutschlands ihren Respekt zollen, und setzte hinzu: »Die große Aussprache mit den Massen über das Tempo des sozialistischen Aufbaus wird zu einer Sichtung und zu einer Sicherung der sozialistischen Errungenschaften führen. Es ist mir ein Bedürfnis, Ihnen in diesem Augenblick meine Verbundenheit mit der Sozialistischen Einheitspartei Deutschlands auszudrücken.« Das war, wie Werner Mittenzwei in seiner großen zweibändigen Biografie »Das Leben des Bertolt Brecht oder Der Umgang mit den Welträtseln« feststellte, nicht als Ergebenheitserklärung an Personen zu verstehen, sondern als Bereitschaftsbekundung zum Mitwirken in der im Brief apostrophierten großen Aussprache und an den notwendigen Veränderungen für ein Mehr an Sozialistischem in der DDR.

Diejenigen, die 1954 mit den Pariser Abmachungen Westdeutschland in die WEU, die NATO und die Rekrutierung einer 500.000-Mann-Armee trieben, wurden noch wütender auf

Brecht aus folgendem Grund: Zusammen mit Friedensratspräsident Professor Walter Friedrich verfaßte er eine Erklärung, die sagte: »Wir wollen kein Deutschland, das in einem Kriegslager steht, denn ein dritter Krieg würde Deutschland unbewohnbar machen.« Bis 8. Februar 1955 hatte die Erklärung 176 203 Unterschriften erhalten, die Brecht am 13. Februar in Dresden dem Präsidium des Friedensrats zur Weiterleitung an den Weltfriedenskongreß in Helsinki übergab.

1955 wurde Brecht in Moskau der nach Stalin benannte Preis »Für Frieden und Verständigung zwischen den Völkern« verliehen. Der Lyriker Nikolaj Tichonow überreichte den Preis; die Romanciers Konstantin Fedin und Boris Polewoj beglückwünschten den Preisträger; der als Stilist nicht minder denn als Dichter bedeutende Boris Pasternak übersetzte Brechts Dankrede ins Russische. Die Folge der Preisannahme war, daß – beginnend in Recklinghausen – eine neue Kampagne der Absetzung von Brecht-Inszenierungen an westdeutschen Theatern gestartet wurde.

Übel geriet auch das Verhalten der Adressaten, als Brecht am 2. Juli 1956 – wenige Wochen vor seinem Tod – einen »Offenen Brief an den Deutschen Bundestag Bonn« richtete. Darin wandte er sich gegen die Einführung der Wehrpflicht. Er schlug vor, eine Volksbefragung darüber in beiden Teilen Deutschlands anzusetzen. Im Bonner Bundestag fanden auch diese Mahnung und dieser Vorschlag Brechts kein Gehör.

1957 steigerte sich die politische Borniertheit von Regierung und Parlament in Bonn gegenüber dem weltweit bedeutendsten deutschen Dramatiker des zwanzigsten Jahrhunderts in jenen Eklat, mit dem sich der damalige BRD-Außenminister von Brentano in der Chronik der Missetaten einen Dauerplatz erworben hat. Zunächst hatte sein Staatssekretär Walter Hallstein dem Bochumer Theater einen Zuschuß für ein Gastspiel in Paris mit Brechts »Dreigroschenoper« verweigert. Begründung: Das Werk hätte »weder für die deutsche klassische noch für die deutsche Gegenwartskunst sinnfälligen Aussagewert«. Und nach Hallstein nahm das Wort der Herr Heinrich von Brentano. Er sei der Meinung, ließ er wissen, »daß die späte Lyrik des Herrn Brecht nur mit der Horst Wessels zu vergleichen ist«. Anderes als dieser Satz bleibt von dem Mann nicht im Gedächtnis, der schmähliche Ausfall des in Adenauers Regierungsdiensten stehenden Dichterfeinds mit dem Dichternamen. Das gehört zum Hintergrund, den wir weder zu vergessen noch zu verdrängen geneigt sein sollten, wenn wir neuerdings Ungewohntes aus dem Bundestag zu Bertolt Brecht – und vor allem auch von ihm – zu hören bekommen. Der Vergangenheitshintergrund verdeutlicht das Brisante, ja Dramatische dessen, was jetzt vor sich geht. Offen ist noch, ob damit mehr in Gang kommt als ein Aufflackern in den Wochen um Brechts 50. Todestag.

Im Sommer 2006 unternahmen 13 Bundestagsabgeordnete verschiedener Parteien gemeinsam mit einer Abgeordneten des Europaparlaments sowie mit dem UN-Sonderbotschafter für das Recht auf Nahrung und drei Künstlern etwas politisch Avantgardistisches, ein avantgardistisches Politikum. Sie trugen aus dem großen Schatz von Brechts Gedichten die ihnen liebsten öffentlich vor. Es beteiligten sich von der *Linkspartei.PDS* Gesine Lötzsch und Sahra Wagenknecht, Diether Dehm, Klaus Ernst, Gregor Gysi, Oskar Lafontaine und Ulrich Maurer, von der CDU Norbert Blüm und Norbert Lammert, von der CSU Peter Gauweiler, von den Sozialdemokraten Hermann Scheer und Ottmar Schreiner, von den Grünen Jürgen Trittin, von der FDP Hans-Joachim Otto; Soziologieprofessor in UNO-Diensten Jean Ziegler, die Sängerin Gina Pietsch, der Schauspieler Peter Sodann und der Dichter und Komponist Konstantin Wecker.

Anreger dieser Kultur-Initiative war Diether Dehm. Die Beteiligten erlebten ihn, bevor sie ihre Bereitschaft dazu bekundeten, als charmant gewinnenden Fürsprecher der Abgeordneten-Aktion einer nicht veräußerlichten Verbeugung vor dem Dichter, sondern einer inhaltsreichen Zwiesprache mit seinem Werk. Als wahrscheinlich bester Kenner Brechts im Bundestag, als sein langjähriger Verehrer und noch dazu unter seinen Interpreten in unseren Tagen von seinem Kollegen wie Franz Josef Degenhardt besonders geschätzt, konnte Dehm in dieser Sache besonders überzeugend agieren. Herausgekommen ist eine CD, deren Reiz sich aus den Bezügen der vorgetragenen Gedichte zu den sie Vortragenden ergibt. In den Texten, die wir zu hören bekommen, erweist Brecht sich erneut als ein großer Kommunikator. In mehr als einer Hinsicht führt er Leute zusammen, die sonst in manchem die Welt sehr unterschiedlich sehen und sehr verschiedene Wege gehen.

Wenn Norbert Lammert, heute Präsident des Bundestags, 2006 die »Kinderhymne« als sein liebstes Brecht-Gedicht vorträgt, erfüllt das mit doppelter Freude, nachdem es weder 1949 gelungen war, dieses Lied zur DDR-Nationalhymne zu machen, noch 1990 unser Vorschlag aufgegriffen wurde, dem vereinigten Deutschland nun diese Hymne zu geben:

Anmut sparet nicht noch Mühe
Leidenschaft nicht noch Verstand
Daß ein gutes Deutschland blühe
Wie ein andres gutes Land.

Es folgen dann die Strophen, daß die Völker bei unserem Anblick nicht erbleichen sollen wie vor einer Räuberin und daß wir nicht über und nicht unter anderen Völkern sein wollen.

Die geistige Verwandtschaft dieser Aussagen mit denen aus der »Deutschen Kriegsfibel«, die Oskar Lafontaine vortrug, ist unüberhör- und unübersehbar. Darin schärft Brecht die Sinne für die Gegensätze zwischen den sich »hochgestellt« Dünkenden und den »niedrig« Gehaltenen im eigenen Land und spricht die Folgerung aus:

Wenn die Niedrigen nicht
An das Niedrige denken
Kommen sie nicht hoch.

Wer, durch die von Lafontaine gesprochenen Verse »Deutsche Kriegsfibel I« angeregt, in Brecht-Gedichtsammlungen »Deutsche Kriegsfibel II« aufschlägt, kann sich nicht losreißen von Zeilen wie:

DIE GEGEN IHR EIGENES VOLK KÄMPFTEN
Kämpfen nun gegen andere Völker.
Zu den alten Sklaven
Sollen neue hinzukommen.

DIE JUNGEN LEUTE SITZEN ÜBER DIE BÜCHER GEBÜCKT.
Wozu lernen sie?
Kein Buch lehrt
Wie man hängend im Stacheldraht
Wasser bekommt.

Bei der Lektüre fragt man/frau sich wohl auch: Erfordern nicht die Zeit und die Umstände Anfang des 21. Jahrhunderts eine »Deutsche Kriegsfibel III«? Über deutsche Soldaten am Hindukusch und als Bombardierer über Jugoslawien, als Bewacher von US-Aggressionsbasen in deutschem Gelände als nur schlecht verdeckte Unterstützung des Krieges gegen den Irak, als militärische Waffenkontrolleure vor der Küste Libanons im Mittelmeer ...

Und noch etwas, das man sich bei dieser Lektüre fragen kann: könnten die linken Abgeordneten die Wirksamkeit ihrer Antikriegsauftritte nicht steigern, wenn sie ihnen Brecht-Texte als Motto voranstellten?

»Und was bekam des Soldaten Weib?«, rezitierte Gregor Gysi. Die Räuberin aus der Kinderhymne – hier wird sie anschaulich vorgeführt: wie sie die Stöckelschuh aus Prag, das leinene bunte Hemd vom Weichselstrand, das Pelz-Kräglein aus Oslo, den Hut aus Rotterdam, die seltenen Spitzen aus Brüssel, das seidene Kleid aus Paris, das Kettchen aus Tripolis bekam und bekam und bekam und dann: »aus dem weiten Russenland« – den Witwenschleier zu der Totenfeier.

Daß von den Abgeordneten bei ihrer Auswahl auch der Vorkämpfer für den Frieden gedacht wurde, gehört zu den Vorzügen dieser Brecht-CD. Gysi las die Grabschriften für Karl Liebknecht und Rosa Luxemburg. Die für Liebknecht lautet:

Hier liegt
Karl Liebknecht
Der Kämpfer gegen den Krieg
Als er erschlagen wurde
Stand unsere Stadt noch.

Hermann Scheer trug das dem Andenken Carl von Ossietzkys gewidmete Gedicht »Auf den Tod eines Kämpfers für den Frieden« vor. Das Gedicht endet mit den Zeilen:

Über das Grab des Friedensfreundes
Stampfen die Bataillone.
War der Kampf also vergebens?
Wenn, der nicht allein gekämpft hat, erschlagen ist
Hat der Feind
Noch nicht gesiegt.

Scheer fügte eine Abwandlung hinzu:

Wenn, der gekämpft hat, noch nicht erschlagen ist,
Hat der Feind mit Sicherheit noch nicht gesiegt.

Ähnlich intensiv wie Krieg und Frieden kommen soziale Lebensprobleme der Menschen zur Sprache. Als besonders aufwühlend empfand ich, wie Ottmar Schreiner, in der SPD der Verfechter der Interessen der »Arbeitnehmer« genannten Arbeiterinnen und Arbeiter, ganz schlicht das Gedicht »Kohlen für Mike« vortrug – über die Kohlenklumpen, die die Kumpel ihres gestorbenen Kollegen Mike aus donnernden Zügen der Eisenbahn im Staate Ohio über die Zaunlatten von Mikes Garten warfen für die Witwe des Streckenwärters. Schreiner verdankt die CD auch den gleichermaßen überzeugenden Vortrag des Hohn- und Spottgedichts »Diese Arbeitslosigkeit!« über die Herren, denen sie ja unerklärlich ist, diese Arbeitslosigkeit, die aber sehr wohl wissen, man müsse sie gewähren lassen: »Denn das wäre ganz gefährlich/ jetzt das Chaos zu entfachen …« In gleicher Laune liest Ulrich Maurer die Satire »700 Intellektuelle beten einen Öltank an«.

Norbert Blüm begegnet seinen Hörerinnen und Hörern mit dem »Lied des Händlers« bzw. »Song von der Ware« und läßt sie aus dem Staunen nicht herauskommen. Der Urheber des Spruchs »Marx ist tot, Jesus lebt« geht mit Brechts Worten die Überlegungen des Händlers über Reis und Baumwolle, über das, was er »Fressen« nennt, und über den Menschen durch, und wir hören ihn in Marxens Gedankenspuren wandeln: Der Händler weiß weder, was Reis, noch weiß er, was Baumwolle ist, er kennt nur ihren Preis; nur den weiß er auch vom Menschen.

Das Herzstück der Lieblingsgedichte-Sammlung »Brecht auf der Tagesordnung« bilden Verse, die den Männern und Frauen, die dem Dichter lauschen, Impulse für eigenes Lassen und Tun geben. So, vorgetragen von Gesine Lötzsch, das Warngedicht »Gegen Verführung« mit den Aufforderungen »Laßt euch nicht verführen!«, »Laßt euch nicht betrügen!«, »Laßt euch nicht vertrösten!« So zwei Lobgedichte, zuerst »Lob des Revolutionärs«, vorgetragen von Jean Ziegler, über den Revolutionär, dessen Mut wächst, während viele entmutigt sind, wenn die Unterdrückung zunimmt, der seinen Kampf aufnimmt um den Lohngroschen, um das Teewasser und um die Macht im Staat, der das Eigentum fragt: Woher kommst du? Und die Ansichten: Wem nützt ihr? – Wohin sie ihn jagen, dorthin geht der Aufruhr, und wo er verjagt ist, bleibt die Unruhe doch. Und daneben, über die Lippen von Oskar Lafontaine, das »Lob der Dialektik« über die Gewalt, die versichert, so, wie es ist, bleibe es, und weiter:

Keine Stimme ertönt außer der Stimme der Herrschenden
Und auf den Märkten sagt die Ausbeutung laut: Jetzt beginne ich erst.
Aber von den Unterdrückten sagen viele jetzt:
Was wir wollen, geht niemals.

Denen, erwidert der Bertolt mit des Oskars Stimme:

Wer noch lebt, sage nicht: Niemals!
Das Sichere ist nicht sicher.
So, wie es ist, bleibt es nicht.
Wenn die Herrschenden gesprochen haben
Werden die Beherrschten sprechen.
Wer wagt zu sagen: Niemals?
An wem liegt es, wenn die Unterdrückung bleibt? An uns.
An wem liegt es, wenn sie zerbrochen wird? Ebenfalls an uns.
[…]
Und aus Niemals wird: Heute noch!

»An den Schwankenden«, aus dem Munde von Klaus Ernst vernommen, klingt, als habe er selber das Gedicht verfaßt oder Brecht auf seine Bitte hin, in seinem Auftrag. So genau ist die Stimmung erfaßt, die den Dialog mit Schwankenden in unseren heutigen Kämpfen bestimmt. Es sei erlaubt, dieses Gedicht hier in Gänze zu zitieren:

Du sagst:
Es steht schlecht um unsere Sache.
Die Finsternis nimmt zu. Die Kräfte nehmen ab.
Jetzt, nachdem wir so viele Jahre gearbeitet haben
Sind wir in schwierigerer Lage als am Anfang.
Der Feind aber steht stärker da denn jemals.
Seine Kräfte scheinen gewachsen. Er hat ein unbesiegbares Aussehen angenommen.
Wir aber haben Fehler gemacht, es ist nicht mehr zu leugnen.

Unsere Zahl schwindet hin.
Unsere Parolen sind in Unordnung. Einen Teil unserer Wörter
Hat der Feind verdreht bis zur Unkenntlichkeit.
Was ist jetzt falsch von dem, was wir gesagt haben
Einiges oder alles?
Auf wen rechnen wir noch? Sind wir Übriggebliebene, herausgeschleudert
Aus dem lebendigen Fluß? Werden wir zurückbleiben
Keinen mehr verstehend und von keinem verstanden?
Müssen wir Glück haben?
So fragst du. Erwarte
Keine andere Antwort als die deine!

Den Bogen über das Gesamtkunstwerk der gesprochenen und gesungenen Lyrik- und Lieder-Anthologie »Brecht auf der Tagesordnung« spannt sich von der von Peter Sodann gesprochenen »Legende von der Entstehung des Buches Taoteking auf dem Weg des Laotse in die Emigration« mit dem berühmten Dank an den Zöllner, der wußte, daß man dem Weisen seine Weisheit erst entreißen muß, bis zu dem nicht weniger berühmten Gedicht »An die Nachgeborenen«, dessen drei Teile Sodann, Sahra Wagenknecht und Diether Dehm vortrugen, Dehm mit Gesang. In den Schluß-Strophen hören wir:

Auch der Zorn über das Unrecht
Macht die Stimme heiser. Ach, wir
Die wir den Boden bereiten wollten für Freundlichkeit
Konnten selber nicht freundlich sein.
Ihr aber, wenn es so weit sein wird
Daß der Mensch dem Menschen ein Helfer ist
Gedenkt unsrer
Mit Nachsicht.

Eine Gesinnung, die manche Gemüter verwerfen: die Welt erkennen und verändern zu wollen.

Daß eine Edition des hier kurz skizzierten geistigen Gehalts bei Blättern und Sendestationen kapitalistischer Medienkonzerne auf Ablehnung stößt, wundert nicht. Die Unisonopresse funktioniert in solchen Fällen immer öfter schon nicht mal mehr uni sono, sondern una silencia. Was nicht in den Manipulierstreifen paßt, wird verschwiegen, soll weggeschwiegen werden. Eine Ausnahme machte in diesem Fall Springers *Die Welt.* »Lyrische Volksfront« überschrieb die Redaktion ihre Rezension, in welcher sie zugleich Dehms Platte »Adelante con Rosa Brecht y Che« besprechen ließ. Zu »Brecht auf der Tagesordnung. Lyrik und Lieder« heißt es, hier werde »ein Hörerlebnis der besonderen Art« geboten, und weiter: »Dehm ist es gelungen, Politiker aller Fraktionen dazu zu bringen, Brecht-Texte vorzutragen. Brecht wäre begeistert, wie glorios sich dabei die Unverwüstlichkeit seiner Gedichte bestätigt. »An jenem Tag im blauen Mond Septembä« – wenn Norbert Blüm die »Erinnerung an die Marie A.« rezitiert, ist das für südhessische Ohren zum Weinen schön. Norbert Lammert, der Bundestagspräsident, spricht die »Kinderhymne« in staatstragendem Duktus. Peter Gauweiler erweist sich als Rezitator-Talent. Anders als Oskar Lafontaine, der das »Lob der Dialektik« grob kundgebungsmäßig vorträgt. Der Reinerlös geht an Amnesty und die Vereinigung der Verfolgten des Naziregimes – Bund der Antifaschisten. So organisiert man eine breite Front fortschrittlicher Kräfte.«

Dem Springer-Rezensenten mißfällt, daß das »Lob der Dialektik« vorgetragen wurde mit der Aussage »Das Sichere ist nicht sicher. / So, wie es ist, bleibt es nicht.« Ihm mißfällt, daß es der Vorsitzende der Fraktion *Die Linke*, Oskar Lafontaine, ist, der ansagt, daß es so nicht bleibt. Doch das schreibt der Rezensent nicht. Statt dessen hört er, der Vortrag sei »kundgebungsmäßig« geraten, doch selbst das reicht ihm nicht, es muß »grob« kundgebungsmäßig gewesen sein … – Weitere Anmerkungen erspare ich mir.

Zu Rezensionen der CD hat man sich in der sozialistischen Tageszeitung *Neues Deutschland* und in der ebenfalls links verorteten *jungen Welt* nicht aufgerafft. Sie begnügen sich mit Berichten über die Diskussion, die am 1. September 2006 im Hof des Berliner Ensembles stattfand. Und in denen ergehen sie sich in Häme und Unterstellungen.

Der Beitrag wurde vorgetragen in der Veranstaltung »BRECHT UND DER KOMMUNISMUS: Er ist das Einfache, das schwer zu machen ist« am 14./15. Oktober 2006 im Theater Berlin-Karlshorst

Schriftsteller und Machthaber in ihren Konflikten um die Wahrheit

Gedenkblatt für Stefan Heym

Heym, Stefan, *10.4.1913 in Chemnitz (Karl-Marx-Stadt); Romanschriftsteller, Erzähler und Essayist, auch Dramatiker, H., Sohn eines Kaufmanns, fand früh Berührung mit der Arbeiterbewegung; 1933 Emigration in die Tschechoslowakei, wo er zunächst als Journalist tätig war, dann auf Einladung der Universität Chicago Studium in den USA; danach Tellerwäscher, Kellner, Verkäufer im Warenhaus, Korrektor, Handelsvertreter, Sprachlehrer; 1937/39 Chefredakteur der antifaschistischen deutschsprachigen Wochenzeitung *Deutsches Volksecho*; ab 1943 als Soldat der amerikanischen Armee Teilnahme an der Invasion in der Normandie und am Vormarsch durch Frankreich, Besatzungssoldat in Deutschland; zuletzt Offizier in der Abteilung für psychologische Kriegsführung (Redakteur der für die deutschen Soldaten bestimmten *Frontpost*, Rundfunkansprachen an die Deutschen), nach Kriegsende Mitbegründer der *Neuen Zeitung* in München, bald wegen prokommunistischer Haltung in die USA zurückversetzt und entlassen. H., der den Überfall auf das koreanische Volk verurteilte und dem amerikanischen Präsidenten seine Offiziersbestallung sowie seine Kriegsauszeichnungen zurücksandte, übersiedelte 1952 in die DDR; erhielt 1953 den Heinrich-Mann-Preis, 1956 den Literaturpreis des FDGB und 1959 einen Nationalpreis.

Soweit die biographischen Angaben zu Stefan Heym in Meyers Taschenlexikon »Schriftsteller der DDR«, erschienen 1974 im Leipziger Verlag Bibliographisches Institut. Für die seither vergangenen drei Jahrzehnte sind in dieser Auflistung außerliterarischer Tätigkeiten nachzutragen: Heyms Initiative zur Petition gegen die Ausbürgerung Wolf Biermanns 1976, seine Rede auf der großen Kundgebung auf dem Berliner Alexanderplatz am 4. November 1989 für Meinungs- und Pressefreiheit und eine umfassende Demokratisierung des Lebens in der DDR, seine Wahl zum Abgeordneten des Deutschen Bundestags auf der Liste der Partei des Demokratischen Sozialismus (PDS) 1994 und die Rede, die er nach der Wahl als Alterspräsident im Bundestag zum

Auftakt der neuen Sitzungsperiode hielt. Ehrungen: 1990 Dr. h. c. der Universität Bern, 1991 Dr. h. c. der Universität Cambridge, 1993 Jerusalem-Preis. Im Jahre 2001 verleiht seine Geburtsstadt Chemnitz ihm die Ehrenbürgerwürde. Im Dezember 2001 ist er bei einem Besuch in Jerusalem gestorben. Sein Grab liegt auf dem Jüdischen Friedhof Berlin-Weißensee. An der Trauerfeier nahmen Bundeskanzler Gerhard Schröder, Bundestagspräsident Wolfgang Thierse, PDS-Vorsitzende Gabi Zimmer sowie viele Freunde, darunter einige Schriftstellerkollegen, teil. Worte des Gedenkens sprachen der Rabbiner Chaim Rozwaski, der sozialistische Politiker Gregor Gysi und der Religionswissenschaftler Walter Beltz.

Die letzte große literarische Veröffentlichung, mit der Stefan Heym sein Lesepublikum überraschte, kam im Jahr 2000 heraus: der Roman »Die Architekten«. Das Manuskript hatte er 1963 in Angriff genommen und 1966 abgeschlossen. In der DDR hielt er die Aufnahme ins damalige Verlagsprogramm für unwahrscheinlich. Als ihm ein befreundeter britischer Verleger ebenfalls die Publikation ablehnte, ließ er den Text liegen – bis 1999, als es ihm nach einer komplikationsreich verlaufenen Operation ratsam erschien, »vor einem endgültigen Exitus« sein Werk noch komplett vorzulegen.

Der Roman handelt, wie der Titel nahelegt, von Auseinandersetzungen um das Bauen in der DDR. Darauf komme ich noch zurück. An dieser Stelle sei der PROLOG hervorgehoben. In ihm hat Heym die fürchterliche Situation aufgezeichnet, in die ein deutscher Kommunist gerät, der in einem Eisenbahnwaggon aus den Tiefen der UdSSR an deren Westgrenze gefahren wird, um dort den Nazis übergeben zu werden – im Gefolge des Hitler-Stalin-Pakts. Das menschlich Unerträgliche im Schicksal der Auslieferung durch vorgebliche und vermeintliche Freunde an Feinde wird dadurch verschlimmert, daß – wie der von der Auslieferung bedrohte Mann sich ausmalt – seine Freunde und Genossen in Deutschland ihn künftig als ihren Feind, als Verräter ihrer einst gemeinsamen Sache verdächtigen würden. In Brest, der Stadt der vorgesehenen Übergabe, bricht er aus und läuft auf eine Brücke zu. Er wird erschossen. Der Autor läßt für das Opfer wie für die Leserschaft offen, ob das tötende Geschoß von Nazi-Wächtern oder ihren Kollegen auf

UdSSR-Seite kam. Wenn es unvergeßbare Literaturstellen gibt: Dieser Prolog über den Tod des Julian Goltz am 12. Oktober 1940 in Brest gehört dazu. Der Grundkonflikt zwischen sozialistischer Überzeugung und ihrer Entstellung bis zur Unkenntlichkeit hat hier auf dem engen Raum von zwölf Seiten Prosa in erschütternder Weise Ausdruck gefunden.

Den historischen Wurzeln solcher Entstellung ist Heym immer wieder nachgegangen, so auch in dem 1995 erschienenen Roman »Radek«. Er läßt Radeks leidenschaftliches Streben zu einem freiheitlichen Sozialismus keineswegs unterbelichtet. Aber er zeigt zugleich, wie im Umfälschen von revolutionären Ideen in diktatorische Praktiken der tiefere Grund des Scheiterns von Bewegungen liegt, die ursprünglich sozialistisch angelegt waren.

In historischem Gewand hat Heym bereits in der Periode vor 1989 auf Kritikwürdiges in der damals betriebenen Politik aufmerksam gemacht. Das gilt sowohl für die Romane »Lassalle« (München-Esslingen 1969, Zweitfassung Berlin 1974) und »Der König-David-Bericht« (München 1972/Berlin 1973) als auch für die Erzählung »Die Schmähschrift oder Königin gegen Defoe« (Zürich 1970, Leipzig 1974). Im Lassalle-Roman, den er seinem historischen Roman »Die Papiere des Andreas Lenz« (auch: »Lenz oder Die Freiheit«) über die 1849er Revolutionskämpfe in Baden folgen ließ, ging es dem Autor nach eigenem Bekunden um zweierlei: »Ich betrachtete Lassalle aufgrund dieser Frage: Wie viel kann man mit dem Feind zusammenarbeiten, um die fortschrittlichen Ziele zu erreichen?

Außerdem interessierte mich die Frage der Ein-Mann-Diktatur in der Arbeiterbewegung. War das nur eine Verirrung der Stalin-Zeit? Oder war die Möglichkeit der Ein-Mann-Diktatur der Struktur der Arbeiterbewegung immanent?« Die satirische Abfertigung des Byzantinismus offizieller Geschichtsschreibung im »König-David-Bericht« macht diesen Roman nach allgemeinem Urteil zu einem der Meisterwerke oder sogar dem Meisterwerk Stefan Heyms. König Salomon als Stalin und Geheimdienstchef Benaja als Berija zu entschlüsseln, gehört zum Lesegenuß bei diesem Buch. Noch mehr geistigen Gewinn bietet die kritische Betrachtung des Verhältnisses zwischen Schriftstellern und den Inhabern der Macht. Fachleute schätzen den Roman auch als anregenden Beitrag zu fundierter Religionskritik. Was die »Schmähschrift« angeht, so wurde am Beispiel Defoes die Verfolgung von Autoren wegen erzählerischer oder pamphletischer Texte ad absurdum geführt.

Von den Werken, in denen sich Stefan Heym unmittelbar mit der Wirklichkeit einer den Sozialismus versuchenden Gesellschaft beschäftigte, haben »Die Architekten« wegen der geschilderten Umstände früher keine Rolle spielen können; der Roman holt das nun nach, und mit Verwunderung bemerken einige, wie scharfsichtig der Autor in den Streit-Runden der DDR-Architekten der 50er Jahre grundsätzliche geistige Widersprüche zwischen den sozialistischen Ansprüchen und dem in der Gesellschaft praktizierten Handeln aufspürte. Besonders großes Echo erreichte Heym mit dem Roman »5 Tage im Juni«. Er erschien 1974, in der Bundesrepublik, nachdem Verlagsverhandlungen in der DDR gescheitert waren. Das hatte viele Kontroversen unter den Intellektuellen des Landes zur Folge. Einer derjenigen, die immer wieder die Veröffentlichung in Berlin forderten, war Stephan Hermlin. Erst kurz vor dem Ende der Existenz des Staates, dessen bis dahin massivste und verzwickteste politische Krise der Roman zum Gegenstand hatte – die aufstandsähnlichen Unruhen um den 17. Juni 1953 – kam es zur Veröffentlichung des Buches in der DDR. War seitens einiger Vertreter von Parteiführung und Regierung eingewandt worden, die »Rolle der Partei« sei nicht stark genug ins Bild gesetzt und die den Unruheherd zu Putsch-Handlungen anstachelnden Leute aus Westberlin seien in zu schwacher Kontur gezeigt, breitete sich aus westlicher Sicht oftmals Distanzierung gegenüber Heyms Roman aus, weil er Einflußnahmen sowohl Westberliner Rundfunksender als auch von Akteuren auf der Straße überhaupt zur Sprache brachte. Bis heute bewegen sich die literaturkritischen und soziologisch-politologischen Beurteilungen des Romans zwischen diesen beiden Polen. Der 1979 bei Bertelsmann in München und zehn Jahre später im Buchverlag Der Morgen in Berlin erschienene Roman »Collin« ließ den Schriftsteller Collin mit dem Sicherheitschef Urack aufeinanderstoßen: Letzterer verbohrt darauf erpicht, den Autor bei der Suche nach der Wahrheit zu behindern.

Stefan Heym, der in derart kritischer Weise mit dem Versagen beim Versuch, sozialistische Gesellschaftsverhältnisse zu entwickeln, umging, verstummte nicht etwa, als wir es 1989 mit dem Scheitern dieses Versuchs zu tun bekamen. Kurz zuvor hatte er in dem Roman »Schwarzenberg« die geschichtliche Episode, daß 1945 eine kleine Region in Sachsen weder amerikanisch noch sowjetisch besetzt war, aufgegriffen, um – auch auf Fakten gestützt, aber ebenso auf Phantasie – literarisch zu skizzieren, wie demokratisch von Zwang freie Menschen gesellschaftliche Verhältnisse umzugestalten vermögen. Auch im utopischen Gehalt der Romanhandlung erliegt der Autor nicht den Gefahren der Idyllisierung und des Illusionären, sondern gestaltet Konflikte im Vorfeld des 1945er Aufbruchs zu neuen Ufern. 1989/90 nun kündigte er an, jetzt werde er darüber schreiben, wie es den Menschen nach dem mißlungenen Übergang vom Kapitalismus zum Sozialismus beim Übergang vom Sozialismus zum Kapitalismus ergehe. Der Ankündigung folgten bald die ersten Bände: 1990 »Auf Sand gebaut. Sieben Geschichten aus der unmittelbaren Vergangenheit« und 1992 »Filz. Gedanken über das neueste Deutschland« (in diesem Fall 14 Geschichten). Charakteristisch für den diese 21 ihrem Genre nach short stories verbindenden Geist sind Passagen wie diese, die wörtlich zitiert seien: »Aber wer ist das Volk? In all den vierzig Jahren Republik hat uns je einer erklärt, wer das Volk wirklich ist, bis das Volk dann aufmarschiert kam auf der Straße und lauthals verkündete: Wir sind das Volk? Doch das ist auch nur eine Redensart, die so gut wie nichts bedeutet, wenn es um Reales geht, etwa um Besitzverhältnisse. Ist das Volk eine Person, eine juristische wenigstens? Ist es haftbar zu machen, wenn der Betrieb zusammenbricht? Was versteht das Volk vom Geschäft, von Saldo und Bilanzen und Kredit und Verlust? Nur zahlen muß es immer, das Volk, aber das ist überall so auf der Welt und nicht nur bei uns.«

»Der Verkauf von Land und Leuten und Hoffnung und Zukunft um ein Linsengericht, ein nicht gar gekochtes noch dazu; und dann los und schnellstens eingesackt, was noch vorhanden ist an Gütern, und abgewickelt, was noch funktionstüchtig war an Einrichtungen und Institutionen [...] Ein anderes war, daß das, was man aufgab, von fraglichem Wert gewesen, und die Strukturen brüchig, und die Bürokraten, denen man endlich den Tritt gab, von miserablem Charakter und die personifizier-

Mit Stefan Heym

te Unfähigkeit. Nur wen oder was erhielt man im Austausch? Die Treuhand: die Gauck-Behörde. Und jenes Mischgewebe aus neuem und altem Filz, das sich alsbald über das Land breitete wie der Ölteppich des Saddam Hussein über die Strände Arabiens.«

Diesen Arbeiten folgte der schwergewichtige »Radek«-Roman, von dem bereits die Rede war, und eine Sammlung leichtgewichtig vorgebrachter Altersweisheit unter dem Titel »Immer sind die Weiber weg«, ein Buch, das bei Lesungen lebhaften Widerhall fand und auch im Buchhandel erfolgreich war und ist.

Nachzutragen bleibt, daß Stefan Heyms im Exil entstandene Werke wie »Der Fall Glasenapp« über den Widerstand von Tschechen gegen die Nazis, »Kreuzfahrer von heute/Bitterer Lorbeer« über die Hintergründe amerikanischer Kriegsführung und Politik im Zweiten Weltkrieg, »Die Augen der Vernunft« über die 1948er Februarereignisse in Prag im Kampf von Bürgerlichen und Kommunisten um entscheidende Positionen der Macht und »Goldsborough oder Die Liebe der Miß Kennedy« über ein tragisches Schicksal im amerikanischen Bergarbeiterstreik 1950 in hohen Auflagen in der DDR erschienen, insbesondere sein »Kreuzfahrer«-Welterfolg. Insgesamt erschienen seine Werke hier in zwei Millionen Exemplaren. Diese Tatsache mindert nicht die notwendige Kritik an zeitweiligen Editionsverzögerungen bei einigen neueren Werken in den 60er und 70er, aber auch noch 80er Jahren. Und nichts rechtfertigt seine geheimdienstliche Überwachung sowie den Ausschluß aus dem Schriftstellerverband.

Als Stellvertreter des Ministers für Kultur der DDR in den Jahren 1973 bis 1989 hatte ich persönlich des Öfteren mit Stefan Heym zu tun, nicht zuletzt wegen solcher Mißhelligkeiten. Sie zu überwinden, erforderte zunächst einmal Unverständnis gegenüber Unfug. Zugleich bemühten wir uns um gegenseitiges Verständnis bei Schwierigkeiten. Die Bereitschaft dazu hat sich auch dann bewährt, wenn sie heftig strapaziert wurde, was einige Male geschah, beispielsweise wenn ich an Festlegungen von »weiter oben« gebunden war. Solche Festlegungen aber betrachteten wir nicht als allemal endgültig, sondern als beweglich und also bewegbar. In seiner Autobiographie »Nachruf« geht der Autor nach der Schilderung des langen Lebensweges von S. H. kurz auch auf solche Begegnungen ein. Am besten waren unsere Gespräche, wenn sie Querelen »außen vor« lassen konnten und wir über die Situation im Lande und in Europa diskutierten. Gelegentlich gerieten sie sogar lustig. So, als Stefan Heym mir erläuterte, wie er auf gewisse Beschwerden über angebliche Äußerungen von ihm bei Lesungen, z. B. in Kirchen, künftig zu reagieren gedenke: Bei seinen Antworten auf Fragen werde er immer, wenn er spreche, ein kleines Tonbandgerät vor seiner Brust einschalten, so daß Spitzel, die darauf aus waren, irgendetwas zu berichten, was sie gehört zu haben behaupten wollten, mit einem kleinen technischen Gerät außer Gefecht gesetzt waren.

Stefan Heym starb in Jerusalem am Rande einer Heinrich-Heine-Konferenz. Heym hatte 1936 an der Universität Chicago eine Magisterarbeit »Atta Troll. Versuch einer Analyse« geschrieben. Heine hatte er immer geliebt, und wenn einer ihm Vorbild war, dann er. Am 10. April 1983 bereitete der Bertelsmann-Verlag Heym zu seinem 70. Geburtstag die Freude, diese Arbeit wieder herauszubringen.

Und ich schätze mich glücklich, ein Exemplar dieser Neuausgabe vom Autor erhalten zu haben mit der Widmung: »Für Klaus Höpcke – auf neuen fruchtbaren Streit und alte Freundschaft!«

Ehe das Nichtgesehne allüberall seine Spuren zeigt

Notizen beim Wiederlesen von Erik Neutschs Roman »Wenn Feuer verlöschen«, 3. Buch des Zyklus »Der Friede im Osten«

Als Willi Sitte ein Porträt von Erik Neutsch gemalt hat, gab der Maler dem Kopf des ihm befreundeten Schriftstellers eine doppelte Kontur. Damit sollte dem Betrachter wohl etwas von der dynamischen, zuweilen eruptiven Kraft der Gedanken und künstlerischen Erfindungen, der Vorschläge und Fragen, der Sorgen und Unmutsäußerungen angedeutet werden, die in diesem Kopfe sich bilden und die da drängen, politischen und poetischen Ausdruck zu finden.

Erik Neutsch, der mit dem Zimmermann Hannes Balla in dem Roman »Spur der Steine« und dem Journalisten Eberhard Gatt in dem Roman »Auf der Suche nach Gatt« zwei der bleibenden konfliktreichen Gestalten deutschsprachiger sozialistischer Literatur in der zweiten Hälfte des 20. Jahrhunderts geschaffen hat, der Schriftsteller, dessen Romane »Am Fluß«, »Frühling mit Gewalt« und »Wenn Feuer verlöschen« aus dem Zyklus »Der Friede im Osten« zu den in der DDR meistgelesenen Büchern über Höhen und Tiefen des Versuchs der Realisierung von Arbeiter-und-Bauern-Macht auf deutschem Boden gehörten, begeht heute seinen 75. Geburtstag. Ein willkommener Anlaß für Leserinnen und Leser, neben den »dicken« Epik-Bänden sich auch der nicht minder brisanten kürzeren Prosastücke Neutschs zu erinnern, so der Erzählungen »Drei Tage unseres Lebens« und »Akte Nora S.« sowie der Novelle »Zwei leere Stühle«, Texte, mit denen der Autor seinerzeit viele Diskussionen, ja Streitgespräche über den Wert des Menschen und seine Stellung in der Gesellschaft ausgelöst hat. Die Schärfe seiner Kritik steigerte er noch in seinem im Frühjahr 1989 erschienenen Buch »Claus und Claudia. Nach neuen Dokumenten«. Das ist eine entschiedene Abrechnung mit dem, wie Neutsch es seinen Helden Claus sagen läßt, »Muff, erzeugt durch Administrieren und Reglementieren«, mit der »Atmosphäre der Scheinheiligkeit«, dem »Boden, auf dem Verbitterung wächst, wodurch junge Menschen dazu getrieben werden, unsere Republik nicht mehr als die ihre zu empfinden und ihr den Rücken zu kehren«.

Angesichts der Verhältnisse, in denen wir weltweit und in Deutschland heute leben, halte ich ein Wiederlesen der Erzählungen »Der Hirt« und »Forster in Paris« für besonders aktuell. Ihnen hat der Autor mit dem historischen Roman »Nach dem großen Aufstand« und der essayistisch-autobiographischen Erzählung »Verdämmerung« neue Werke hinzugefügt, die dazu anregen, zu Ereignissen der Geschichte sich in sehr persönlicher, vertiefter Weise ins Verhältnis zu setzen.

In meinem Beitrag will ich berichten, wie es mir erging, als ich einen der Gegenwartsromane von Erik Neutsch erneut gelesen habe, den Roman »Wenn Feuer verlöschen«, aus dem Zyklus »Der Friede im Osten«, das dritte Buch, erschienen 1985.

Wenn ein Feuer verlischt, kann das sehr schmerzlich sein: Für diejenigen, die es unter Aufbietung von viel Kraft zum Lodern gebracht haben. Davon erzählte uns Erik Neutsch in diesem Roman. Er führte uns in die zum Kollektiv sich formende Belegschaft eines Niederschachtofenwerks, das Ende der fünfziger Jahre in Gang gesetzt wurde, um Roheisen für die DDR zu erzeugen. Und er zeigte, was geschah, was erlebt und gelitten und dann auch wieder getan wurde, als die Flammen abgefackelt werden mußten, weil diese Art der Eisenherstellung sich auf Dauer als nicht wirtschaftlich genug erwies.

»Wenn Feuer verlöschen« – die Wahl der Worte für den Titel des Romans hat zugleich bildhaften Sinn. Daß im alltäglichen Ringen um die Verwirklichung der Ideale eines sozialistischen Humanismus die Feuer tiefer Überzeugung und kämpferischer Leidenschaft nicht verglühen, daß wir uns nicht mit Halbheiten begnügen, das ist der geistige Kern des Buches, gewissermaßen der Herzschlag der hier erzählten Geschichte. Neutsch entwarf eine künstlerische Vorstellung davon, wie das, was wir Volk der DDR zu nennen begannen, nicht zuletzt in den entscheidungsvollen Situationen jener Jahre historisch reifte.

Für die Gesamtidee des Zyklus »Der Friede im Osten« ist dieses dritte Buch von ähnlichem Gewicht wie der Auftaktband, der zehn Jahre zuvor erschienen war. Woran die Helden von »Wenn Feuer verlöschen« mitwirkten, das hat entscheidend dazu beigetragen, daß im Osten Frieden an der Schwelle von den fünfziger zu den sechziger Jahren blieb. Es gehört zu den Vorzügen von Neutschs Buch, daß es diese geschichtliche Leistung unverkleinert ins Bild setzt.

Für Achim Steinhauer, den Journalisten, der ins Niederschachtofenwerk kam, konnte es ein Ausweichen vor den Schwierigkeiten der dort zu bewältigenden Probleme nicht geben. Die Auffassungen, die er über seine Verantwortung als Journalist durchdachte, verboten ihm, etwa um Konflikte einen Bogen zu machen. Verniedlicht wird nicht, und Opfer werden nicht verschwiegen.

Das Schöpferische aber nun – in der wirklichen Tätigkeit der Menschen und in deren literarischer Gestaltung durch den Schriftsteller – sah ich 1985 und sehe ich auch jetzt darin, wie die Aufgaben und die bei ihrer Lösung auftretenden Probleme den Arbeitern und dem Journalisten an ihrer Seite Anlaß zu hoher gemeinsamer Aktivität werden. Geknobelt wird, und Einfälle gibt's. Und geschuftet wird, ja: geschuftet – leichter geht's da an vielen Plätzen noch nicht. Gerungen wird um höchste Ergebnisse und um bessere Arbeitsbedingungen. Anfeindungen derer sind abzuwehren, die langsameres Tempo vorziehen. Georg Maurer hat einmal die Arbeit als die große Selbstbegegnung des Menschen bezeichnet. Erik Neutsch verdanken wir auf vielen Seiten seines wiedergelesenen Romans erneut einen literarisch überzeugenden Beleg für diese Selbstbegegnung, dafür, wie sie Persönlichkeiten bildet. Daß Arbeitermacht Arbeiterelan wecken kann, zeigt das Handeln der Kumpel um Erich Höllsfahrt und das ihrer Verbündeten in den Leitungen von Parteiorganisation und Werk und ihres Mitstreiters Steinhauer mit der von ihm betreuten Zeitung. Wir erleben Arbeiter, zu deren Natur es geworden ist, als Neuerer zu wirken. Neutsch scheut sich andererseits nicht – besonders im Vorfeld der späteren Umprofilierung des Werks –, Episoden zu gestalten, in welchen den Grundsätzen der Arbeitermacht zuwidergehandelt wird, weil mit den Arbeitern notwendige Veränderungen nicht oder ungenügend beraten werden, was zur Einschränkung ihres Elans, ja zu Unmutsausbrüchen führt.

Interessant auch Steinhauers Mutter Hanna: die Studie einer alten Arbeiterin, die in ihrer Siedlung für Bewegung sorgt, derweil mancher eigentlich für die Arbeit im Wohngebiet Verantwortliche zu langsam aus dem Trott kommt. Und sehr sympathisch Werkleiter Fritz Diepold: die Studie eines Genossen, den in verzwickten Situationen die Besonnenheit nicht verläßt und der mit dem Gedanken: Das fehlte noch, daß wir uns gegenseitig zerfleischen (!) uns auch für unsere späteren – einschließlich der heutigen – Kämpfe etwas zu sagen hat.

Für die geistigen Horizonte, zu denen Neutschs Buch blicken läßt, ist der Streit wichtig, in den wir Achim Steinhauer und Manfred Kühnau, den Sekretär der Parteileitung des Werks, verwickelt sehen. Steinhauer lassen die in Staub und Dreck arbeitenden Möllersfrauen nicht zur Ruhe kommen. Er findet, man muß sich etwas einfallen lassen, damit unser moralischer Anspruch soziale Verwirklichung findet. Kühnau dagegen sieht ausschließlich die jeweils augenblicklichen Produktionserfordernisse. Tonnen hat er im Blick, Ideale verkürzend, nach Steinhauers Ansicht. Wunschdenken nennt wiederum Kühnau Steinhauers Argumente.

Neutsch läßt Kühnau scheitern. Das hat einiges für sich. Und zwar nicht nur aus der ins Heute verlängerten Perspektive. Sondern vor allem wegen einer gewissen Kälte, die von ihm ausgeht. Ob der Autor allerdings genügend getan habe, damit für den Leser einleuchtend wird, warum Kühnaus Scheitern in einen Selbstmordversuch mündet, bezweifelte ich bei der Erstlektüre vor zwanzig Jahren. Nicht etwa, weil ich gemeint hätte, es gehe nicht an, daß in unserer Literatur – und noch dazu in einem Buch von Neutsch – ein Parteisekretär Hand an sich legt. Das war mein Bedenken nicht. In ihnen ausweglos scheinender Lage sind selbst Menschen, die Bedeutendes geleistet und vielfach Festigkeit bewiesen haben, nicht ein für allemal gegen tragische Kurzschlußhandlungen gefeit. Wer sein Schreiben der Wahrheit verpflichtet weiß, wird solche Zuspitzungen nicht umgehen. Aber ich fragte und frage mich, ob der Selbstmordversuch Kühnaus von der Logik der sonstigen Umstände seiner Tätigkeit, von den Kampfbedingungen, in die er gestellt ist, sowie von der inneren Logik seines Lebenslaufes her aufgeht.

Für geglückt hielt und halte ich dagegen, was Teilen des Buches als Untertitel die genremäßige Bezeichnung »Politischer Roman« einbringen könnte: Wie Neutsch das Mitwirken der Freunde Erich Höllsfahrt und Achim Steinhauer als Kampfgruppenmitglieder am Sichern der DDR-Grenze gegenüber Westberlin im August 1961 gestaltet. Der Autor beläßt es nicht beim Blickwinkel der beiden. Er fügt die Sicht hinzu, die Münz hat, der erfahrene Parteiarbeiter, der einst im gleichen Bezirk wie sie arbeitete und nun eine leitende Tätigkeit im Zentralkomitee ausübt. Dank Steinhauers und Höllsfahrts Einsatz unmittelbar am Grenzstreifen bedarf der Autor keines Teleskops, um Adenauer in der Szene vorzuführen, da er den Tatsachen ins Auge zu blicken sich zwang, oder die Achtgroschenjungen, die mit Zigarettenschachteln vergeblich unsere Genossen zu ködern trachteten.

Zeitgeschichtliches spielt ebenfalls in andere Passagen des Romans hinein. So der XX. Parteitag der KPdSU, der Ausbruch blutiger Konflikte um Revolution und Konterrevolution in Ungarn und die imperialistische Suezaggression 1956, die Bemühungen um friedliche Beziehungen durch Diskussion einer Konföderationsidee für beide deutsche Staaten.

Von den gesellschaftskonzeptionell interessanten Fragen der inneren Entwicklung in der DDR lohnt die Auseinandersetzung um die Begabtentheorie einiges Weiterdenken. Ulrike, Steinhauers Frau, die als Lehrerin arbeitet, hat damit – den Erörterungen im Roman zufolge – nicht aufhören wollenden Hickhack zu bestehen. Dabei zeigt Neutsch den Schulrat Helmducker, einen alten Kommunisten, den die Nazis zum Krüppel schlugen, als engherzigen, der jungen Generation gegenüber wenig aufgeschlossenen Mann. Bereits anläßlich einer ähnlichen Konstellation in einem anderen Buch unserer Literatur hatte ich notiert, was ich nun hierzu wiederholte: Nach allem, woran ich mich von den Begegnungen mit solchen Genossen erinnerte, fand ich keinen geschichtlichen Grund und wenig von der viel beschworenen epischen Gerechtigkeit in derartigen Gestaltungen. Ohne die Möglichkeit von Hinweisen auf entsprechende Beispiele in Abrede zu stellen, fragte ich nach dem Sinngehalt, nach der Botschaft, die Helmducker-Begegnungen uns übermitteln. Das sah ich beim Wiederlesen etwas differenzierter. Der Ansatz des Einwandes aber blieb. Was das umstrittene Problem betrifft, so mußte um der Brechung des Bildungsprivilegs der ehemals herrschenden Klassen willen die bevorzugte Förderung von Arbeiter- und Bauernkindern durchgesetzt werden. Überspitzte Auslegungen, die Ulrike zu schaffen machten, hatten wir Mitte der 80er Jahre wohl allenthalben überwunden. (Oder doch nicht ganz allenthalben, was ein Brief belegt, den mir 1989 Peter Hacks in Sachen Sahra Wagenknecht schrieb: Die Jenaer Uni wollte sie nicht immatrikulieren, weil sie kein Arbeiterkind war ...) Die Debatten um diese Fragen in Neutschs Roman konnten den Leserinnen und Lesern in Erinnerung rufen, daß es inzwischen bei uns sowohl darum ging, mit besonderer Aufmerksamkeit Talente aus Arbeiter- und Bauernfamilien zu entdecken, zu fördern und zu unterstützen, als auch darum, keine einzige besondere Begabung etwa unentwickelt zu lassen. Davon in einer Zeit zu lesen, in der die Brechung des Bildungsprivilegs von den durch Reichtum Privilegierten zurückgebrochen wird, in einer Zeit, in der der Anteil von Kindern aus einkommensschwächeren Familien an den Studierenden ständig zurückgeht, einer Zeit, in der neue Hürden gegen den Zugang zum Studium in Gestalt von Studiengebühren errichtet werden, das macht das Romanlesen zur Lektion darüber, wie die Gesellschaftsstruktur, in die wir nach dem Ende der DDR geraten sind, das elementare Recht auf Bildung in menschenrechtsfeindlicher Weise beschneidet und so die freie Entwicklung einer und eines jeden und aller behindert, oft verhindert.

Zurück zum Buch. Nicht vergessen wissen möchte ich auch die von Neutsch mit bohrenden Fragen ins Bild gesetzte Lehre aus Ulrikes Gerangel um die Begabtentheorie: Ja zu sagen, wenn man ein Nein im Kopf hat – das war, ist und bleibt falsch. Wer jemanden wegen bedingungsloser Ehrlichkeit bestraft, greift das moralische Potenzial der sozialistischen Gesellschaft an. Und, so sei mit Blick auf anderthalb Jahrzehnte PDS-Entwicklung hinzugefügt: ... zerstört das moralische Potenzial demokratischer Sozialistinnen und Sozialisten.

Von Ulrike war die Rede, der Lehrerin und Frau Achims. Für die Leser des Romanzyklus war sie lange außerhalb des Blickfeldes. Deswegen trug Neutsch mit einer Art Zeitraffer im Prolog des dritten Buches nach, was ihr in der Zwischenzeit bis zum Wiedersehen mit Achim widerfuhr. Darunter war vieles von dem Schlimmsten. Die Sippe, der sie entstammt und endlich entkommt, ist ein Gemisch aus reaktionärer Überheblichkeit, Bosheit und Heuchelei. Das Wiedersehen mit Achim wird für beide zu einem auch vom Autor ausgekosteten Liebesfest. Was dann folgt – im Alltag –, führte uns eine Beziehung vor Augen, die der Dauer nicht entbehrt. Was ja ein Wert sein kann inmitten von vielen, denen es an der Fähigkeit zu dauerhafter Bindung gebricht. Aber der Aufschwung zu heißen Gefühlen wurde wohl doch mehr vermißt. Hitzig wird's schon dann und wann. Was aber, wenn da traktierende Eifersucht zermürbend, fast liebestötend die Liebe überlagert?!

Das literarische Verfahren, mit dem Neutsch die Widerspruchsdialektik zu fassen sucht, ist in diesem Falle wie auch bei der Behandlung größerer gesellschaftlicher Zusammenhänge vom Ausloten extrem entgegengesetzter Auffassungen und Verhaltensweisen bestimmt. Am deutlichsten wird das wohl beim Auftreten von Leuten aus der Wismut, die Kleinbürgern Schrecken einjagen: der Schilderung mit einem Anflug von Sympathie folgt die Wertung mit der Verurteilung des Anarchismus. Auch das Nachsinnen über den Tod pendelt zwischen den äußersten Polen: vom Tod als Scheusal bis zum Tod als Befreier von Leiden.

Wenn ein Rezensent Erik Neutsch Kritisches zum Umgang mit der Sprache vorhält, neigt der Autor dazu, getarnte Ablehnung der von ihm erzählten Geschichte zu wittern. Darum aber kann es sich nicht handeln, wenn man sich – um der Wirksamkeit des Erzählten willen! – vom Autor und von seinem Lektor noch mehr Arbeit am Wort gewünscht hätte. Ich nahm 1985 ein einziges Wort als Beispiel: Gier. Im vorliegenden Buch monierte ich, tauche es unterschiedslos für die Bezeichnung doch ziemlich unterschiedlicher Stimmungslagen auf. Beim Wiederlesen merkte ich, in diesem Punkt noch empfindlicher geworden zu sein.

Insgesamt steigerte der Roman »Wenn Feuer verlöschen« wieder die in den gesamten Zyklus »Der Friede im Osten« gesetzten Erwartungen. Das vierte Buch ist inzwischen erschienen, und jetzt warten wir gespannt auf das fünfte Buch, aus dem uns der Autor heute einen Ausschnitt vorstellen wird. Erik Neutsch hat dem Buch »Wenn Feuer verlöschen« drei Sätze von Karl Marx aus einem 1868 an Friedrich Engels geschriebenen Brief vorangestellt: »Es geht in der Menschengeschichte wie in der Paläontologie: Sachen, die vor der Nase liegen, werden prinzipiell, durch a certain judicial blindness (eine gewisse, durch vorgefaßte Meinung verursachte Blindheit), selbst von den bedeutendsten Köpfen nicht gesehen. Später, wenn die Zeit angebrochen, wundert man sich, daß das Nichtgesehene allüberall noch seine Spuren zeigt.«

Ehe das Nichtgesehene allüberall seine Spuren zeigen kann, arbeitet Literatur, wenn sie gut ist, daran, solche Spuren zu erkunden. Mit Büchern wie »Wenn Feuer verlöschen« verhalf Erik Neutsch dem großen Kreis seiner Leserinnen und Leser, von den »Sachen, die vor der Nase liegen«, einiges zu erkennen, während diese für andere noch im Bereich des Nichtgesehenen lagen. Ändern könnte sich das schon. Der Kreis derer, die das vor ihrer Nase liegende sehen und verstehen, könnte sich vergrößern. Und zwar sobald mehr von den durch vorgefaßte Meinung Blinden – worunter, wie wir der Marxschen Bemerkung entnehmen, bedeutende Köpfe sein können – vorurteilslos literarische Werke gelesen haben werden, die während der letzten Jahrzehnte hier zu Lande (in der DDR und in den Nach-DDR-Ländern) entstanden sind und entstehen, zum Beispiel die von Erik Neutsch. Der hat nach der Spur der Steine seinen forschenden Blick auf immer weiter greifende Spuren des Lebens gerichtet.

Vorgetragen im Kolloquium zu Erik Neutschs 75. Geburtstag, veranstaltet von der Rosa-Luxemburg-Stiftung, am 21. Juni 2006 in Berlin, veröffentlicht in: »Wie Spuren in Stein. Das literarische Werk von Erik Neutsch«, herausgegeben von Klaus-Detlef Haas, Dietz Berlin 2007

Aufklärer als Humanisten?

Was Gerhard Zwerenz im Interview-Buch »Weder Kain noch Abel« zu Protokoll gibt und fragt

Große Literatur ist in diesem Buch zu lesen, die Erzählung »Der Maulwurf«. Ein Scharfschütze und »guter Gräber« schaufelt ein Erdloch, tiefer und tiefer. Um, wie er annimmt, noch sicherer zu werden, gräbt er zusätzlich einen Querstreb. In dem gerät er – Soldat des Zweiten Weltkriegs – unter die Überreste eines Massengrabs aus dem ersten. Das schreckliche Gemisch aus Kadavern und Erde erdrückt ihn allmählich, er erstickt. Gerhard Zwerenz erzählt das in einer beklemmenden Weise, die an Scholochows »Ein Menschenschicksal« und Abes »Die Frau in den Dünen« erinnert. Der Text steht als literarisches Zeugnis zu des Autors Lebenszeugnis. Das erwächst aus den Auskünften, die er – von Jürgen Reents befragt – über Umstände seines realen Lebens gibt. In der Naziwehrmacht sind die so beschaffen, daß er zum Deserteur wird und später zum lebenslangen Kriegsfeind und »Friedenshetzer«.

Von den Publizistik-Proben, die der Band in Ergänzung zu den Interviewpassagen bietet, weckt der Essay »Leipziger Allerlei«, den Zwerenz in der Wochenzeitung *Sonntag* am 21. Oktober 1956 veröffentlichte, vermutlich in besonderem Maße das Interesse sowohl von Zeitzeugen einstigen Geschehens als auch von Zeitgenossen jüngerer Geburtsjahrgänge, für die es sich um ein Geschichtskapitel handelt – über ein Ereignis, das inzwischen ein halbes Jahrhundert zurückliegt.

Der Anblick Leipzigs lasse den Betrachter oft bitter werden, schrieb der Autor. Im Unterschied zu Schriftsteller- und Künstlerkollegen, die sich dadurch kaum beunruhigen ließen, stellte er fest, »es ist gar nicht alles in Ordnung«. Er hielt Ausschau nach »Menschen, die unruhig sind und nicht stille sitzen können«. Er traf auf »einen, der ging zu den Rentnern und jungen Frauen, die nachmittags in den Parkanlagen sitzen«, befragte sie danach, wie sie ihr Leben sahen. Er freute sich über einen Studenten, der eine Staatsexamensarbeit von über 300 Seiten schrieb, nach der seine Bekannten Schlange stehen. Er notierte die Überlegung: »Es war unser Fehler, daß wir jahrelang meinten, einer, der unruhig, gar unzufrieden ist, der müsse auch gegen den Sozialismus sein. Als ob der Sozialismus nicht selbst die Unzufriedenheit und den Mangel zur Wurzel hat.« Und: »Der Unruhigen Unruhe kommt aus einem heißen Herzen.«

Das Ansinnen, ihn wegen solcher Aussagen aus der SED auszuschließen, war in den Grundorganisationen der Partei am Philosophischen Institut, im Schriftstellerverband und am Literaturinstitut nicht durchsetzbar. Immerhin. Die Genossen weigerten sich, einen derartigen Beschluß zu fassen. Statt sich an der Urteilsfähigkeit der Basis zu orientieren, setzte sich die Bezirksparteikontrollkommission darüber hinweg und beschloß am 1. Juni 1957 den Ausschluß. Die Gegenüberstellung der unruhevoll leidenschaftlichen Prosa des Essays mit der verbiesterten, auf Verurteilung getrimmten Prosa des Ausschluß-Papiers im vorliegenden Band ist heilsame Geistesmedizin gegen jegliches Verharmlosen ideologisch-politischen Drangsalierens, das damals vorherrschte. In Zwerenz' Fall drohte es auf Verhaftung hinauszulaufen; wie er sich dieser Gefahr dank rechtzeitiger Warnungen entziehen konnte, schildert er knapp, die Existenzängste jedoch eindringlich skizzierend.

»Alle Einrichtungen der Menschen, alle Wissenschaften und Künste können, wenn sie rechter Art sind, keinen andren Zweck haben, als uns zu humanisieren«, schrieb Johann Gottfried Herder in einem seiner »Briefe zu Beförderung der Humanität«. Das bedeute, erläuterte er, »den Unmenschen oder Halbmenschen zum Menschen zu machen und unserem Geschlecht zuerst in kleinen Teilen die Form zu geben, die die Vernunft billigt, die Pflicht fordert, nach der unser Bedürfnis strebet«.

Wie das Humanisieren gelingen kann und wie es mißlingt, darum kreist das Denken von Gerhard Zwerenz unentwegt. In dem Satz Immanuel Kants »Habe Mut, dich deines eigenen Verstandes zu bedienen« spürt er den »revolutionären Impuls, der in der klassischen deutschen Philosophie vorhanden war«. Der sei untergegangen, woran »im Fortgang auch der Marxismus seinen Anteil« gehabt habe. Das Ich, das Subjekt, habe er »illegalisiert«. Wenn aus individuellen Revolutionären kollektive Revolutionäre würden, sei dies »der Schlüssel, um an die Macht zu kommen«, stellt er fest und fügt hinzu: »Damit werden sie selbst leicht zu neuen Unterdrückern.« Dies geschieht, wenn sie überall Aufklärung verlangen, aber unaufgeklärt lassen wollen, was sie selbst getan haben, wenn sie Aufklärung soziologisch und politisch allein auf ihren Gegenpol bezogen verstehen. Zwerenz würdigt, daß es einstige Kommunisten wie Arthur Koestler mit seinem 1940 geschriebenen Roman »Sonnenfinsternis« waren, die diesen Prozeß kritisch zur Sprache gebracht haben.

Von der Sicht mancher Feuilletonisten, denen die Aufklärung schon für sich genommen – mit der Idee, der Menschheit »die Form zu geben, die die Vernunft billigt, die Pflicht fordert, nach der unser Bedürfnis strebet« – Grund genug ist, sie als verantwortlich für ein Umschlagen in Zwangsherrschafts-

Mit Tochter Franziska *Foto: Grubitzsch*

streben erscheinen zu lassen, unterscheiden sich Zwerenz' Erwägungen deutlich. Nicht unbedingt, nicht unausweichlich, nicht »gesetzmäßig« sieht er die kollektiv handelnden Revolutionäre als neue Unterdrücker. Ihn erfüllt mit Sorge, daß sie – wie zitiert – »leicht« zu neuen Unterdrückern werden (können) und: so tragisch oft geworden sind. Wie solche Fehlentwicklung zu vermeiden wäre, wie sich ein derartiger Vorgang erschweren, ja unterbinden ließe, dazu halte ich für anregend und ausbaufähig, was Zwerenz mit dem begrifflichen Gegensatzpaar »freiwillige Anerkennung einer logischen Situation« und »Disziplinierung einer Menschengruppe« vorträgt. Erstere hält er hoch. Darin stimme ich ihm uneingeschränkt zu. Letztere lehnt er ab, weil sie die beeinflußte Menschengruppe zur »unterworfenen Masse« mache. Dazu habe ich das, was man »Diskussionsbedarf« nennt. Denn: Nicht hierarchisch angelegte, von autoritärem Gehabe und diktatorischen Praktiken freie, nicht Obrigkeiten gefügige, sondern demokratisch zustande kommende Übereinkünfte über gemeinsames Handeln für gemeinsame Ziele – läge darin nicht eine »Disziplinierung anderer Art«, eine, die nicht *vor* der Diskussion, sondern nach ihr und auf Grund der beim Diskutieren erarbeiteten Einsichten entsteht? Infolgedessen dürfte sie wahrscheinlich den Interessen der individuellen wie der kollektiven Revolutionäre eher gerecht werden können. Sofern Aufklärer sich in ihrem Tun von demokratischen Grundsätzen leiten lassen, sind sie – ganz gleich, ob in der Philosophie oder im Dschungel öffentlicher wie geheimer Politikkämpfe tätig – sehr wohl imstande, sich als Humanisten zu erweisen und zu bewähren. Der Zwerenz-Satz über kollektive Revolutionäre als »Schlüssel, um an die Macht zu kommen«, verträgt es, ergänzt zu werden durch einen Höpcke-Satz über den Schlüssel, an der Macht zu bleiben. Der lautet: »Entweder es geht demokratisch – oder es geht nicht.«

Der Mensch, den dieses Buch den Leserinnen und Lesern aufs Innigste erschließt, ist der Philosoph Ernst Bloch. Wie Gerhard Zwerenz hat seine Frau Ingrid mit ihren Antworten im Schlußteil des Buches wesentlichen Anteil daran. Die Verehrung der beiden für Bloch und seine Frau Carola gilt dem Gedankenreichtum des Professors, der sprachlichen Kraft seiner Werke und dem herzlichen persönlichen Umgang der Blochs mit Studierenden und Freunden. In Worten der Enttäuschung über den Verehrten wegen »selbstkritischer« Einlassungen, die unter seiner Würde waren, verschmilzt Zwerenz seine Kritik und seinen Schmerz so aufrichtig, daß er Bloch weder nachträglich herabsetzt noch in der ihm gebührenden Ehre verletzt.

Ähnlich wie bei der Wiedergabe des Wortlauts von »Leipziger Allerlei« wird das Buch nochmals zur Quellenedition durch den Abdruck jener Parlamentsprotokolle aus dem Deutschen Bundestag, in denen der einzige Deserteur der Naziwehrmacht, der jemals einen Sitz im Staatsorgan deutscher Gesetzgebung inne hatte, eben Gerhard Zwerenz, in fünfminütigen und dreiminütigen Reden und Repliken auf Zwischenrufe aus wütenden Militaristenmündern dafür ficht, daß das Handeln derjenigen Soldaten, die Hitlers Aggressorenarmee verließen, endlich per Gesetz gewürdigt wird und Schluß gemacht werde mit ihrer Kriminalisierung und Diskriminierung.

Im daran anschließenden Kapitel »Denksteine« vermißt der Rezensent einen Hinweis auf den Erfurter Petersberg, wo während der Nazizeit ein Militärgericht seine Urteile gesprochen hat und wo einige seiner Todesurteile gegen Deserteure auch vollstreckt worden sind.

An jener Stelle ist 1995 ein DenkMal für den unbekannten Wehrmachtsdeserteur errichtet und enthüllt worden, wogegen Bernhard Vogel, damals dort Ministerpräsident, rhetorisch Sturm lief. Im Thüringer Landtag erging er sich zum Beispiel am 18. Mai 1995 in Lobreden auf deutsche Soldaten, die »nichts anderes als ihre Pflicht getan haben und an Untaten nicht beteiligt« waren; sie hätten »tapfer gekämpft«. Er sprach wie sein Parteikollege Alfred Dregger, der neun Jahre zuvor im Bonner Bundestag in seiner offiziellen Rede zum Volkstrauertag gesagt hatte, daß der deutsche Soldat, der dem Kriegsgegner bis zuletzt widerstand, für seine Person eine ehrenhafte Wahl getroffen habe, was insbesondere für die Soldaten des deutschen Ostheeres gelte.

Veröffentlicht in: Neues Deutschland, *Literaturbeilage zur Leipziger Buchmesse, 13. März 2008*

Ein Pranger geht zu Bruch

Diether Dehms »Die Seilschaft«: eine Kriminal-Novelle, in der ein »knallroter Öko-Pfarrer« gejagt und gerettet wird

In einer kleinen Stadt in der Nähe Berlins kommt es zum Streit um das Vorhaben, eine neue Straße zu bauen. Der Zugang zu einem Prestige-Objekt von Westinvestoren – einem Golf-Hotel – soll erleichtert werden, obwohl die Ausbesserung einer vorhandenen Straße genügen würde. Handelte es sich bei Diether Dehms Kriminal-Novelle »Die Seilschaft« um ein Stück Dokumentarprosa, hätten wir, auf Genauigkeit erpicht, konkrete Wirklichkeitsbezüge zu prüfen. Indem er gelegentlich Personen, mit denen es die Helden und Antihelden seiner Geschichte zu tun bekommen, bei ihren realen Namen nennt – zum Beispiel die Landtagsabgeordnete Stobrawa und den Tennisspieler Becker – und als Ort der Handlung Bad Saarow am Scharmützelsee angibt, verführt der Autor fast zu solchem Fakten-Authentizitätsvergleich. Doch reizvoller ist eine andere Authentizität: die der Wahrheit künstlerischer Fiktion, in die Ortsdetails collagenhaft eingewoben wurden.

Gleichermaßen Fakt und fiktiv: Es bildet sich eine Bürger-Initiative. Die sagt: Für die Menschen, für die Natur, für die Luft sei alles, was da zu Gunsten der Straße geschehen soll, »die reine Katastrophe«. Was Heimat war, werde ausradiert.

In einer Mischung aus Entsetzen und Spott erzählt der Autor, wie nun die Clique der geheimen und der öffentlich sichtbaren Staatsbeamten, der Blattmacher/Plattmacher und elektronischen Inquisitoren zurückschlägt. Der Leiter der Bürger-Initiative Dr. Gert Sulima ist ein aus Westdeutschland hierher gezogener Pfarrer. Von dem wird in der Gauck- (jetzt Birthler-)Behörde eine Akte »gezogen«. Auf deren Grundlage wird er bezichtigt, ein »Inoffizieller Mitarbeiter« des Ministeriums für Staatssicherheit der DDR gewesen zu sein und westdeutsche kirchliche Gruppen bei Reisen in die DDR bespitzelt zu haben; eine so genannte »Verpflichtungserklärung« liegt allerdings nicht vor. Einblick in die Akte erhielte er erst, sagt ihm sein Anwalt aufgrund von Erfahrungen, wenn »die Medien deine Stasi-Fratze so gezeichnet haben, daß die mit dir nix mehr zu tun hat«. »Zugeben« soll er, was er nicht gemacht hat. »Namen, Namen, Namen« sollen er oder seine Bürgerinitiative-Mitstreiterin Nadja Bulani, die sich um seine Ehrenrettung bemüht, liefern. Als Nachrichtenmagazin-Journalisten figurieren in Dehms Text mit Heribert Swann und Michail Giesmeier zwei Typen, die mit den »Gaucklern« gemeinsame Sache machen. Was im Mai 2006 über Bespitzelung von Journalisten durch den BND und in dessen Auftrag tätige Journalistenkollegen erörtert wird, dem gibt der Autor mit diesen Figuren vorweg eine umfassendere Wesenskontur: die des inhumanen Pseudo-Journalismus. Unaufhörlich Menschen jagen, an den Print-Pranger stellen und Psycho-Qualen am Bildschirm aussetzen – das ist das Geschäft der Akteure dieses »Journalismus«, das ist ihre Welt, ihre Pressefreiheit. (Im Leben außerhalb des Buches hat Dehm am eigenen Leib erfahren, wie dieses Treiben den Betroffenen zusetzen kann. Erst als SPD-Politiker sowie erneut und verstärkt, nachdem er Mitglied der PDS geworden war, traktierte man auch ihn mit MfS-Verdächtigungen.)

In ihrer Suche nach Helfern für Gegenwehr läßt Dehm Nadja in Berührung mit Leuten kommen, für die viele heutzutage die Bezeichnung »Seilschaft« benutzen; sie auch. Verglichen mit Connections, von denen bisher die Rede war, klingt »Seilschaft« wie ein Kosewort. Ein so bezeichneter Trupp – läßt der nicht an Menschen denken, die einen Berg erklettern? Von denen nimmt man an: Mutig dürfte jeder einzelne von ihnen sein und zuversichtlich in ihrem Vertrauen auf ihren Zusammenhalt. – Zu schön, um wahr zu sein? Jedenfalls die, auf die Nadja bei ihrer Suche nach Hilfe trifft, scheinen aus weniger sympathischen Hölzern geschnitzt. Bedient der Autor in diesen Szenen Klischees? Sind die Bilder stimmig, die er von verschlossenen, starrsinnigen, übervorsichtig tastenden Alten zeichnet? Daß Nadja einen beschämenden Fall von Feigheit erleben muß, gehört zur Brisanz der in der Novelle erzählten Geschichte. Nicht mal zu der Erklärung, daß Gert Sulima nichts davon wußte, was über Gespräche mit ihm aufgezeichnet worden war, können diese Gesprächspartner sich aufraffen. Das führt dazu, daß Nadja dem Heribert Swann zeitweilig ihr Ohr öffnet, als der ihr die einstigen MfS-Mitarbeiter als »aufgelöst in viele kleine Seilschaften« schildert, von denen jede ihr eigenes Spiel betreibe.

Gegenläufig wirken in dieser Situation Telefongespräche, die sie mit Sulima im fernen Polen führt, wohin der zeitweilig zu einem kirchlichen Freund gefahren ist, der ihm Schutz gewährt. Kritisch reflektiert sie darin das schwankende Verhalten von PDS-Vertretern »vor Ort« in dem aktuellen Umwelt-Streit und erbärmliche Entsolidarisierungen. Sulima holt bei der Gelegenheit zu Vergleichen aus: zwischen der Ulbricht-Generation, die noch Prinzipien hatte, und späteren Generationen von »saftlosen Eliteanwärtern«. Gewissenlosen Journalisten und ihren Auftraggebern sagt er nach, von ihnen werde Schnüffeln und Kreuzbrechen »auf Provisionsbasis« betrieben. »Der BND ist das öffentlich rechtliche Dach für Generalleutnant Giesmeier und Oberst Swann.«

Die beiden scheitern. Mit ihnen erleiden den Mißerfolg die anderen Betreiber der Kampagne gegen den »knallroten Öko-Pfarrer« und »Stasi-Knecht«. Sulima kehrt zurück. Die Verdächtigungen gegen ihn zerbröseln, das heißt: sie werden zum Zerbröseln gebracht. Der Pranger geht zu Bruch – in diesem Fall. Die überflüssige Straße wird nicht gebaut. Wie es zu solchen Erstaunlichkeiten kommt, erzählt der Autor mit sichtlichem Spaß an seinem Einfall. Es gelingt ihm, zunehmende Spannung zu erzeugen. Das Leseinteresse steigert sich zum Lesevergnügen. Die Lösung aber verschweigt der Rezensent; er hat schließlich Rücksicht zu nehmen auf des Lesers Anspruch (und den der Leserin nicht minder), im Lesevergnügen die Seilschaftskrimi-Schlußpointe selber im Original zu genießen.

Veröffentlicht in: junge Welt, *3. Juli 2006*

»Wir hatte eine Plebischitt dagegen«

Gert Billings Roman »Kolks Abgrund«: Gesellschaftspolitischer Zoff als Krimi-Stoff

An einem Frühsommermorgen erwachen der Berliner Chirurg von Kolk und sein Sohn nicht in warmen Betten in häuslich umwandeten Räumen, sondern in winterlicher Landschaft unter freiem Himmel – inmitten von Eis. Sie rätseln: Wo befinden sie sich? In alpinem Gebirge? Oder auf einer Eisscholle?

Aufgebrochen waren sie von Berlin nach Hamburg, weil der Vater dort einen Vortrag zu halten hatte. Sein Sohn, der eigentlich als Detektiv arbeitet, aber gerade eine finanzielle Flaute durchmacht, war vom Vater als Chauffeur für Fahrten wie diese angestellt worden. In die mörderische Eiseskälte haben andere die beiden bugsiert. Aber wie?

Gert Billing läßt in seinem Roman »Kolks Abgrund«, dem dritten Band seiner Krimi-Trilogie um den Privatdetektiv Hasso von Kolk (nach »Der General vom Café Nord« und »Die Nacht in Little Sanssouci«) die beiden Helden des Abgrund-Buches Antwort auf die Frage nach dem Wo ihres unfreiwilligen Aufenthalts im Kühlen schnell finden – naturgemäß: Das Eis, auf dem sie sich bewegen, bewegt sich selbst. Es spaltet sich, »ihr« Stück schwimmt auf ein anderes zu und dann wieder etwas davon weg. Sie sehen einen Eisbären, der sich lebensbedrohlich zu nähern begonnen hatte, auf solche Weise ins Ferne entrücken. Was in all die Aufregung einen Moment des Aufatmens bringt.

Sie sehen also: Der Ort, an dem sich ihr Schicksal bald entscheiden soll, ist eine gefrorene Scholle im Meer, nicht ein Gipfel in kontinentalen Bergen. Das Rätsel, wie sie wohl hierher »verbracht« worden sein mögen, lösen Vater und Sohn ebenfalls zügig. Einvernehmlich erinnern sich beide: In einem Handgemenge auf einer Hamburger Straße nach Vaters Vortrag waren sie überwältigt, in ein Auto gezerrt und schließlich mit Spray ins Gesicht und Nadelstich in den Hals flugfrachtfähig gemacht worden. Das Grübeln über Gründe der Entführung hingegen verläuft langwieriger. Es steckt voller widersprüchlicher Anhaltspunkte. Vater und Sohn ergehen sich in mal sanft, mal heftig ausgetragenen Meinungsverschiedenheiten. Der Vater vermutet, die Entführer haben es auf den Sohn abgesehen: Der ist Waffenschmugglern von Petersburg über Hamburg bis in die Toskana auf die Spur gekommen. Der Sohn nimmt an, das Kidnapping gilt dem Vater: Zieht der doch mit Aufklärung über ein brisantes Thema durchs Land, auch in Hamburg hat er es behandelt: Volksentscheid.

Vom Eise befreit werden Kolk und Kolk durch norwegische Arbeiter. Nach ihrem Woher und Wohin befragt sie ein norwegischer Polizist. Dem kommt ihre wahrheitsgemäß berichtete Geschichte unwahrscheinlich vor, ja geradezu erlogen. Auf den daraufhin einsetzenden gröberen Umgang reagiert Vater Kolk mit der Ankündigung, man könnte sich über die Praktiken norwegischer Behörden in Brüssel beschweren – wegen Verletzung der EU-Verfassung. Da begegnet ihm sein Lieblingsthema auf unerwartete und vor allem unangenehme Art und Weise. Er erhält die Antwort, das ginge nicht. Warum? »Wir hatte eine Plebischitt dagegen.«

Ironie des Schicksals? Wie in dieser Episode ist es Gert Billing in dem ganzen Roman darum zu tun, daß sein energischer Fürsprecher von Plebisziten es mit allerhand Widerrede und tatsächlich oder scheinbar dagegen stehenden Gegebenheiten zu tun bekommt. Was soll und kann in einer Demokratie – dem Worte nach immerhin: Volksherrschaft – heute das Volk selber entscheiden dürfen? Der Streit darüber, wie diese Frage für das 21. Jahrhundert richtig zu beantworten sei, bildet den gesellschaftspolitischen »Zoff«, der den Krimi-Stoff um wesentliche geistige Spannungselemente bereichert.

Dem handgreiflichen Überfall auf die Kolks in einer dunklen Hamburger Straße waren vor Kolk Seniors Vortrag schon zwei weniger körperliche Überfälle auf den Gast aus Berlin vorangegangen. In einer dunklen Hamburger Blöd-Blatt-Spalte bildete man ihn so ab, als habe er Margot Honecker einen Handkuß verpaßt. Teuflischer Mund, der so was tat – aus dem soll-

Literaturgespräch im Prenzlauer Berg *Foto: Karl Deutscher*

te nun Kunde über den Sinn von Volksentscheiden kommen?! Daß in einem anderen Blatt das Foto ganz erschien, das zeigte: ein Knötchen auf dem Handrücken wurde medizinisch verarztet – was half's? Verbreitet war die falsche Version und mit ihr die falsche Empörung. Im Saal läßt Billing die Fortsetzung des Hetzgeschäfts von einem kleinen alten Mann mit jugendlichem Robbenschnäuzer und Gitarre verrichten. Der erntet Beifall, aber auch Protest. »Grob zusammengeprallt waren zwei Ansichten über einen Redner, der noch gar nicht geredet hatte«, stellt Kolk Junior, Billings Ich-Erzähler, fest.

Wie der den Auftritt seines Vaters erlebt, darin gelingt dem Autor ein dichtes Bild von klaren Gedanken des Redners, seinen raffinierten Methoden, sie einleuchtend zu machen, und dem diffusen Widerhall dessen, was er sagt, im Publikum: von aufgeschreckt und verstört bis neugierig und aufgeschlossen, genauer: sich aufschließend.

Sein meinungsbildnerisches Werk beginnt der alte Kolk nicht mit eigenem Redetext, sondern mit Filmausschnitten. Und die vermitteln nicht belehrende Merksätze, sondern handeln von menschlichem Leid zwischen kaum zu ertragenden

Schmerzen und Nicht-Sterben-Können. Bei der Deutung des auf der Leinwand Gesehenen, von dem das Publikum schockiert ist, hält er sich mit Halbheiten nicht auf: »... wir Ärzte sind fein raus, wir haben längst vorgesorgt.« –

»Unter Qualen verrecken ist was fürs gemeine Volk, für Patienten, für Leute wie Sie. Ja, Sie da unten.« –

»Auch wenn das Fleisch zum Himmel brüllt, auch wenn der unheilbare Patient um die erlösende Spritze fleht – der Mann oder die Frau darf nicht erlöst werden ... Modernes Gerät muß sich amortisieren ... Das bringt Geld, gewisse Hierarchien profitieren davon ... Einschlafen, schmerzlos sterben ist ein Privileg, so wie es andere Privilegien gibt in der Klassengesellschaft.«

Er führt den Satz einer Justizministerin, Selbstmord sei nicht strafbar, ad absurdum und fügt eine verallgemeinernde Ansicht über Wähler und Gewählte an: »Das Volk ist Chef, wir sind der Arbeitgeber. Hatten Sie, meine Damen und Herren, jemals den Eindruck, daß sich ein Abgeordneter oder Minister wie ein Arbeitnehmer verhält?«

Wie auf medizinischem Feld geht Kolk auch in der Politik aufs Ganze. Er weist auf eine Hamburger Zeitung hin, die ihn »ein Erbübel aus dem Osten« genannt habe, nicht befugt, den geheiligten Begriff Demokratie in den Mund zu nehmen, und fragt: »Wurde ich wiedervereinigt, um das Maul zu halten? ... In welcher Staatsform leben wir denn, ist das noch eine Demokratie, oder sind es nur deren Reste? Ein Tag Wahlen, vier Jahre Diktat – ist das Volksherrschaft? ... Sind wir ausgeliefert, rettungslos – oder gibt es ein Mittel gegen die Schande frecher Bevormundung? Ist ein Weg erkundbar, auf dem das Volk notfalls zwischen den Wahlen Entscheidungen treffen könnte?« Kolks Sohn schnappt einen Wortwechsel zwischen zwei wohlsituierten Damen an seinem Tisch auf. Auch sie habe das kürzlich gesagt, flüstert die eine, und die andere zischelt zurück: »... bei Gott, du hast Recht! Ich glaube, die Proleten nennen das Basendemokratie.« – »Basis! Auch wir sind das Volk!« raunt die andere.

Im Publikum ist ein Denkprozeß in Gang gebracht. Schließlich werden einige mit Sprechchören laut: »Volks-entscheid!«, »Plee-biss-zitt!«, »Ree-fer-renn-dumm!« Ein Gegen-

Chorus protestiert: »De-ma-go-gie! Ossis raus!« Applaus rauscht auf, ungewiß, für welchen Standpunkt. Kolk verweist auf Listen an den Ausgängen und ermuntert das Publikum zu Unterschriften für die Einführung des Volksentscheids in Deutschland.

So gehen in diesem Buch Roman und Essay nicht selten ineinander über, spannend gleichermaßen in der verbrechensermittelnden Handlung wie in der streitbaren Polemik. Differenzierende Abwägung meidet die nicht, aber Antrieb zu Erkenntnisgewinn sucht und genießt sie vor allem im Zuspitzen gegensätzlicher Standpunkte.

Es könnte reizvoll sein, solchen Standpunkten eigene hinzuzugesellen oder gegenüberzustellen – von Leserinnen und Lesern zum Beispiel, die es für eine plebiszit-ähnliche Ablehnung eines Wahlvorgangsinhalts halten, wenn bei einer Wahl 57 Prozent der Wahlberechtigten an der Abstimmung nicht teilnehmen, wie bei der Wahl der Abgeordneten des Europäischen Parlaments im Juni 2004 und bei der Landtagswahl in Sachsen-Anhalt im März 2006 geschehen. Kann man bei so zustande kommenden Minoritäten-Repräsentanzen von den dann gebildeten Gremien guten Gewissens behaupten, sie seien demokratisch gewählt?

Daß hierzulande die Zahl der Leute wächst, die linke Ansichten haben oder zu ihnen neigen, hat sich inzwischen selbst in der bürgerlichen Demoskopie herumgesprochen. In der Unterhaltungsliteratur und auch im Film aber bekommt man es mit Figuren, die solche Leute verkörpern, kaum einmal zu tun. Sie sollen nicht existieren – es sei denn gelegentlich als DDR-verwickelte Zombies außerhalb jeder Realität.

Der Schriftsteller Gert Billing ist so dreist, das Tabu zu mißachten. In seiner Literatur kommen linke Aspekte heutigen Lebens unverblümt zur Sprache. Und das durchweg spannend erzählt, punktuell von umwerfendem Humor und erfreulicherweise ohne nostalgisches Getue. Dem Lesevergnügen, das er mit seinen Kolk-Romanen – wie gesagt, inzwischen dreien – bietet, könnten durchaus auch Nichtlinksbürger anheim fallen.

»Witterer« von Wesentlichem

Peter Löw: »Der Zug der Blinden«, Roman

Dies ist ein Künstlerroman und ein Arbeiterroman. Er handelt im deutschen Sachsenland Ende der 80er Jahre des zwanzigsten Jahrhunderts. Die Lebenswege eines Bauarbeiters und eines Malers und ihrer Familien sind auf eine Weise miteinander verflochten, wie es ein paar hundert Kilometer südlich und westlich von ihrem Bezirk so nicht vorstellbar war. Ihre Hoffnungen und Planungen, ihre Arbeit, ihre Konflikte gruppiert der Autor Peter Löw um die Rekonstruktion eines großstädtischen Altstadt-Wohngebiets namens Brühl.

In beeindruckender sozialer Genauigkeit zeichnet er das Bild des Maurers Herbert Schäfer in seiner Tatktaft und seinen Beschränktheiten. Löw hält sein Erzählen frei von Beschönigungen und hochnäsigen Herabsetzungen. Er scheut sich auch nicht, das physische und psychische Elend zu zeigen, das der Mann erleidet, als er nach schwerer Krankheit neue andere Arbeit suchen muß. Ihm fällt alles Mögliche ein – Magaziner, Tierparksaufsichtsposten, Sportplatzwächter z. B. –, doch nichts findet er, wo er anfangen könnte.

Für den Maler Botho Janssen eröffnet das Brühl-Projekt neue Möglichkeiten künstlerischen Wirkens und erweiterte öffentliche Wirksamkeitschancen. Der Autor läßt die Leserinnen und Leser miterleben, wie Janssen am Gemälde »Zauberer« arbeitete, um »einige Gestalten im Menschenzug typologisch zu charakterisieren«, und wie er sich auf ein Fresko über den Brühl früher und heute vorbereitete. Als ziemlich treffend empfinde ich, was Löw aus den Debatten zwischen konkurrierenden Künstlerkollegen sowie in »Staffeleidiskussionen« mit Vertretern kulturpolitischer Ämter wiedergibt. Da fallen Allerweltssätze wie »Nichts gegen Industrielandschaften, es geht aber um den Menschen in ihr.« »Zeitlos formvollendete Malmeisterschaft« wird attestiert. »Aufstiegskunstwerk« und ähnliche Etikette werden verteilt. In scharfen kritischen Zügen charakterisiert er, wie aus »minder namhafter Anhängerschaft« oft »die nur umformulierten Kourteile« der Verbandsgrößen kamen – »ein hinlänglich bekanntes, scheindemokratisches Spielchen«. Noch übler die Ablehnungsrhetorik eines Juroren, der ein Werk verwirft, weil es »dazu« schon »Standpunkte gegeben« habe, ohne daß besagter Juror angibt, welche Standpunkte das waren und wo sie von wem vorgebracht wurden.

Interessanterweise sind die Frauen in diesem Buch durchweg von aufgeschlossenerem Gemüt. So ist es wohl auch kein Zufall, daß Löw in einer Debatte Elviera, die einstige Frau Janssens, ihn fragen läßt, ob er die »Linkerhand«, den Roman von Brigitte Reimann, kenne. Und weiter sagt sie: »Ja? Dann

Mit roter Socke *Foto: Peter Vogel*

weißt du ja: individualistisches Aufbegehren einer vom Fach. Worauf sie in Sachen Stadtarchitektur besteht, ist Kompromiß zwischen Schlafsiedlung und Stadt, in ihr zu leben – schon jetzt! Als mögliches Minimum trotz aller sozialistischen Ökonomie. Die Schablone aufbrechen, nur darauf kommt's an!« (Ein weiteres Werk dieser Geisteshaltung aus der Feder eines DDR-Schriftstellers ist übrigens Alfred Wellms Roman »Morisco«.)

Wenige Seiten vor dem Ende des Romans läßt Löw den Maler Janssen sich entschließen, den ursprünglichen Titel seines Tafelbildes »Zauberer« durch den Bildtitel »Der Zug der Blinden« zu ersetzen. Der Autor gab diesen Titel auch dem Roman. – Unmittelbarer Anlaß, der den Maler zu diesem Titelwechsel drängte, war das Erlebnis der Demonstrationen mit dem Ruf »Wir sind das Volk«. Der Entschluß kommt für die Lesenden allerdings nicht unvorbereitet. Denn mehrfach läßt der Autor seine Romangestalten Bezug nehmen auf die »Scharen jetzt täglich fort- und ins Ungewisse anderer Welt Hineinfliehender: Junger und Alter, die sich hier, im Angestammten, erstorbener Zuversicht wegen länger nicht halten ließen«. An anderer Stelle heißt es aus dem Mund eines Ausstellungsbesuchers: »Hm, hab mal gelesen, der Künstler wittere Dinge – wesentliche – sozusagen voraus. Drum sehn wir vielleicht so nachdenklich aus. Weil … Janssen womöglich Witterer dafür ist, was auf uns hier – offene Grenze – jetzt vielleicht reinbricht?! Wird zwar lautstark gejubelt – auch ich ahn aber, daß später großes Nachdenken ist!«

Der niedergedrückte Schäfer, den Janssen einst malerisch gepriesen hatte und der zwischenzeitlich nach seiner Krankheit erfolglos auch beim Versuch künstlerischer Tätigkeit geblieben war, verfällt am Schluß des Romans beim Besuch einer Ausstellung mit Janssens Arbeiten in verzweifelte Zerstörungswut gegen dort präsentierte Kunstwerke.

Veröffentlicht in: Icarus, *Zeitschrift der GBM, Heft 2, April/Mai 2008*

Duisburger Akzente 1987: »Einblicke« in die DDR-Kultur?

Antworten auf Fragen in einem Workshop an der Ruhr-Universität Bochum mit Zeitzeugen und Wissenschaftlern zwanzig Jahre danach

Zum Verständnis der folgenden Texte vorab ein paar Informationen aus der Feder von Frank Hoffmann, Universität Bochum, veröffentlicht in der Zeitschrift *DeutschlandArchiv*, Heft 5/2007: Im Rahmen des Kulturfestivals »Duisburger Akzente« fand im Mai 1987 eine der größten Kulturpräsentationen der DDR statt, nach Zahl der Beteiligten und Breite des Programmangebots die umfassendste im »westlichen Ausland« überhaupt. An den über 100 Veranstaltungen innerhalb von drei Wochen wirkten ca. 800 Künstlerinnen und Künstler sowie Kulturfunktionäre aus der DDR mit. Bezieht man die bis in den Spätsommer fortdauernden Ausstellungen mit ein, so nutzten über 100.000 westdeutsche Interessenten die Chance, »Einblicke« in die DDR-Kultur zu gewinnen. Denn so lautete das im Titel der Akzente gegebene Versprechen: »Einblicke. Kunst und Kultur aus der Deutschen Demokratischen Republik. Erbe und Gegenwart«. Neben fast zwei Dutzend Lesungen und Gesprächen mit Autoren, 15 Konzerten, etlichen Filmabenden und einer Reihe von Vorträgen und Kolloquien standen, wie stets bei den Duisburger Akzenten, hochkarätige Theatergastspiele sowie zahlreiche Ausstellungen auf dem Programm.

Im Rückblick laufe, schrieb Hoffmann weiter, die Wertung des Ereignisses für einige auf die viel erörterte Frage hinaus, ob der Westen das diktatorische Potential des SED-Regimes ausgeblendet und qua Repräsentation zur Aufwertung der DDR beigetragen habe. Indes: Welche Alternativen und Spielräume hatten die Gestalter der Akzente auf beiden Seiten? Haben sie nicht doch ein Interesse an der DDR befriedigt, wie der Besuchererfolg belegte, und auf diese Weise ein Stück gesamtdeutscher kultureller Orientierung geleistet?

Zur Diskussion dieser Fragen führte das Institut für Deutschlandforschung (IDF) der Ruhr-Universität Bochum, nach vorbereitenden Recherchen in Berlin und Duisburg und zum Abschluß einer Ringvorlesung über die Geschichte der deutsch-deutschen Kultur- und Wissenschaftsbeziehungen, Anfang Juni 2007 im Bochumer Haus der Geschichte des Ruhrgebiets einen Workshop durch, bei dem west- und ostdeutsche Zeitzeugen zu Wort kamen. In seiner Moderation hob Bernd Faulenbach, als Historiker, Mitglied des IDF und Stellvertretender Vorsitzender der Stiftung Aufarbeitung in dreifacher Funktion aktiv, die Bedeutung von Wechselwirkungen und Verschränkungen für die deutsch-deutsche Kulturgeschichte vor 1990 hervor: Es habe mehr formelle und informelle Kontakte und Beeinflussungen gegeben als heute allgemein bekannt sei. Damit war der wissenschaftliche Horizont der »verflochtenen Parallelgeschichte« antizipiert, und es war spannend zu erleben, welche ›Akzente‹ die Akteure von damals setzten.

Neben den Beiträgen von Konrad Schilling und Gernot Tromnau würdigt Hoffmann auch die der einstigen Kulturminister-Stellvertreter aus der DDR Klaus Höpcke und Peter Lorf sowie des DDR-Forschers Manfred Jäger aus Münster, des Berliner Medienexperten Paul Werner Wagner, des Bochumer Literaturwissenschaftlers Gerhard Klußmann, des Filmregisseurs Siegfried Kühn, der Schriftstellerin Helga Schütz, seiner Bochumer Kollegin Silke Flegel und Sebastian Lindners aus Leipzig. Hier die von Klaus Höpcke gegebene

ZEITZEUGENAUSKUNFT: Zur Rolle von Büchern und Literatur bei den Duisburger Akzenten 1987

Der im Literatur-Bereich erste Akzent wurde mit einer Buchschenkung gesetzt. 900 der ausgestellten Wissenschafts- und Fachbücher wurden Eigentum der gastgebenden Stadt. Ein besonderer Akzent für Eingeweihte bestand darin, daß der Rostocker Sprachwissenschaftler Prof. Dr. Dieter Nerius die Wissenschaftsliteratur-Ausstellung eröffnete. Nerius gehörte damals zu den DDR-Spezialisten, die gemeinsam mit ihren westdeutschen, österreichischen und Schweizer Kollegen an Vorschlägen für eine Rechtschreibreform der deutschen Sprache arbeiteten, die von Elaboraten späterer Jahre durch Sinnfälligkeit und Qualität abstachen. Akzente, die ein breites Publikum wahrgenommen hat, waren die ausgestellten Zeugnisse hochentwickelter Buchkunst und das breitgefächerte Angebot an Kinderbüchern.

Schriftstellerinnen und Schriftsteller, die gekommen waren, um in Lesungen Einblick in ihr Schaffen zu geben, setzten einen Doppelakzent durch die Vielzahl der Autorennamen und die Vielfalt der von ihnen vertretenen Genres, Schreibweisen und Ambitionen. Hier lasen und diskutierten Irmtraud Morgner, Waldtraut Lewin, Helga Schütz und Helga Schubert, Jurij Brezan, Günter de Bruyn, Stefan Heym, Gerhard Holtz-Baumert, Günter Görlich, Walter Kaufmann, Heiner Müller, Ulrich Plenzdorf und Günther Rücker. Und neben den Romanciers und Erzählern beiderlei Geschlechts die Dichter Heinz Czechowski, Adolf Endler und Wilhelm Bartsch.

Zu dem, was in den Gesprächen erörtert wurde, gehörte die Frage, ob in der DDR eine vorwiegend aufs Handeln der Menschen orientierte Erzählweise durch eine Reflexion zum Gefühl des Ungenügens bevorzugende Schreibweise abgelöst worden sei. Helga Schütz und Helga Schubert betrachteten ihre durch Fragesteller nahegelegte Zuordnung zu »Frauenliteratur« und »weiblichem Schreiben« als unzutreffend, was die Folgefrage auslöste, woher es aber komme, daß – wie nicht nur auswärtige Betrachter von DDR-Literatur, sondern auch Autoritäten im Schriftstellerverband festgestellt hatten – die besten neueren Werke der DDR-Literatur der Feder von Frauen entstammten. Sehr lebhaft auch der Gedankenaustausch zur wachsenden Aufmerksamkeit in der DDR-Belletristik für ökologische Probleme, ablesbar Hanns Cibulkas »Swantow«, Wolf Spillners »Die Wasseramsel«, Lia Pirskawetz' »Der stille Grund« und Jurij Kochs »Der Kirschbaum«.

Zu den einprägsamen Eindrücken der Akzente »vor Ort« gehören für mich auch die zwei Stunden am 18. Mai 1987, von 18 bis 20 Uhr, im Hörsaal L E 105 im Universitätsgebäude an der Duisburger Lotharstraße. Über »Phantasie für das

Wirkliche: DDR-Literatur heute« hatte ich einleitend einen Vortrag gehalten. In der Diskussion meldete sich als erster Dietrich Oppenberg zu Wort. Er arbeitete seit langem als Zeitungsmann (war Herausgeber der »Neuen Ruhr Zeitung« von 1945 an), und Anfang der 80er Jahre wurde er außerdem zum Buchverlagsmann (Econ, Marion von Schröder, Claassen). Er teilte mit, daß Herbert Ottos Roman »Der Traum vom Elch« in Lizenzausgabe bei Claassen erscheint. – Ein solcher Gesprächsauftakt wirkte, wie sich denken läßt, wohltuend. Es berührte mich angenehm, daß Dietrich Oppenberg diesen Auftakt gegeben hatte, ein Mann, der seit 1929 in der sozialdemokratischen Jugendbewegung tätig gewesen war und den die Nazis 1936 in einem Hochverratsprozeß zu drei Jahren Zuchthaus verurteilten.

Von den mir gestellten aktuellen literaturpolitischen Fragen mit etwas theoretischer Färbung seien zwei hier erwähnt. Ich wurde gefragt, ob man in mir einen Anhänger und Verfechter eines »aufgeklärten sozialistischen Realismus« oder des »traditionellen« zu sehen habe. Ich erinnerte an Maxim Gorki, der über die Literatur, für die dann der Begriff des sozialistischen Realismus gefunden und gebraucht wurde – bis hin zu elendem Schematismus –, ursprünglich viel treffender, genauer und auch bis ins Sprachliche hinein schöner ausgedrückt hat, was diese neue von anderen literarischen Strömungen unterscheidet, nämlich: daß sie zur Erweckung eines revolutionären Verhältnisses zur Wirklichkeit beiträgt, eines Verhältnisses der praktischen Veränderung der Wirklichkeit.

Im Vortrag hatte ich, an Brigitte Reimanns Roman »Franziska Linkerhand« anknüpfend, von einem Linkerhand-Effekt in der Literatur unseres Landes gesprochen, den ich im Aufspüren von Übergängen zwischen Idealem und Realem sah. Es handle sich um den Versuch von Schriftstellern, die Berührungspunkte von Traum und Wirklichkeit auszumachen, dieses spannungsvolle Verhältnis zu erkunden. Und das immer in dem Streben, keinerlei Widersprüche, Gegensätze zwischen Idealem und Realem zuzuschmieren, die ästhetische Hauptaufmerksamkeit und Hauptanstrengung jedoch darauf zu richten, was an Tätigkeit nötig ist, um aus Idealem Reales werden zu lassen. – Wie das, was ich gesagt habe, zu verstehen sei, wurde ich gefragt: als Aufgabenstellung oder Aufgabenbeschreibung? – Die Antwort: Weder Aufgabenstellung noch Aufgabenbeschreibung, sondern Beschreibung in der Literatur beobachtbarer Tendenzen.

KONTEXTE IM UMFELD: Möglichkeiten und Grenzen deutsch-deutschen literaturpolitischen Zusammenwirkens Ende der 80er Jahre

Kontext 1: Hierzu gehörten wechselseitige Herausgabe und Verbreitung von Gegenwartsliteratur aus dem Partnerland durch Lizenzerwerb und -vergabe sowie Sortimentsbuchhandel und eine Reihe von Kooperationen, darunter die überragende Gemeinschaftsleistung »Bertolt Brecht. Werke. Große kommentierte Berliner und Frankfurter Ausgabe«, erschienen im Aufbau-Verlag Berlin und Weimar und im Suhrkamp Verlag Frankfurt am Main.

Der Titelzahl nach gestaltete sich der ost-westdeutsche Buchaustausch während der 80er Jahre ausgewogen. Bei den Exemplarzahlen hingegen hatten wir es mit einer deutlichen Disproportion zu tun, da die westdeutschen Bücher bei uns in höheren Auflagen auf den Markt gebracht wurden als ostdeutsche Bücher auf den westdeutschen Markt – und das bei einer viermal so großen Bevölkerung in der Bundesrepublik. Der Umfang von Kooperationsvereinbarungen zwischen Verlegern von hüben und drüben belief sich auf jährlich 800, was für beide Seiten befriedigend, aber ausbaufähig war. Was inhaltliche Merkmale angeht, die für die gegenseitige Literaturaufnahme charakteristisch waren, gab es große Übereinstimmung zu Christa Wolfs »Kassandra«-Buch sowie Werken anderer Autoren mit ähnlich sorgenerfülltem Problembewußtsein. Die Zunahme der Werke Stefan Heyms, die in beiden Staaten erschienen, verstärkte zugleich den kritischen Stachel, daß in der DDR mit den »Fünf Tagen im Juni« bis zuletzt gezögert wurde. Unter »Mißverständnissen« könnte man verbuchen, daß einige Kritiker im Westen die gewollt naive Sicht in Strittmatters Romanen nicht erkannten (oder nicht zu erkennen vorgaben?) und dem Autor »intellektuelle Dürftigkeit« nachzusagen versuchten. Und wenn in Stellungnahmen zu Hermanns Kants »Bronzezeit«-Erzählungen angemerkt wurde, die von ihm aufgegriffenen Konflikte seien »eine Nummer zu klein«, fragte sich unsereiner, ob da jemand nicht imstande wäre zu sehen, wie sich in diesen Geschichten – um es mit den Worten des französischen Germanisten Paul Laveau zu sagen – »Kleines und Großes deckt, wie geringe Vorfälle auf grundsätzlichere Probleme schließen lassen«.

Kontext 2: Veranstaltet wurden Buchausstellungen aus der Bundesrepublik 1988 in Berlin, Rostock, Dresden und Weimar sowie aus der DDR 1989 in Heidelberg, München, Köln und 1990 in Hamburg – das waren bemerkenswerte Schritte gegenseitiger Kenntnisnahme über die regelmäßige Buchmessen-Beteiligung in Frankfurt und Leipzig hinaus.

Von den Verleger- und Buchhändlerverbänden beider Seiten waren diese Ausstellungen schon 1987 verabredet worden, und hier in Duisburg sprach Ministerin Anke Brunn bereits von diesem in Aussicht stehenden Ereignis. Es entbehrt übrigens nicht einer gewissen Pikanterie, daß unsere Seite es war, die sich dafür aussprach, mit den Ausstellungen von Büchern aus der Bundesrepublik bei uns zu beginnen. Damit hatte es folgende Bewandtnis: Das Vorhaben hatte auf beiden Seiten nicht nur Freunde; einige sprachen besorgt bis argwöhnisch davon, welchen Störungen das Ausstellen unserer Bücher in westdeutschen Großstädten ausgesetzt sein könnte. Mich befiel die ungute Ahnung, Vorfälle der angedeuteten Art könnten zum Vorwand aufgebauscht werden, die im Gegenzug vorgesehenen BRD-Buchausstellungen in der DDR in Frage zu stellen.

So bat ich die beiden veranstaltenden Börsenvereine inständig, eine Reihenfolge vorzusehen, die solchem Infragestellen vorbeugen konnte. So wurde es dann auch gemacht. Die Ausstellungen fanden lebhaften positiven Widerhall. Anläßlich der Eröffnung der Ausstellung unserer Bücher in Köln kam es am 7. September 1989 zu einer Begegnung Buchschaffender beider beteiligter Partnerdelegationen mit Bundespräsident Richard von Weizsäcker in der Villa Hammerschmidt. Es ist nicht nostalgische Verklärung, sondern Feststellung einer Tatsache, wenn ich mich erinnere, wie hoch der Bundespräsident das Schaffen von DDR-Autoren würdigte und wie er die in Verlagswesen und Buchhandel Tätigen ermunterte, ihr Wirken zum Nutzen des besseren Verständnisses der Menschen füreinander weiterzuführen.

Kontext 3: Die Abschaffung der Buchzensur in der DDR, diskutiert auf dem X. Schriftstellerkongress am 24./26. November 1987, dann als bevorstehende Maßnahme am 12. Oktober 1988 durch den zuständigen Stellvertreter des Ministers für Kultur angekündigt, realisiert ab 1. Januar 1989.

In einem Gespräch, das im Rahmen des Oral History-Programms der Historischen Kommission des Börsenvereins des Deutschen Buchhandels e.V. Frankfurt am Main Prof. Dr. Hans Altenhein am 9. August 1993 mit mir geführt hat, sagte er, in Westdeutschland hätte man, als wir Ende 1988 die Buchzensur in der DDR abschafften, unter Verlagsleuten das Gefühl gehabt, »wenn das so weitergeht, dann dauert es mit der DDR nicht mehr lange«. Ich erwiderte: »In meiner Optik sah es umgekehrt aus: Nämlich dadurch, daß man freier wird, würde sich die Stabilität erhöhen. Wäre ja auch ein denkbares Konzept.«

Das entgegengesetzte Konzept regierte mit »Sputnik«-Verbot. Das war zur selben Zeit. Wer sich das in Erinnerung ruft, versteht besser die Brisanz dessen, was mit der Reformierung der Genehmigungsverfahren im Buchwesen in Angriff genommen wurde. Ziemlich klar waren wir uns darüber, daß nach der administrativen Neuregelung ein längerer, wahrscheinlich mehrjähriger Umgewöhnungsprozeß auf uns zukommen würde (der, mit dem wir es dann zu tun bekamen, war von anderer Art als der, an die wir gedachten hatten). Worauf wir dabei achten sollten, das faßte ich unter die Stichworte »Mehr Standpunkt, mehr Streitbarkeit«. Das war der Titel eines Vortrags, den ich in der Phase der Vorbereitung der Abschaffung der Buchzensur ausgearbeitet und vor Journalisten in Halle an der Saale am 6. Mai 1988 gehalten hatte und der dann zum Zeitpunkt des Inkrafttretens der neuen Regelung – im Januar 1989 – in der Zeitschrift *Weimarer Beiträge* gedruckt vorlag. In einer 1989 veröffentlichten Schrift der SPD-nahen Friedrich-Ebert-Stiftung »Zur Kulturpolitik der DDR. Entwicklung und Tendenzen« wurde aus diesem Text zitiert, daß ich es für »ganz normal« halte, »wenn gegensätzliche Ansichten auch gegensätzlich ausgedrückt werden«. Ferner wurde darauf

Mit Hermann Kant *Foto: Gabi Senft*

hingewiesen, daß ich kritisierte, daß »sich noch nicht die Überzeugung durchgesetzt hat, daß man ein und dieselbe Weltanschauung haben, ein und demselben politischen Engagement verpflichtet ... und dennoch über ein Kunstwerk völlig entgegengesetzter Ansicht« sein könne. Gewertet wurde dies so, daß »der stellvertretende Kulturminister Höpcke deutlich für einen Meinungspluralismus in Kunstfragen« eintritt.

Kontext 4: Wahrgenommene Redemöglichkeiten eines offiziellen DDR-Regierungsvertreters an der Universität Bremen (dies schon vor den 1987er Duisburger Akzenten) sowie zum Friedrich-Wolf-Symposion 2. bis 4. Dezember 1988 in Neuwied; in der vom Kulturreferat der Landeshauptstadt München und der Verlagsgruppe Bertelsmann veranstalteten Reihe »Reden über das eigene Land« in den Münchner Kammerspielen am 5. Dezember 1988; Westberlin im Literaturhaus am Wannsee am 28. Mai 1989 – hier zum Auftakt einer gemeinsamen Literaturwoche DDR/Berlin-West, was ein zuvor über Jahre undenkbares Politikum bedeutete.

Vorangegangen waren diesen Gelegenheiten die Aktivitäten auf dem Europäischen Kulturforum. Auf diesem Forum, das in Übereinstimmung mit der Schlußakte der KSZE von Helsinki in Budapest beriet, und zwar vom 15. Oktober bis

25. November 1985, bemühte sich die DDR-Delegation, umfassend Ergebnisse und Probleme der Kulturentwicklung bei uns darzustellen. Zugleich ging sie dialogisch auf die Beiträge von Debattenpartnern aus Großbritannien, den USA, der UdSSR, Italien, Spanien, Österreichs und der Bundesrepublik Deutschland ein. Außerdem ergaben sich persönliche Gesprächsmöglichkeiten zwischen Mitgliedern unserer Delegation und den Vertretern anderer Staaten, darunter denen neben uns sitzenden aus der Bundesrepublik, so zwischen Günter Grass und mir.

Von den Problemen, vor die ich mich bei kulturpolitischen Reden in der Bundesrepublik gestellt sah, habe ich meinen Zuhörern in den Münchner Kammerspielen folgendermaßen etwas kundgetan: »Wir bekommen es beim Reden – in dem, was gesagt wird, und wohl auch in dem, wie es ausgedrückt wird – stets sowohl mit der Übereinstimmung als auch mit der Differenz von Selbstbewußtsein und Selbstdarstellung zu tun.«

Für die PODIUMSDISKUSSION hatten die Veranstalter einige LEITFRAGEN gestellt:

1. In welcher Weise haben Sie persönlich an den Vorbereitungen zu den »Duisburger Akzenten« mitgewirkt, welche Ergebnisse gehen auf Ihre Vorschläge und Entscheidungen zurück?

2. Was war 1987 – und speziell den »Akzenten« – möglich, um Einblicke in die DDR-Kultur zu eröffnen, welche Hindernisse waren unüberwindlich?

3. Wie beurteilen Sie das Verhältnis von künstlerischer und politischer Bestimmung des Programms?

4. Gab es eine besondere »Affinität« der DDR zum Ruhrgebiet? Oder wäre eine solche Veranstaltung auch in Köln, München oder Heidelberg denkbar gewesen?

Einige Stichworte aus meiner Beteiligung daran, Antwort auf diese Fragen zu finden:

zu 1: Siehe meine Zeitzeugenauskünfte zur Rolle von Büchern und Literatur bei den »Akzenten« 1987.

zu 2.: Wenn ich Worte wie »unüberwindlich« oder ihre quasi-Synonyme »unmöglich«, »nicht machbar« höre oder lese (auch »Sachzwang« gehört dazu), erinnere ich mich an eine Sentenz 1665 von La Rochefoucauld: »Wir haben mehr Kraftals Willensstärke, und nur um uns vor uns selbst zu entschuldigen, halten wir oft Dinge für unerreichbar«. Zur Sache: Hindernisse wurden im Zusammenwirken zwischen dem Duisburger Kulturdezernenten Konrad Schilling und seinen DDR-Partnern zumeist überwunden. Unsererseits haben wir, was Aktivitäten jüngerer Autoren angeht, zwar über editorische Projekte wie »Außer der Reihe« informiert, aber diese Autoren unmittelbar vorzustellen, dazu fehlte es an Entschlußkraft.

zu 3.: Im künstlerischen Gehalt sah und sehe ich das eigentliche Politikum der ganzen Veranstaltung. Fruchtbar waren die Kunsterlebnisse sowohl in Aha-Effekten als auch in kritischen Fragen, Anmerkungen, Einwänden.

zu 4.: Ja, Affinitäten gab es. Inwiefern? In einem Gespräch mit Oberbürgermeister Josef Krings kam diese Verwandtschaft bis Übereinstimmung so zum Ausdruck: Er sagte, in Bochum, Dortmund, Duisburg, Düsseldorf, Gelsenkirchen Hagen, Hattingen, Krefeld, Mühlheim, Oberhausen und Witten fühlen sich Arbeiter und Stadtverwaltungen gleichermaßen bedroht von der Gefahr des Abbaus weiterer Tausender von Arbeitsplätzen in der Stahlindustrie. Nun sei er gelegentlich gefragt worden, warum er sich angesichts seiner Stahlsorgen auch noch die nicht unbeträchtlichen Mühen der 11. Duisburger Akzente mit DDR-Kultur auf sich geladen habe. Die Akzente, habe er geantwortet, sollen zeigen: Diese Region ist lebendig. Diese Region will nicht untergehen. Diese Region will gute Nachbarschaft.

In solcher Haltung zur Kultur offenbarte sich ein hohes Maß an Affinität mit den Erfahrungen und Überzeugungen, die wir unter anderen gesellschaftlichen Verhältnissen gewonnen hatten, wenn z. B. um die Finanzierung von Theatern gestritten wurde und manche Diskussionsteilnehmer Krankenhausbetten gegen Theatersessel in Position zu bringen versuchten.

Ich berichtete Krings, wie ich in derartigen Gesprächen gelegentlich Zuspitzungen nicht gescheut habe, wie die: Psychisches Wohlbefinden durch Kunstgenuß kann Krankenhausbett erübrigen ...

Köln, München, Heidelberg: denkbar dort auch, nur anders gemäß anderen Bedingungen.

V. Grüße an ältere Weggefährten

Das schöne Glück, Walter Kaufmanns Freund zu sein

Zum 80. Geburtstag, 19. Januar 2004

Die jüngste historisch zu nennende Fotografie von Walter Kaufmann, die ich kenne, stammt vom November 2003. Die Aufnahme hält den Augenblick fest, da er, Seite an Seite mit Tochter Rebecca, vor dem Haus in Duisburg steht, in welchem er mit seinen Eltern gewohnt hatte, bevor die Nazis sie vertrieben. Ihn schickten die Eltern um seiner Rettung willen nach Großbritannien in die Emigration. Die Eltern selbst wurden in das Grauen faschistischer Folter- und Vernichtungslager gestürzt: erst Dachau, dann Theresienstadt und am Ende Auschwitz. Daran erinnern jetzt in Duisburg zwei ins Pflaster der Straße eingelassene sogenannte Stolpersteine mit Lebens-, Deportations- und Sterbedaten der Ermordeten. Die Erben derer, die sich seinerzeit das Haus der Kaufmanns aneigneten, verschließen sich hingegen nach wie vor der Einsicht, daß es da ein schlimmes Verbrechen nicht nur allgemein in deutscher Geschichte, sondern auch in ihrer Familiengeschichte gibt, dem man sich stellen muß. Um so größer unsere Genugtuung, daß Walter bei der Stolpersteine-Einweihung viel Solidarität empfangen hat. Manfred Tietz nannte die Stolpersteine »kleine Denkmäler von unten«.

Von Walter Kaufmanns heute sich vollendenden 80 Lebensjahren lebe ich nun schon dreieinhalb Jahrzehnte in unmittelbarer Nachbarschaft des Kiezes, in dem er geboren wurde. Bekanntlich kam er im Berliner Scheunenviertel zur Welt. Das ist ein Stadtbezirk mit einer Geschichte voller krasser Gegensätze, die in heftigen sozialen und politischen Kämpfen ausgetragen wurden. Sich daran zu erinnern, könnte für jeden nützlich sein, der heute sozialen Konfliktstoff sich ansammeln sieht, den manche verharmlosend zu betrachten geneigt sind. Demgegenüber hellwach zu bleiben, das soll, lieber Walter, unser Vorsatz sein, gekleidet in ein Grußwort aus der Torstraße, die eigentlich Wilhelm-Pieck-Straße heißt, ein Grußwort im Geiste aller, die Dich zu ehren sich hier versammelt haben.

Ein solcher Tag ist geeignet, Glück zu wünschen für nun folgende Jahrzehnte und Dank zu sagen für Glück in bisherigen Jahrzehnten, das wir von Dir erhalten haben, Leseglück und Freundesglück: Glücksmomente des Erkennens und Erfühlens und Erahnens von bisher so nicht Gesehenem bei der Lektüre Deiner Bücher und das schöne Glück, mit Dir befreundet, freunschaftlich mit Dir verbunden zu sein.

»Voices in the Storm«, Dein erster, 1953 noch in Australien englisch geschriebener Roman, der uns 1977 zugänglich wurde, hat gemeinsam mit den zuvor 1964 und 1974 hier veröffentlichten Stories-Sammelbänden »Die Erschaffung des Richard Hamilton« und »Am Kai der Hoffnung« sowie Deinen beiden Ende der 70er/Anfang der 80er Jahre erschienenen Irland-Büchern und dem seit 1980 in mehreren Nachauflagen veröffentlichten Buch »Drei Reisen ins Gelobte Land« (nach der vierten Reise dann ohne Angabe einer Ziffer zur Zahl der Reisen) im Gedächtnis vieler von uns einen dauerhaften Platz. Was die Israel-Reisen angeht, möchte ich besonders auch das Politikum hervorheben, das diese Publikation darstellte. Walter Kaufmann und sein Verleger wagten einen Vorstoß zu wirklichkeitsnaher wahrhaftiger Zeichnung in Israel lebender Menschen in der ganzen Differenziertheit ihrer Probleme. Der Drang des Textautors, des recherchierenden Reporters, Schicksale aufzuspüren und den Menschen so ins Auge zu blicken, daß sich ihr geistiges Antlitz öffnet, daß sie für die Leserinnen und Leser Gesicht bekommen, fand in Angela Brunners Illustrationen eine sehr wirksame Unterstützung.

Wie damals mehrfach in den Nahen Osten, ist Walter kürzlich erneut in die USA gereist, um hiesigen Lesern wiederum an menschlichen Schicksalen zu zeigen, was los ist. Wie er die Situation dort in der Zeit nach dem 11. September 2001 in einer Reportage-Serie, veröffentlicht in mehreren ganzseitigen Fortsetzungen im *Neuen Deutschland* und jetzt als Schlußteil seines Buches »Amerika«, sichtbar und wenn möglich so auch verstehbar macht, das beweist erneut, was wir in vier Jahrzehnten mehr und mehr begreifen lernten: Hier wirkt ein Schriftsteller von

Rang, der sich nicht zu genieren braucht, ein Reporter unserer Zeit – einer der großen, versteht sich – genannt zu werden.

Den stärker noch als seine anderen Bücher autobiographisch angelegten Bänden »Stefan. Mosaik einer Kindheit« (1966), »Jenseits der Kindheit« (1985), »Zeit berühren« (1992) und »Ein jegliches hat seine Zeit« (1994) hat er pünktlich zum Geburtstag folgen lassen: »Die Welt des Markus Epstein« – die Gesamtschau seines Lebens. Erschienen ist sie in einer buchkünstlerisch gediegenen Ausgabe des Goldenbogen Verlags Dresden.

Neben diesen Werken verdienen drei mehr fiktional erzählende Arbeiten gesteigerte Aufmerksamkeit, größere jedenfalls, als ihnen bisher zuteil wurde. Deren Genre würde im Russischen wahrscheinlich als powestj bezeichnet, was soviel wie Kurzroman bedeutet. Zu den short stories gesellten sich also short novels. Wer von uns, liebe Freunde, hat während der zwei Jahrzehnte von 1984 bis 2004 die in dieser Zeit entstandenen short novels aus der Feder des short-story-Meisters eigentlich für sich schon entdeckt? Ich meine die Kurzromane »Flucht« (1984), »Tod in Fremantle« (1987) und »Steinwurf. Über eine Liebe in Deutschland« (1998).

Die der freien künstlerischen Phantasie entsprungenen Einfälle in diesen Büchern, das Erfundene, Fiktive bedeutet keineswegs Abwendung von tatsächlich Geschehenem in diesen Geschichten. Nicht das reine Ausgedachte begegnet uns, sondern die wirklichen Vorgänge werden reicher dank hinzugedachter Möglichkeiten des Handelns. So in der Konfrontation zwischen dem Schriftsteller, der zögert, um einer aufkommenden Liebe zu einer Sängerin aus Baltimore willen das Land zu verlassen, während sein Freund sich zur Flucht entschließt. Und so in der »Chronik einer Nachforschung«, wie »Tod in Fremantle« im Untertitel heißt. Wie es dem Autor gelingt, die authentischen Fakten einer doppelten Kindesentführung zwischen Australien und der DDR akribisch zu erkunden, das läßt dieses Buch zu einem musterhaften Beispiel von Dokumentarprosa geraten, das sich übrigens als Kriminalroman ungeheuer spannend liest. Äußerst erregend auch die tragische Geschichte eines Bauarbeiters aus fernem Land, der in einer Ortschaft nahe Berlins arbeitet und, weil er ein Schwarzer ist, gemeinsam mit seinen Freunden von Rassisten erst angepöbelt und dann durch einen Steinwurf auf

Mit Boeing 707 in Brasilien, 1963

die Frontscheibe seines Autos ins Unglück bis an sein Lebensende gestürzt wird, weil der Wagen infolge der zerstörten Scheibe an einen Baum prallt, wobei der Mann auf immer gelähmt wird. Der Fall und der ihm folgende Prozeß gingen durch die Presse. Walter erzählt die Geschichte des Mannes und der ihn liebenden Frauen und zeichnet die abstoßenden Psychogramme seiner Beinahe-Mörder, seiner grausamen Peiniger, die hierzulande leben. »Die Mörder sind unter uns« hieß einer der ersten Filme aus Babelsberg nach 1945 . . .

Ergänzt wurde und wird Kaufmanns Schreiben eigener stories und novels durch literaturkritische Aktivitäten in *ND* und *Ossietzky*, mit denen er vielen Lesern neue Bücher aus dem In- und Ausland erschließt.

Danke, Walter, für so vielfältige Erzähler-, Reporter-, Memorier- und Rezensentenarbeit, verkörpert in wichtigen Beiträgen zeitgenössischer Literatur.

Und Dank dem Freund für kameradschaftliche persönliche Hilfe. Wie ich sie beispielsweise erlebte, als ich für einen Londoner Uni-Vortrag einen Text vorbereitet hatte, dessen Englisch von Satz zu Satz nur so dahin holperte. Walter machte daraus eine Fassung, die für die britischen Zuhörer sprachlich genießbar werden konnte, dies um so mehr, als Walter mit mir vor Antritt der Reise auch noch an kniffligen Stellen Aussprache probte.

Dank nicht minder dem Gesinnungsfreund, dem Genossen, der Prinzipientreue kaum deklarierend beschwört und vielmehr praktisch beweist. Beispielsweise durch Standfestigkeit in politischen Querelen. Die hatten wir zeitweise im P.E.N. zu erleben, genauer: durchzumachen. So auch in und nach den 89er Umbrüchen. Im Unterschied zu einigen, die »Einbußen an Lebenszeit« (!) befürchteten, wenn sie sich für Mitstreiter einsetzen würden, die einst für sie gestritten hatten, blieb Walter in seiner Solidarität unbeirrbar und unerschütterlich. Auch das gehört dazu, wenn ich vorhin sagte: Es ist ein schönes Glück, Dein Freund zu sein.

Voller Freude denken Monika und Fränzi, die heute nicht mit hier sein kann, und ich an diesem Tag nicht zuletzt an unsere vielen Begegnungen an der Ostsee, von denen ich die meisten lediglich in Stichworten in Erinnerung rufe und nur ein »fürchterliches« Erlebnis als Darßer Episode erzähle. Zunächst die anheimelnden Stichworte: Genießen des Blicks auf den Bodden aus dem Fenster Eurer Borner Hütte; Segeln mit Freund Schreyer in dessen Boot auf dem Bodden bei Windstärke sechs; Bücherbasare vor der Bunten Stube; Kunstauktionen in der Strandhalle; Literaturdebatten im Kunstkaten und im Dünenhaus; Tonnenabschlagen in Born; Familienrunden bei Bella mit Deinen Töchtern Rebecca und Deborah und ihren Kindern Laura, Leonhard und Rachel – und meistens dabei Deine liebe Lissy, die auch uns zur guten Freundin wurde.

Es geschah in Wieck, der Ortschaft zwischen Born und Prerow. Das Haus, vor dem und in dem passiert ist, was hier berichtet wird, kann man von der Landstraße, die am Ort vorbeiführt, erspähen. Es wird seit einigen Jahren Teekate oder Teekaten genannt. Zum Tee gibt's da – oder gab es? – gut und reichlich zu essen, darunter so etwas Originelles wie Zitronenhuhn. Eines davon zu verspachteln, lechzten eines Abends mal wieder unsere Gaumen, eines Abends, an welchem Wolken heraufzogen, die dunkel ankündigten: Es wird wohl noch etwas Regen geben. Lissy, Monika, Walter und ich fuhren hin. Nahe der Katentür hielten wir kurz, die Frauen stiegen aus, wir Übriggebliebenen fuhren die vielleicht zwanzig oder dreißig Meter weiter bis zum Parkplatz. Mit dem Einparken waren wir noch nicht fertig, da fing es an zu plattern. Das Naß ergoß sich vom Himmel herab, geschüttet nicht wie aus Töpfen, Schüsseln, Eimern und Wannen, sondern wie aus einem Pulk plötzlich geborstener Kesselwagen. Wir zögerten auszusteigen. Wer hätte da nicht gezögert? Eine ganze Weile, länger als ein paar Augenblicke lang wollten wir eher das Trommeln der Tropfen auf dem Autodach ertragen. Doch irgendwann – wie wir später wußten: viel zu bald, viel zu schnell – fanden wir: Ach was, so schlimm/zu schlimm kann's doch nicht werden ...

Wir wetzten, so hurtig wir konnten. Es dauerte schätzungsweise wohl weniger als eine Minute, bis wir an der Haustür anlangten. Dennoch waren wir klatschnaß bis auf die Haut. Alles, was wir anhatten, mußte runter von unseren Körpern. Und was statt dessen rauf auf Arme und Beine, Brust und Bauch? Lissy spendete ein wollenes Wams, das rockartig bis zu den Waden herunterreichte; so konnte Walter sich wieder aufwärmen. Ich bekam von Monika einen breit geratenen farbigen Schal, ein ganz heiteres Tuch. So neu eingekleidet, setzten wir uns zu Tisch. Nach einer Stunde hatte es aufgehört zu regnen, neue Gäste konnten kommen und kamen. In unserem für ältere Männer doch einigermaßen ungewöhnlichen Aufzug sahen die Leute uns teils befremdet, teils belustigt an. Und sie hörten, wie einer von uns unaufhörlich ein Wort wiederholte: »Fürchterlich!« Walter war's, der so rief.

Seither habe ich es ab und an wieder aus seinem Mund gehört. Jedesmal denke ich dann: Ach Herr je! Da muß ja wieder etwas ziemlich Schlimmes passiert sein. Wie die himmlischen Wasserportionen vor dem Teekaten von Wieck.

Historiker, Archivretter, Meister der Polemik: Henryk Skrzypczak

Anläßlich des 80. Geburtstags am 3. Mai 2006 (mit Rückgriff auf den 75. im Jahr 2001)

Die Zeit meiner Bekanntschaft mit Henryk Skrzypczak vor Augen, ließ ich das in dieser Zeit Erlebte Revue passieren und stimmte in der Festsitzung »10 Jahre Förderkreis Archive und Bibliotheken zur Geschichte der Arbeiterbewegung e.V.« am 5. Mai 2001 am Sitz der Stiftung *Archiv der Parteien und Massenorganisationen der DDR im Bundesarchiv* (SAPMO) ein vielfaches Lob auf Skrzypczak an, der zwei Tage vor der Festsitzung 75 geworden war. Mit Freude wiederholt ich dieses Lob hier:

Lob des Archivretters

Daß Hunderte renommierte Menschen Mitglied des Förderkreises wurden, hat vornehmlich er bewirkt. Er schrieb Briefe an die Obrigkeiten und wandte sich mit klaren Worten an die Öffentlichkeit. Er verfaßte Denkschriften zu Problemlösungen. Ihm verdanken wir interessante Vereinsveranstaltungen und den Start des nicht minder interessanten Vereinsorgans »Mitteilungen«.

Lob des literarisch hochtalentierten Historikers

Ich nenne Beispiele und bin gewiß, diejenigen, die sie kennen, werden mir zustimmen, wenn ich sage: Da ist ein Mann am Werke, der die hohe Kunst beherrscht, in Gedanken, Mentalität, sprachliche Eigenarten der Personen, über die er schreibt, so weitgehend »hineinzuschlüpfen«, daß man lesend meint, es mit den Personen höchstselbst zu tun zu haben. Ich fühlte mich bei der Lektüre an Stefan Heyms »Radek« erinnert, wobei Heym im Roman auf die geschichtliche Stimmigkeit im Ganzen verpflichtet ist, während bei Skrzypczak außerdem jede Tatsache im einzelnen ebenfalls stimmen muß. Die Beispiele: »Mission ohne Mandat. Der Fall Friedrich Stampfer«, »Ein Präsident auf Reisen. Erste Annäherung an ein verdrängtes Kapitel der Sozialistischen Arbeiter-Internationale« (bezieht sich auf Vanderveldes 1930er Reise nach Polen, Rußland, China, Japan, Französisch-Indochina); ferner ist auf den quellenkritischen Exkurs zur Ziegenhalser Beratung der KPD vom 7. Februar 1933 hinzuweisen.

Lob des Dichters

Im Jahre 1968 kam ein Gedichtband unseres Jubilars heraus; die grafische Gestaltung des Umschlags stammte von seiner Frau Dagmar, der auch Verse in diesem Band gewidmet sind. Ich werde die aber nicht zitieren, sondern ein Gedicht politischer Lyrik, in dem die für Skrzypczak charakteristische Diktion besonders stark hervortritt:

Letztes Angebot

Arbeitslos – doch ohne Schuld,
daß mein Typ hier nicht gefragt ist
und mein Selbstgefühl zernagt ist,
reißt mir langsam die Geduld.

Da ich anders nicht mehr kann
Und vom langen Warten steif bin,
außerdem auch abschußreif bin,
biet ich mich zum Abschuß an.

Für den Satellitenstart
Merkt mich vor. Ich mach es billig.
Ich geh frei- und weltraumwillig
auf die große Himmelfahrt.

Tiere schützt der Schutzverband.
Nehmt kein Vieh. Es ist bequemer,
ihr nehmt mich, den Arbeitnehmer
z. b. V. im Wartestand.

Gebt mich auf – als Menschenfracht.
Meine Mutter kann dann sagen
(wenn die Nachbarn wieder fragen):
»Er hat's doch noch weit gebracht.«

Unten stirbt es sich gemein.
Oben lockt's mich, das gesteh ich.
Wenn ich oben eingeh, geh ich
In die Weltgeschichte ein.

Keimfrei sterben ist zudem gesund.
Ja, und falls – es dürfte kaum passieren –
Menschenschutzvereine protestieren,
könnt ihr reinen Herzens dementieren:
»Was da umkam, war ein armer Hund.«

Des weiteren ein Lob auf den meisterhaften Polemiker

Hier denke ich vor allem an seinen im September 1999 zu einem Referat von Eric Hobsbawn auf der 35. Linzer Konferenz über »Das Jahrhundert der Arbeiterbewegung« gehaltenen Diskussionsbeitrag. Ich kenne keine gründlichere und schärfere Abrechnung mit dem Schröder/Blair-Papier. Die *junge Welt*, Berlin, die den Text am 21. und 22. November 2000 veröffentlichte, stellte ihn in Abwandlung der UTOPIE-Beschreibung »Kein Ort. Nirgends« unter die Überschrift »Kein Marx – nirgends«.

Und schließlich ein Lob auf den freundschaftlichen, kameradschaftlichen Zeitgenossen

Daß ich Henryk Skrzypczak kennen lernen konnte, daß in unserem Verhältnis zueinander aus Bekanntschaft Freundschaft wuchs, gehört für mich zum Schönsten, das die Einheit des Landes brachte.

Zu Skrzypczaks 80. Geburtstag gab es ein Kolloquium; dessen Ergebnisse wurden zum Kern einer Publikation unter dem Titel »Älter ist nicht alt genug. Henryk Skrzypczak«. Ich nahm diese Festschrift zum Anlaß einer Betrachtung, die am 3. Mai 2007 im *Neuen Deutschland* erschien: Die meisten, die ihn kennen, nennen Henryk Skrzypczak »Eska«. Sie wollen vermeiden, sich in der Aussprache zu verhaspeln. »Eska« ist ein bekannter Mann in der Historiker-Gilde. Nach dem einhelligen Urteil der an dieser Publikation Beteiligten beruht das vor allem auf zwei herausragenden Leistungen:

Erstens hat er in der Historischen Kommission zu Berlin, der er von 1965 bis 1974 als Generalsekretär vorstand, und in der von ihm gegründeten *Internationalen Wissenschaftlichen Korrespondenz zur Geschichte der deutschen Arbeiterbewegung* (IWK), deren Herausgeber er von 1965 bis 1999 war, »mehr für die Sozialdemokratie und für die gesellschaftliche Linke in unserem Land getan als mancher Politiker«, wie Walter Momper bemerkt. Zweitens wurde er 1991 Gründungsvorsitzender des Förderkreises Archive und Bibliotheken zur Geschichte der Arbeiterbewegung, als der er – wie Inge Pardon und Günter Benser detailreich bezeugen – »in den Stürmen jener Zeit, als Archiv und Bibliothek zu Geschichte der Arbeiterbewegung vom Untergang bedroht waren«, fest an der Seite der Verteidiger von Kulturgut stand – gegen die Gefahr von Zerstückelung und Vernichtung. Kopien von Briefen an Gregor Gysi, Holger Börner, Friedrich P. Kahlenberg, Hans Mommsen, Wilhelm Treue sowie das ebenfalls wiedergegebene Statement von Skrzypczak auf der Anhörung der Bundestagsfraktion der SPD vom 6. Juli 1991 dokumentieren Ideenreichtum und Hartnäckigkeit, mit denen er um die Rettung der Archivschätze und der Bibliothek des einstigen Instituts für Marxismus-Leninismus rang. Wer heute in der Stiftung Archiv der Parteien und Massenorganisationen der DDR im Bundesarchiv (SAPMO) in Berlin-Lichterfelde ungehindert Quellenstudium treiben kann, verdankt dies gerade auch diesem Manne.

Ohne Umschweife wird in verschiedenen Beiträgen auf das wechselvolle frühere Verhältnis »Eska« – IML eingegangen. Da gab es Skrzypczaks scharf polemische Schrift gegen den weiß Gott kritikwürdigen »Abriß« der Arbeiterbewegungsgeschichte, der 1963 herauskam. Nicht minder heftig gerieten die Auseinandersetzungen um Prag 1968. Andererseits konnte er später, worauf Siegfried Heimann hinweist, zur Kenntnis nehmen, daß die DDR-Geschichtsschreibung manche seiner Forschungsergebnisse anerkannte. In erfreulicher Klarheit unterstützen die Autoren den Jubilar in seinem hierzulande und international verfochtenen Standpunkt, daß es nicht angeht, die Geschichte der Arbeiterbewegung aus der Historiographie zu streichen oder tatsachenwidrig umzuschreiben. So fragt Feliks Tych, was die Geschichte des 19. und 20. Jahrhunderts sei, »wenn man ihr mit Hilfe des billigsten Zensorentricks, des Verschweigens, die wichtigsten Bestandteile amputiert oder sie allein auf Pathologien zurückführt, die sich im Schoß dieser Bewegung entwickelten«. Skrzypczaks Kampf darum, daß eine Institution wie die Linzer ITH (Internationalen Tagungen der Historiker der Arbeiterbewegung) wieder zu ihrer ersten Forschungsmission, zur Geschichte der Arbeiterbewegung, zurückkehrt, habe für ihn, sagt Tych, etwas höchst Beeindruckendes. Winfried Garscha bekräftigt, die ITH sei »die weltweit einzige noch funktionierende ›Austauschbörse‹ für Forschungsergebnisse eines Fachbereichs«, der an vielen akademischen Institutionen längst »abgewickelt« wurde. Ihn erfüllt mit Sympathie, wie Skrzypczak sich weigerte und weigert, seine Haltung dem Zeitgeist anzupassen: »Sein Festhalten an marxistischen Begriffen wie ›Klasse‹ oder ›Finanzkapital‹ ist für ihn keine Frage der Terminologie, sondern der Analyse gesellschaftlicher Phänomene.«

Sein rastloses Wirken als Wissenschaftsorganisator und Archiv-Retter hat »Eska« oft nicht genügend Zeit für seine eigenen Forschungen als Historiker gelassen. Nach seiner Entlastung vom Vorsitz des Förderkreises hat er sich diesen mit um so größerer Leidenschaft wieder zugewandt. Benser wertet von deren Ergebnissen die Studien über das Ende der Weimarer Republik, personifiziert vor allem in den Rettungsbemühungen Friedrich Stampfers, mit Recht als eines der beeindruckenden Ergebnisse akribischer Spurensuche.

Vier Porträtzeichnungen – von Eduard Bernstein, Bruno Kreisky, Karl Marx und Friedrich Engels – sowie ein Selbstporträt erweisen den Meister des geschliffenen Wortes zugleich in seiner Begabung als Grafiker – mit Witz fürs Geistige im Antlitz der Porträtierten. In zwei Leseproben wird die Autobiografie, an der H. S. derzeit arbeitet, raffiniert Spannung liefernd und steigernd vorgestellt.

Hartnäckiger Geistkämpfer: Uwe-Jens Heuer

Zum 80. Geburtstag, 11. Juli 2007, gemeinsamer Gruß mit Hans Modrow

Es macht Spaß, über jemanden zu schreiben, der Lobhudelei nicht liebt. Ist es auch einfacher? Weil er das, was er für sich nicht liebt, gegenüber anderen ebenfalls nicht zum Ausdruck bringt?

Schnell wird heute von manchen für zeitgemäß gehalten, von einer deutschen Biografie zu sprechen, wenn bei einem alten DDR-Bürger noch etwas Westdeutsches zu finden ist. Letzteres gilt für Uwe-Jens Heuer, wurde er doch im Jahre 1927 in Essen geboren, besuchte die Schule in Berlin und legte in Kiel sein Abitur ab. Ob es zu der so geadelten deutschen Biografie gut paßt, wenn er noch in Kiel einer kommunistischen Studentengruppe angehörte und mit dem Beginn des Studiums an der Humboldt-Universität Berlin 1946 der SED beitrat? Zweifel sind erlaubt. Eher wäre wohl zu vermuten: Da schieden sich früh schon die Geister. Der junge Uwe-Jens Heuer schlug zeitig den Weg eines aufgeklärten Wissenschaftlers ein. Die DDR bot ihm viele Möglichkeiten, diesen Weg zu gehen.

Im Jahr 1956 verteidigt er die Doktorarbeit eines Juristen, und von 1961 bis 1964 erwirbt er im Fernstudium an der Hochschule für Ökonomie das Diplom eines Wirtschaftlers. So ausgerüstet, mischt er sich in die Debatten über Demokratie und Wirtschaft in den 1960er Jahren ein. Er tut es kenntnisreich und mutig zugleich.

Aus Forschung und Lehre an der Humboldt-Universität über das Zentralinstitut für sozialistische Wirtschaftsführung der SED geht sein Weg in die Akademie der Wissenschaften, der er seit 1979 als korrespondierendes Mitglied angehört. In einem Satz ausgedrückt, ein stets engagierter Wissenschaftler, der die Auseinandersetzungen nicht scheut, komplizierte Probleme erkennt und aufgreift, nicht nach dem Munde redet. Konflikte nicht scheuend, ist er von Dogmatikern geschurigelt worden und dennoch erfolgreich geblieben.

Alles, was er publiziert hat, läßt einen doppelten Antrieb erkennen. Mit gleicher Leidenschaft äußert er sich als politischer Mensch und als theoretischer Denker.

Ein 1988 im Manuskript beendetes und Mitte 1989 erschienenes Buch legt davon in ganz besonderer Weise Zeugnis ab – »Marxismus und Demokratie«. Es strahlt noch die Hoffnung auf eine tiefgehende Erneuerung der bestehenden sozialistischen Gesellschaftsordnung aus, mit für damals beherzter analytischer Kritik historisch gewachsener Verhältnisse, der jeweiligen theoretischen Reflexion und auch damit verbundener Illusionen. Den Zusammenhang zwischen politischer Praxis und marxistischer Theorieentwicklung beachtet er nicht nur, sondern er versteht sich als beteiligt an beidem.

Als das Ende der DDR überschaubar ist und sichtbar wird, daß die Interessen der dann bald Ostdeutschen politisch zu verteidigen sind, entschließt sich der Rechtswissenschaftler Uwe-Jens Heuer, in die Politik zu gehen. Auf der Liste der PDS für die Volkskammerwahl am 18. März ist sein Name zu finden, und die gewonnene Zustimmung sichert den Einzug in das Parlament. Im Dezember 1990 erfolgt dann die Wahl in den Deutschen Bundestag.

Die erste Sitzung des, wie es heißt, ersten gesamtdeutschen Bundestages wird vom Alterspräsidenten, Willy Brandt, mit den Worten eröffnet: »Nun wächst zusammen, was zusammen gehört.« Ein Gedanke, den Uwe-Jens Heuer ernster nahm als viele seiner Kollegen aus der SPD und anderen Fraktionen. Für ihn sollte er Ausdruck in einer neuen Verfassung der Bundesrepublik Deutschland finden – die sich einem Anschluß der DDR an die BRD in den Weg stellt.

So bot die Abgeordnetengruppe der PDS – die spätere PDS-Fraktion – dem Deutschen Bundestag die Anregung, den Worten ihres Alterspräsidenten zu folgen. Diese Chance aber wurde ausgeschlagen. Nicht Vereinigung der beiden deutschen Nachkriegsstaaten ist erfolgt, sondern ein »Beitritt« genannter Anschluß der DDR. Gegen dessen Inhalt und Ausgestaltung hat Uwe-Jens Heuer im Parlament immer wieder gekämpft. An seiner Seite stritt Gerhard Riege, Freund, Kollege, Kampfgefährte in der PDS-Fraktion. Die politische Kultur war im Deutschen Bundestag auf den Hund gekommen. Wenn manche – auch in unseren eigenen Reihen – vergessen wollten, was Klassenkampf ist, am Rednerpult im Bundestag schlug er den Sprechern der PDS stets entgegen. Wie verletzend der Antikommunismus und der Haß auf die DDR sein konnten, hat das bittere Schicksal Gerhard Rieges gezeigt. Er wählte den Freitod.

Was über viele Jahrzehnte in der alten Bundesrepublik verschwiegen wurde, brachte Uwe-Jens Heuer auf den Tisch des Hohen Hauses. Im Jahre 1978 hat Alexander von Brünneck eine Studie über Ermittlungsverfahren, Anklagen und Verurteilungen der politischen Justiz der Bundesrepublik Deutschland gegen Kommunisten in den Jahren von 1949 bis 1968 veröffentlicht. Der Verfolgungseifer gegen Kommunisten führte zu 125.000 Beschuldigten und 6.000 bis 7.000 Verurteilten. Sie waren die wahren »Opfer des kalten Krieges« in der BRD, und zum ersten Mal wurde dieses Unrecht nun im Deutschen Bundestag thematisiert. Jenen, die so viel von der »Aufarbeitung« der Geschichte sprachen, paßte es natürlich nicht, wenn die politisch-juristische Geschichte der Bundesrepublik mit solchen Tatsachen vorgeführt wurde.

Es bedurfte auch eines solchen Drucks, wenn die spätere Präsidentin des Bundesverfassungsgerichts, Jutta Limbach, 1994 in einem Artikel mit der Überschrift »Politische Justiz im kalten Krieg« schrieb: »Zugegebener Maßen vereinfachend stellt Alexander von Brünneck in seiner Studie über die bundesdeutsche Justiz fest, daß sich das gesamte politische Strafrecht jener Zeit in einer einzigen Formel zusammenfassen läßt: ›Wer sich als Kommunist betätigte, konnte bestraft werden.‹« Bis heute ist der Deutsche Bundestag nicht bereit, sich den von Uwe-Jens Heuer in diesem Zusammenhang aufgeworfenen Fragen zu stellen.

Auch dieses Thema soll nicht vergessen sein: Der Deutsche Bundestag beschloß die Einsetzung einer Enquete-Kommission mit dem Titel »Aufarbeitung der Geschichte und der Folgen der SED-Diktatur«. Als Mitglied der PDS-Gruppe wurde Dietmar Keller benannt. Das Wirken dieser Kommission lief darauf hinaus, die Tatsache, daß die Delegierten des Sonderparteitages

1989 sich aufrichtig bei dem Volk dafür entschuldigten, daß unser Land in eine existenzgefährdende Krise geführt worden war, zum Vorwand der Verurteilung jeglicher politischer Arbeit für den Sozialismus zu machen. Eine Reihe späterer »Entschuldigungserklärungen«, die durch das Votum des Parteitages keineswegs gedeckt waren, wurde so angebahnt.

Als es letztlich um ein Minderheiten-Votum der PDS zum Abschlußbericht der Kommission ging, schieden sich die Geister in der Gruppe. Ansätze für eine Gleichsetzung der faschistischen Diktatur und der DDR waren im Entwurf zu lesen. Dem stellten sich zunächst nur zwei Abgeordnete entgegen. Von außen hatten sie mit Wolfgang Harich und seiner alternativen Kommission nachdrücklichste Unterstützung. Uwe-Jens-Heuer empfand gewiß Genugtuung, als nach dem Streit und gründlicher Überarbeitung des Minderheiten-Votums Wolfgang Harich erklärte, damit leben zu können. Gregor Gysi sprach am Ende vom gemeinsamen Erfolg.

Heuers Kämpfe im Parlament standen in enger Wechselbeziehung zu seinem Mitwirken an der programmatischen Arbeit in der sich herausbildenden Partei des Demokratischen Sozialismus. Den stärksten und dauerhaftesten Einfluß erreichten er und seine Mitstreiter mit der Positionsbestimmung zu dem nach 1945 in Ostdeutschland unternommenen Versuch, eine sozialistische Gesellschaft zu gestalten: »Der Einsatz von Millionen Menschen für den Aufbau einer besseren Gesellschaftsordnung in Überwindung des faschistischen Erbes bedarf keiner Entschuldigung.« Offen müsse über Fehler, Irrwege, Versäumnisse und Verbrechen gesprochen werden. Bei der Analyse der Ursachen für das Scheitern des Sozialismus in Osteuropa sei besondere Aufmerksamkeit der Unfähigkeit zu schenken, »das staatliche Eigentum wirklich zu vergesellschaften und mit ökonomischer Effektivität und politischer und wirtschaftlicher Demokratie wirksam zu verbinden.« Das fand Eingang in das im Januar 1993 beschlossene Programm.

Zwei andere wesentliche Aussagen, für deren Aufnahme durch Vorstand und Parteitage Uwe-Jens Heuer hartnäckig warb, hatten in den fixierten Texten der Dokumente weniger durchgreifenden Erfolg – kraft Abstimmung der Delegierten. Aber mit der Denkweise der demokratischen Sozialistinnen und

Sozialisten »vor Ort« korrespondierten sie aufs lebhafteste. Sie betrafen die 1989/90er Entwicklungen. Bei deren Beurteilung scheuten sich manche, ihren restaurativen Charakter zu sehen, während Heuer den eingetretenen Epochenumbruch zu erkennen forderte. Und es betraf – und betrifft – die Kennzeichnung unseres Ziels. Hierbei neigen manche bis heute zu einem Höchstmaß an Verwaschenheit, während Heuer riet und rät, Sozialismus als eine Gesellschaftsordnung aufzufassen und kenntlich zu machen, in der kapitalistische Ausbeutungsverhältnisse und imperialistische Kriegsursachen durch Eigentumsumstrukturierungen überwunden werden.

Als Mitte der 90er Jahre einige leitende Funktionsträger der PDS die im Programm der Partei enthaltene ausgewogenen kritische Wertung des Sozialismus-Versuchs der DDR in Frage stellten und Ansätze einer Totalverurteilung lancierten, z. B. durch Reduktion der Politik der SED auf Stalinistisches, gehörte Uwe-Jens Heuer zu den Genossen, die hellwach und alarmiert reagierten. In großer Sorge, gaben sie in einem Offenen Brief kund, betrachteten sie Schritte, die auf einen Richtungswechsel hinauslaufen könnten. Es kam zu heftigen Auseinandersetzungen. Von deren Ergebnissen kann wohl die auf Heuers Initiative zustande gekommene Bildung des *Marxistischen Forums* als ein besonders produktives angesehen werden.

In den Jahren seiner Existenz hat sich dieser Kreis wissenschaftlich fundierter Debatten dauerhaft als ein Ort des Meinungsstreits über marxistische Theorie und sozialistische Politik bewährt. Durch die Publikation der Diskussionsmaterialien in den im DINA4-Format erschienenen gelben Heften – inzwischen 80 an der Zahl – haben die im Forum erarbeiteten Kenntnisse und Standpunkte, über den engeren Kreis hinaus, ein breiteres Forum in der Partei erreichen können. Erkenntnisse zum Beispiel über die im Sinne der antimilitaristischen Politik der PDS strikt abzulehnenden Militärinterventionen als angebliches Friedensinstrument. Oder, um ein anderes Beispiel zu erwähnen, Standpunkte zur Gleichrangigkeit politischer und sozialer Rechte sowie ökologischer Ansprüche, die einander nicht gegenübergestellt oder gar entgegengestellt werden dürfen, zur Einheit der Forderungen nach Freiheit, Gleichheit und Brüderlichkeit/Solidarität.

Uwe-Jens Heuer ist bei solchen Gelegenheiten nicht allein, sondern im Gespräch sowie im organisatorischen, ja organisierenden Kontakt mit Gesinnungsfreunden und Kampfgefährten wie Ernst Engelberg, Hermann Klenner, Kurt Pätzold. Daneben gibt es wieder und wieder Stunden, Tage, Wochen der Einsamkeit am Schreibtisch: beim Ersinnen und Schreiben von Manuskripten für Bücher. Auch mit denen bietet er uns, seinen Leserinnen und Lesern, allemal geistigen Gewinn. Am Beginn des 21. Jahrhunderts hat er uns gewissermaßen im Zweijahresrhythmus mit drei Werken beschenkt. Wir nennen sie in der Reihenfolge ihres zeitlichen Erscheinens: 2002 das autobiografische Buch »Im Streit. Ein Jurist in zwei deutschen Staaten« – über weite Strecken neben der Nachzeichnung eines persönlichen Lebenswegs ein authentische Quellen bietendes Kompendium geschichtlicher Entwicklung linker Politik in Deutschland während der letzten Jahrzehnte, angereichert durch ein Kapitel theoretischer Überlegungen des Autors über die gegenwärtige Epoche sowie über Politik und Politiker, Recht und Ideologie.

2004 der große Essay »Marxismus und Politik«, in welchem er – eingebettet in weit ausgreifende historische Exkurse – unter anderem die Kritik jener Gesellschaftsbetrachtung weiterführt, deren Vertreter meinen, es sei möglich, in der heutigen Ausbeutergesellschaft modern und kapitalistisch voneinander zu trennen. Erneut polemisiert er hier ferner gegen Bemühungen, den Terminus *Imperialismus* zu vermeiden, Bemühungen die dem Zeitgeist entsprechen mögen, wissenschaftlich begründbar aber nicht sind. »Für die Verknüpfung ökonomischer (Konzern)-macht und staatlicher Macht in der Außenpolitik ist er nach wie vor angemessen«, stellt er fest. Kern dieses Buches ist der Nachweis, daß Gesellschaftsentwicklung als Naturprozeß anzusehen, historisch erwiesen falsch ist und für die Linken politisch schädlich, weil dadurch ihr politisches Denken und Handeln in der Suche nach Alternativen beeinträchtigt wird.

2006 das bekenntnishafte Buch »Marxismus und Glauben«, gewidmet seiner Frau Karin, seinem Bruder sowie den Kindern und Kindeskindern. An dessen Ende versucht der Autor nach Kapiteln über Religionskritik der Aufklärung, von Marx und Engels einschließlich ihrer Vorgänger und ersten Schüler sowie Religionskritik im Sozialismus einen Ausblick auf Glauben im

21. Jahrhundert, wobei er nach Judentum, Christentum und Islam über »Glauben im Marxismus« schreibt. Wir haben es zugleich mit Zeugnissen hoher Selbstcharakterisierungskunst zu tun. »Ein Marxist ist nur derjenige«, schreibt Heuer, »der aus den Aussagen Schlußfolgerungen für sein Verhalten ableitet, den Faden zur Praxis nicht abreißen läßt ... Eine linke, sozialistische Ideologie in Gestalt des Marxismus hat – wenn sie von vielen getragen wird – auch die Kraft, sozialistische Politik daran zu hindern, vom bürgerlichen Politikbetrieb vereinnahmt zu werden.« Er habe hier immer vom Glauben gesprochen. Es sei möglich, andere Begriffe zu wählen. Darauf komme es letztlich nicht an. Und dann weiter: »Es geht um einen stabilen verläßlichen Kern des individuellen Denkens und Fühlens.« Er verweist auf Bezüge zu Parteinahme, aufrechter Haltung, Standhaftigkeit, Charakterfestigkeit, Wahrheitssuche, immer verbunden mit dem Marxschen emanzipativen politisch-sozialen Ausgangspunkt. Heuer schließt: »Überzeugung stärkt gemeinsame Kraft (was Gramsci am entschiedensten betont hat), aber gibt auch Einzelnen die Kraft zum Widerspruch.«

Vor 80 Jahren, 1927, schuf Ernst Barlach eine Skulptur, die 1928 in Kiel an der Universitätskirche aufgestellt, aber 1937 am 20. April – zu Hitlers Geburtstag – von den Nazis weggerissen wurde; 1954 kam es zur Neuaufstellung einer Nachbildung an der Nikolai-Kirche. Barlachs fünfeinhalb Meter hohes Kieler Denkmal zeigt einen Mann mit nachdenklichem Antlitz. Seine Hände umfassen fest ein Schwert, dessen Spitze in den Himmel ragt. Er steht auf dem Rücken eines Untiers mit menschenähnlichem Konterfei. Der Körper des Mannes ist mit engelhaften Flügeln bestückt. In Fachkreisen spricht man von der Figur eines Schwertwächters. Unter den Leuten ist das mahnende Werk des Bildhauers Ernst Barlach, wie Zeitzeugen berichteten, sehr bald ganz spontan mit dem einprägsamen Namen »Der Geistkämpfer« bezeichnet worden. Über den lebendigen 80jährigen Geistkämpfer in unseren Reihen, Uwe-Jens Heuer, der 1945 in Kiel Kommunist und Sozialist wurde und seither hartnäckig für das Glück der Menschen ficht, dürfen wir von Herzen froh sein.

Veröffentlicht in: junge Welt, *11. Juli 2007*

Politik – nicht mehr »Kunst des Möglichen«?

Wie Max Steenbeck und Walter Ulbricht sich 1969 posthum mit Otto von Bismarck anlegten: ein Streit um zeitgemäßes Begreifen von Politik. Beitrag zum Heuer-Kolloquium in der Rosa-Luxemburg-Stiftung Berlin

Politik ist die Kunst des Möglichen, soll Bismarck gesagt haben. Tatsächlich sind Äußerungen von ihm überliefert, die auf diese Aussage hinauslaufen. Bei Poschinger findet sich in den »Tischgesprächen« (Band 1, Seite 248) die auf den 11. August 1867 datierte Bemerkung: »Die Politik ist die Lehre vom Möglichen.« Und Mitte des Jahres 1897 formulierte Poschingers Tischgesprächspartner (siehe Band 2, Seite 306) den Satz: »Politik ist weniger Wissenschaft als Kunst.«

Als unser Jubilar Uwe-Jens Heuer etwas mehr als halb so alt wie heute war, seinen 40. Geburtstag ein kleines Weilchen hinter sich hatte – also Ende der sechziger Jahre des vorigen Jahrhunderts – erwogen ein einflußreicher Physiker und ein nicht minder einflußreicher Politiker unseres Landes, der DDR, das geläufige Bismarck-Wort ohne es mit Urheberangabe zu zitieren, in Frage zu stellen. Angesichts der sich wandelnden Gefährdungen und Erfordernisse der Menschheitsentwicklung und im Interesse eines spürbareren Voranschreitens von Wirtschaft, Wissenschaft und Kultur im eigenen Staat, hielten sie es für an der Zeit, das Politische in seiner Rolle im gesellschaftlichen Leben in veränderter Weise zu begreifen.

Der Physiker – Professor Dr. Max Steenbeck, damals Vorsitzender des Forschungsrats – sagte: »Die Politik ist heute nicht mehr die Kunst des Möglichen, sondern die Wissenschaft vom Notwendigen.« Der Politiker – Walter Ulbricht, damals Vorsitzender des Staatsrats – zitierte den Satz sympathisierend (siehe: »Grundlegende Aufgaben im Jahre 1970«, Berlin 1969, Seite 17).

Offenbar nervte die beiden etwas, womit auf Gesellschaftsfortschritt erpichte Menschen sich häufig konfrontiert sehen. Im Verhältnis zu dem, was getan werden müßte, um Frieden zwischen den Völkern und Staaten, soziale Gerechtigkeit und ökologisch verantwortungsbewußten Umgang mit den Naturressourcen zu sichern, ist die Bereitschaft, entsprechend zu handeln, zu gering. Es versteht sich, daß Steenbeck wie Ulbricht bewußt war: Das profitorientierte Wirtschaften in Ländern der Kapitalmacht, das Agieren der diese Macht stützenden Verbände, Parteien, Parlamente und Regierungen tragen die ursächliche Hauptverantwortung für die das jetzige und künftige Leben auf der Erde bedrohenden Versäumnisse. Sie erkannten aber auch, daß in den Ländern, die eigentlich angetreten waren, aus dem alten System auszubrechen, die bürokratischen Fesseln der Wirtschaftsabläufe und der Gesellschaftsentwicklung an den Versäumnissen beteiligt waren, und zwar nicht irgendwie, sondern ebenfalls ursächlich. Da herauszukommen, strebten sie an. In der praktischen Politik seit Beginn der sechziger Jahre durch ein zentralistische Starre überwindendes neues ökonomisches System der Planung und Leitung. Diese Bemühungen wurden jedoch Ende des Jahrzehnts mehr und mehr gebremst.

So kann man sich fragen: Handelte es sich bei Steenbecks und Ulbrichts in eben dieser Zeit gesprochenen Worten über die Wissenschaft vom Notwendigen um Gegenwehr gegen das Bremsen? War die Politologie-Meditation eine Art theoretischer Begleittext zu diesen Vorgängen?

Die weiterreichenden Fragen lauten: Was konnte in der konkreten Situation und was könnte überhaupt mit der ins Auge gefaßten Neubestimmung des Politikbegriffs erreicht werden? Der wissenschaftlichen Erforschung des Notwendigen als Politikbestandteil größere Aufmerksamkeit zu widmen, war ein vernünftiger Ansatz. Aber bei der Gelegenheit ausgerechnet den Bezug aufs Mögliche im Politikverständnis zu tilgen und auf Kunst als Element des Politikmachens verzichten zu wollen, ist in beiden Aspekten ein Irrtum. Denn: Mußte und muß nicht gerade die dank wissenschaftlicher Erforschung erwerbbare gründlichere Kenntnis dessen, was notwendig ist, um so größeres Interesse für das Verhältnis von Notwendigem und Möglichem wecken, stärkere Anstrengungen für das Aufdecken realer Möglichkeiten auslösen und das vielgestaltige Ringen für deren Umwandlung in die Wirklichkeit geradezu beflügeln?

Könnte es sein, daß Genosse Ulbricht, der doch Lenin noch persönlich kannte, angesichts des ihm imponierenden Satzes von Steenbeck Lenin einen Augenblick vergessen hat? In Lenins Buch über den linken Radikalismus findet sich eine Erläuterung, die er den britischen Genossen W. Gallacher aus Glasgow, den Ulbricht ebenfalls kannte, in Sachen Politik zu bedenken bat, nämlich: »daß Politik eine Wissenschaft und Kunst ist, die nicht vom Himmel fällt, die einem nicht in die Wiege gelegt wird, und daß das Proletariat, wenn es die Bourgeoisie besiegen will, seine eigenen, proletarischen ›Klassenpolitiker‹ hervorbringen muß, und zwar Politiker, die nicht schlechter sein dürfen als die bürgerlichen Politiker«. (»Der ›linke Radikalismus‹, die Kinderkrankheit im Kommunismus« in: Ausgewählte Werke in sechs Bänden, Dietz Verlag Berlin 1971, Band V, Seite 533)

Nicht schlechter? Also besser, sagen wir uns da. Schöpferischer Einfallsreichtum gehört dazu, Phantasie für Varianten und Alternativen, spontanes Reaktionsvermögen im Umgang mit Gegebenheiten und Gelegenheiten, Gespür für Stimmungen und Kräfteverhältnisse, einleuchtende Überzeugungskraft, in der nicht zuletzt Sinn für Nuancen zum Zuge kommt, Nuancen in Mentalitäten und Charakteren, Nuancen in Farben, Worten, Tönen und Tonlagen – ein hoher Anteil des Informationsgehalts einer Aussage liegt bekanntlich in der Intonation des Gesagten bzw. zu Sagenden. Vertraute und Verbündete zu gewinnen und mit ihnen etwas als notwendig Erkanntes in Bewegung zu bringen, kann so gut gelingen. – Über den zwischen künstlerischem Wirken und politischem Handeln bestehenden Unterschieden, die mit Sorgfalt zu beachten sind, sollten Sozialistinnen und Sozialisten die Ähnlichkeiten der Arbeit in der Politik und in der Kunst nicht gering veranschlagen, sondern als produktive Wechselbeziehung gestalten.

Tiefe demokratische und sozialistische Überzeugungen sowie Mut und Beherztheit, sie zu vertreten, sie selber zu leben, kennzeichnen die Frauen und Männer, die im Interesse eines

Mit Walter Ulbricht

sozial gerechten freien Daseins ihrer Mitmenschen handeln. Je mehr dieser Frauen und Männer zu den Mitgliedern und Sympathisierenden der Partei DIE LINKE gehören, desto aussichtsreicher auf Erfolge gerät ihr politischer Kampf.

Politiker des Typs Kapitalmachtsdiener erkennt man daran, daß sie ihre Kunst im Rangeln um Machterwerb, Machterhaltung und Ausschalten politischer Konkurrenten austoben und erschöpfen.

Politiker des Typs Volkes Diener charakterisiert demokratische Haltung. Zu deren Bestimmung hat Uwe-Jens Heuer in seinem 1989 erschienenen Demokratiebuch (»Marxismus und Demokratie«) Gültiges formuliert, das er am Schluß seines jüngst erschienenen Glaubensbuchs (»Marxismus und Glauben«) im Selbstzitat wiedergibt. Diese drei Sätze betrachte ich als ein VADEMECUM LINKER POLITIKER. Sie lauten: »Demokratische Haltung fordert Risikobereitschaft, fordert Verantwortung zu übernehmen, nicht für die Taten anderer, sondern für eigene Taten, fordert Einsicht in Mögliches und Nichtmögliches, fordert Lernbereitschaft und Toleranz, das Ertragen von Widersprüchen und Konflikten. Ein Demokrat muß den Mut zur eigenen Meinung haben und die Bereit-

Zeichnung
Harald Kretzschmar

schaft, die Meinung anderer zu hören und zu durchdenken, zu respektieren, aber auch zu bekämpfen. Er muß den Willen der Mehrheit achten, aber ihm auch widersprechen, wenn er den Interessen der Mehrheit oder auch zu respektierenden Interessen einer Minderheit widerspricht.«

ISBN 978-3-360-01098-8

Umschlaggestaltung: Buchgut, Berlin
Illustrationen: Archiv des Autors
Druck und Bindung: Druckerei Finidr

Ein Verlagsverzeichnis schicken wir Ihnen gern:
Das Neue Berlin Verlagsgesellschaft mbH
Neue Grünstr. 18, 10179 Berlin
Tel. 01805/30 99 99
(0,14 Euro/Min. aus dem deutschen Festnetz,
abweichende Preise für Mobilfunkteilnehmer)

Die Bücher des Verlags Das Neue Berlin und der edition ost
erscheinen in der Eulenspiegel Verlagsgruppe.

www.edition-ost.de